COMPETÊNCIAS CAUTELARES
DO TRIBUNAL DE CONTAS
DA UNIÃO

DIOGO UEHBE LIMA

Prefácio
Clovis Beznos

Apresentação
Jacintho Arruda Câmara

COMPETÊNCIAS CAUTELARES DO TRIBUNAL DE CONTAS DA UNIÃO

Belo Horizonte

FÓRUM
CONHECIMENTO JURÍDICO

2022

© 2022 Editora Fórum Ltda.

É proibida a reprodução total ou parcial desta obra, por qualquer meio eletrônico, inclusive por processos xerográficos, sem autorização expressa do Editor.

Conselho Editorial

Adilson Abreu Dallari
Alécia Paolucci Nogueira Bicalho
Alexandre Coutinho Pagliarini
André Ramos Tavares
Carlos Ayres Britto
Carlos Mário da Silva Velloso
Cármen Lúcia Antunes Rocha
Cesar Augusto Guimarães Pereira
Clovis Beznos
Cristiana Fortini
Dinorá Adelaide Musetti Grotti
Diogo de Figueiredo Moreira Neto (*in memoriam*)
Egon Bockmann Moreira
Emerson Gabardo
Fabrício Motta
Fernando Rossi
Flávio Henrique Unes Pereira

Floriano de Azevedo Marques Neto
Gustavo Justino de Oliveira
Inês Virgínia Prado Soares
Jorge Ulisses Jacoby Fernandes
Juarez Freitas
Luciano Ferraz
Lúcio Delfino
Marcia Carla Pereira Ribeiro
Márcio Cammarosano
Marcos Ehrhardt Jr.
Maria Sylvia Zanella Di Pietro
Ney José de Freitas
Oswaldo Othon de Pontes Saraiva Filho
Paulo Modesto
Romeu Felipe Bacellar Filho
Sérgio Guerra
Walber de Moura Agra

CONHECIMENTO JURÍDICO

Luís Cláudio Rodrigues Ferreira
Presidente e Editor

Coordenação editorial: Leonardo Eustáquio Siqueira Araújo
Aline Sobreira de Oliveira

Rua Paulo Ribeiro Bastos, 211 – Jardim Atlântico – CEP 31710-430
Belo Horizonte – Minas Gerais – Tel.: (31) 2121.4900
www.editoraforum.com.br – editoraforum@editoraforum.com.br

Técnica. Empenho. Zelo. Esses foram alguns dos cuidados aplicados na edição desta obra. No entanto, podem ocorrer erros de impressão, digitação ou mesmo restar alguma dúvida conceitual. Caso se constate algo assim, solicitamos a gentileza de nos comunicar através do *e-mail* editorial@editoraforum.com.br para que possamos esclarecer, no que couber. A sua contribuição é muito importante para mantermos a excelência editorial. A Editora Fórum agradece a sua contribuição.

Dados Internacionais de Catalogação na Publicação (CIP) de acordo com ISBD

L732c	Lima, Diogo Uehbe
	Competências Cautelares do Tribunal de Contas da União / Diogo Uehbe Lima. - Belo Horizonte : Fórum, 2022.
2022-1765	179 p. ; 14,5cm x 21,5cm.
	ISBN: 978-65-5518-422-8
	1. Direito. 2. Direito Administrativo. 3. Direito Constitucional. 4. Controle Externo. 5. Controle Financeiro. 6. Orçamentário. 7. Contábil. 8. Operacional. 9. Tribunais de Contas. 10. Direito Financeiro. 11. Teoria Geral do Processo. I. Título.
	CDD 341.3
	CDU 342.9

Elaborado por Vagner Rodolfo da Silva - CRB-8/9410

Informação bibliográfica deste livro, conforme a NBR 6023:2018 da Associação Brasileira de Normas Técnicas (ABNT):

LIMA, Diogo Uehbe. *Competências Cautelares do Tribunal de Contas da União*. Belo Horizonte: Fórum, 2022. 179 p. ISBN 978-65-5518-422-8.

A minha querida Vó Nilda *(in memoriam)*.

AGRADECIMENTOS

Agradeço a meus pais, avós e familiares, pela vida, pelo amor e pelos valores. A minhas amigas e amigos, irmãs e irmãos do coração, pelo convívio fraterno. A todos os professores de quem tive o privilégio de ser aluno, sem os quais essa oportunidade não teria sido possível.

Agradecimentos especiais a Marcella Mangullo e ao Prof. Maurício Zockun, por terem me incentivado a participar do processo seletivo para o Mestrado da PUC; a minhas amigas e sócias Joana, Daniele e Manoela, e a todo o time do escritório, pela compreensão e pelo companheirismo; ao querido Prof. Clovis Beznos, que me deu a honra de sua orientação; aos estimados professores Jacintho Arruda Câmara, José Roberto Pimenta Oliveira e, novamente, Maurício Zockun, pelas valiosas lições durante as aulas e preciosas contribuições ao trabalho também por ocasião do Exame de Qualificação; ainda, aos colegas de Mestrado, pela generosidade e pela profícua interação ao longo do curso, a quem homenageio nas pessoas das amigas Ana Cristina Fecuri e Ana Luiza Jacoby Fernandes.

Por fim, agradeço à Profa. Maria Sylvia Zanello Di Pietro, umas das principais referências doutrinárias do Direito Administrativo, que muito me honrou com sua participação na banca que julgou a defesa do trabalho, oferecendo provocações extremamente enriquecedoras.

But who will supervise the sentinels themselves?

JUVENAL.
Tradução de George Richard.
The Satires of Juvenal. Amolibros, 2012.

SUMÁRIO

PREFÁCIO
Clovis Beznos 13

APRESENTAÇÃO
Jacintho Arruda Câmara 17

INTRODUÇÃO 19

CAPÍTULO 1
HISTÓRIA E CONCEITO DE CONTROLE 23

1.1 Evolução e modernidade: os fundamentos ideológicos do controle como instrumento de proteção às liberdades individuais 24

1.2 Controle como instrumento de participação democrática 28

1.3 A complexidade do mundo pós-moderno e a criação das instituições autônomas de controle 34

1.4 Um conceito de controle e o controle financeiro externo 37

CAPÍTULO 2
POSIÇÃO INSTITUCIONAL DO TCU E A NATUREZA
DE SUA FUNÇÃO 43

2.1 Posição institucional 46

2.2 A distinção entre as tradicionais funções públicas e a função exercida pelo TCU 55

2.3 A função pública autônoma de controle financeiro externo 78

CAPÍTULO 3
AS COMPETÊNCIAS DO TCU: ASPECTOS GERAIS 83

3.1 Os parâmetros para o exercício das competências do TCU e seus produtos 90

3.2 As competências do TCU e o momento do seu exercício 96

CAPÍTULO 4

COMPETÊNCIAS CAUTELARES DO TCU 107

4.1 Afastamento temporário do responsável 110

4.2 Indisponibilidade de bens 111

4.3 Indicação de prazo para correção de irregularidades e sustação de atos 116

4.4 A vedação à sustação de contratos administrativos 119

4.5 Medidas cautelares em procedimentos licitatórios 132

4.6 Outras competências de natureza preventiva 138

CAPÍTULO 5

PODER GERAL DE CAUTELA: ANÁLISE CRÍTICA 141

5.1 Os fundamentos suscitados para sustentar o poder geral de cautela do TCU 141

5.2 Não cabimento, nessa matéria, da aplicação subsidiária ou supletiva da Lei nº 9.784 e do CPC/2015 145

5.3 Ilegítima presunção de eficiência na prevalência das decisões do TCU 147

5.4 Inadequada invocação da teoria dos poderes implícitos 150

5.5 Inexistência do poder geral de cautela do TCU 157

CONCLUSÃO 161

REFERÊNCIAS 165

PREFÁCIO

É com inusitada satisfação que escrevo estas linhas introdutórias ao livro do Dr. Diogo Uehbe Lima, sob o título *Competências cautelares do Tribunal de Contas da União*, fruto da sua dissertação de mestrado, com a qual obteve a láurea de Mestre em Direito do Estado, sob minha orientação.

Ao longo de minha vida acadêmica, na Faculdade de Direito da PUC-SP, tenho me defrontado com trabalhos de grande valia, que transformados em livros constituem-se em obras importantes da literatura jurídica, que se traduzem muitas vezes em textos referidos pelas Cortes de Justiça e de estudo imperativo acadêmico do Direito.

O presente trabalho é incontestavelmente um deles, valendo externar a previsão, que me acode ao espírito, quanto a que: hão de suceder-se as edições, tornando-se leitura obrigatória do tema abraçado por Diogo, com certeza um clássico.

Tento conter-me em não adiantar o que o prazer da leitura trará ao leitor da obra, mas não posso deixar de referir aquilo que muito me encantou na leitura do livro, para anotar um aspecto absolutamente relevante, que se constitui na coerência da obra, com a concatenação das ideias, voltadas para as teses defendidas pelo autor, calcadas em madura fundamentação.

Assim, permito-me abordar sumariamente, o que aliás se encontra nas conclusões expressas do livro, e que evidencia o caráter dessa coerência, fruto de investigação científica e valiosa pelo autor.

Ver-se-ão da leitura as seguintes ideias: o controle financeiro externo, exercido pelo Tribunal de Contas, não se amolda em quaisquer dos Poderes, oriundos da divisão clássica de Montesquieu, consistindo em *função* própria, inconfundível com as funções executivas, legislativas ou judiciárias. O Sistema Jurídico não abriga o controle prévio, mas o faz *a posteriori*.

As medidas cautelares, que assistem à Corte de Contas, não devem atingir terceiros, estranhos ao serviço público, tampouco cabe ao TCU, a não ser supletivamente, ante a omissão do Congresso Nacional, a ingerência sobre contratos. Inexiste um poder geral de cautela, a fundamentar medidas cautelares, não decorrentes expressamente da Constituição ou da Lei, e diante da peculiaridade da função de controle, que não se confunde com a função administrativa ou jurisdicional, tornando-se inviável a aplicação subsidiária ao processo de controle, da Lei nº 9.784, de 29 de janeiro de 1999, que regula o processo administrativo federal, bem como o Estatuto Processual Civil.

Evidencia-se a pertinência da crítica ao TCU, que em medidas cautelares não se tem detido na apreciação de modo individualizado, de sorte a identificar, no exemplo da decretação de indisponibilidade de bens, a ocorrência de movimentação patrimonial atípica que se prestasse a caracterizar a tentativa de esvaziamento patrimonial, com intuito de frustrar futura reparação.

Assim, o *periculum in mora* é meramente presumido, com suporte em situações estranhas à situação do suposto responsável, tais como: a gravidade dos ilícitos imputados; a reprovabilidade da conduta; e a grandiosidade do montante envolvido.

Nesse sentido, afirma o autor: "Em outras palavras a Corte de Contas tem presumido o *periculum in mora*, calcado em razões estranhas à situação concreta do responsável, a exemplo da gravidade dos ilícitos apontados, reprovabilidade da conduta em apuração ou relevância do montante envolvido".

Inaplicável, de outra parte, a "Teoria dos Poderes Implícitos", conferindo um poder geral de cautela à Corte de Contas, inclusive com incidência em patrimônio de pessoas privadas, que, todavia, é acolhida pelo Supremo Tribunal Federal, lastreado no Mandado de Segurança nº 24.510, em especial com base no voto do Min. Celso de Mello, que invocou a decisão da Suprema Corte Americana, ao julgamento do caso *MacCulloch vs. Maryland*, de 1819.

Demonstra o autor a falta de similaridade entre as Constituições Americana e Brasileira, uma vez que na Constituição Americana há dispositivo que institui competências ditas implícitas ao Congresso – que foi denominado como *Necessary and Proper Clause* (NPC), texto normativo da Constituição Americana sem equivalente na Carta brasileira, em que as questões de competências são expressamente tratadas, sem qualquer margem a conflito.

Recorda, ainda, o autor que a Teoria dos Poderes Implícitos, desenvolvida a partir do precedente acima referido, deu-se no contexto do histórico debate travado nos Estados Unidos sobre o poder de interferência federal sobre os Estados federados, o que nada tem a ver com o cenário em que se insere o debate sobre as competências do TCU.

Enfim, creio ter-me alongado em excesso em pontos do trabalho, que muito melhor serão aproveitados pela leitura da obra, à qual os convido.

São Paulo, 21 de abril de 2022.

Clovis Beznos
Professor de Direito Administrativo da Faculdade de Direito da PUC-SP (programas de graduação, mestrado e doutorado)

APRESENTAÇÃO

O Tribunal de Contas da União – TCU tem assumido papel de inédito protagonismo na pauta dos estudos acadêmicos na área do direito administrativo. Não é sem razão. Os principais assuntos envolvendo a atuação administrativa passam antes pelo crivo deste órgão do que pela chancela judicial. Em suas deliberações são encontradas críticas e oposições às fórmulas propostas e implantadas pela administração pública, transformando-se em fonte de pesquisa rica para quem quiser avaliar os fundamentos e as impugnações às ações públicas planejadas e levadas a cabo. Além desse aspecto substancial, de mérito, referente ao volume de manifestações relevantes sobre os mais variados e importantes temas da atuação administrativa, há outro fator a explicar essa crescente atenção: a incrível efetividade de suas decisões.

As deliberações desse órgão de controle são, de fato, acatadas, produzindo efeitos imediatos, muitas vezes sem que tenha sido concluído o processo administrativo necessário à completa avaliação da medida impugnada.

Atento a essa última característica, Diogo Uehbe Lima escolheu justamente o traço mais marcante da efetividade das manifestações da Corte de Contas Federal: o exercício de seu poder de cautela. Certamente influenciado por sua experiência profissional, forjada na advocacia interna de um dos maiores grupos empresariais atuantes no setor de infraestrutura do país e, hoje, na advocacia especializada em questões de direito público, Diogo escolheu a faceta de intervir a qualquer tempo que o TCU vem utilizando como tema de sua dissertação de mestrado, agora transformada em livro, para deleite de um maior número de leitores.

E acertou em cheio em sua escolha. Há um quê de inusitado que um órgão possa, ele mesmo, escolher em que e quando agir, e, de imediato, sem que tenha sido provocado, possua poderes de intervir sobre a atuação de quaisquer outros órgãos públicos, impedindo-a ou condicionando-a.

— E de onde viria esse poder todo apresentado pelo TCU?

Diogo demonstra que não há texto constitucional ou legal que confira tamanha prerrogativa à Corte de Contas Federal. Esse poder geral de cautela é autoatribuído, com certo assentimento do único órgão que seria capaz de impor limites a essa expansão: o Supremo Tribunal Federal – STF.

Neste livro há exposição fiel das competências conferidas ao TCU, das prerrogativas cautelares que ele efetivamente dispõe e daquelas que passou a exercer por força de sua própria interpretação. O fundamento empregado para dar amparo à atuação cautelar amplificada é bastante explorado. A obra expõe e vai a fundo em sua origem estrangeira: a teoria dos poderes implícitos, desenvolvida no direito norte-americano. Esse fundamento é analisado com objetividade e rigor, e é refutado com sólidos argumentos que demonstram a impertinência da aplicação da teoria alienígena na situação em análise.

O leitor tem em mãos obra que alia valor acadêmico e elevado interesse prático. Ricamente fundamentada em literatura técnico-especializada, acórdãos e legislação, mas vertida em linguagem extremamente agradável e fluida. É erudita sem ser pesada. É atual e oportuna, sem ser perecível. Trata-se de livro fadado a se tornar referência sobre esse relevante tema, assim como seu autor.

Jacintho Arruda Câmara
Professor de Direito Administrativo da Faculdade
de Direito da PUC-SP (programas de graduação,
mestrado e doutorado)

INTRODUÇÃO

O poder sem controle é necessariamente ruim, é um mal por natureza, guardando em si mesmo a semente de sua própria degeneração.[1] Embora possa parecer um tanto radical em um primeiro momento, esse raciocínio se mostra bastante razoável, sobretudo em uma perspectiva histórica – em especial a história política do Ocidente.

Mas será que todo e qualquer controle do poder é benéfico? Quanto mais intenso for o controle, mais eficiente será a Administração? Existe um fundamento moral absoluto que sempre justificará o incremento e o avanço da atuação das instituições de controle sobre os agentes controlados?

Responder a essas provocações não é o objetivo deste texto, mas colocá-las à mesa é fundamental para demonstrar a importância de se refletir com sobriedade sobre o papel reservado na Constituição Federal às instituições de controle, mais especificamente ao Tribunal de Contas da União (TCU). Em outras palavras, a análise jurídico-positiva das competências de uma instituição de controle não pode ser contaminada por petições de princípio ou presunções pautadas exclusivamente pelo moralismo, não necessariamente confirmadas na experiência prática.

De outro lado, é inegável a contribuição do Tribunal de Contas ao amadurecimento político-institucional do Brasil, mesmo com as vicissitudes da nossa acidentada trajetória republicana. É simbólico o fato de que o Tribunal de Contas tenha nascido, ao menos no plano normativo, antes mesmo da primeira constituição republicana. Foi criado sob o ideal do republicanismo, pelas mãos de Rui Barbosa, artífice

---

[1] LOEWENSTEIN, Karl. *Teoría de la Constitución*. Tradução de Alfredo Gallego Anabitarte. 2. ed. Barcelona: Ariel, 1979. p. 28.

do multicitado Decreto nº 966-A, editado em 7 de novembro de 1890, no governo provisório de Deodoro da Fonseca.

Portanto, qualquer reflexão crítica sobre a atuação do TCU, a delimitação de suas competências e seus eventuais excessos não pode olvidar o papel relevantíssimo que essa instituição centenária tem desempenhado no processo político-administrativo do Brasil.

Essas duas faces são ilustradas pela permanente tensão entre controlador e controlado, expressada em diversos episódios, envolvendo os mais distintos chefes do Poder Executivo. Lembremos alguns deles.

O primeiro trata-se do embate havido entre o então presidente da República Floriano Peixoto e seu Ministro da Fazenda, Serzedello Corrêa, resultando no pedido de demissão deste último. O presidente havia nomeado um parente do ex-presidente Deodoro da Fonseca, ato que fora impugnado pelo Tribunal de Contas. Em retaliação, Floriano Peixoto buscou editar decretos que esvaziariam as competências da Corte de Contas. Serzedello Corrêa negou-se a referendar os referidos decretos e pediu demissão.[2]

O segundo, já sob a égide da Constituição de 1934, se desenrolou a partir do parecer contrário à aprovação das contas prestadas pelo então presidente Getúlio Vargas. O Ministro-Relator do parecer, Francisco Thompson Flores, foi posto em disponibilidade pelo governo e jamais regressou ao Tribunal de Contas.[3]

Mais recentemente, na vigência da Constituição Federal de 1988, foi publicamente manifestado o incômodo do então presidente Luís Inácio Lula da Silva com a atuação do TCU, a quem o chefe do Poder Executivo atribuía a responsabilidade pela paralisação da atividade administrativa, especialmente das obras públicas integrantes do chamado Programa de Aceleração do Crescimento (PAC).[4]

Por fim, talvez em um dos seus momentos de maior protagonismo no processo político brasileiro, a Corte de Contas opinou unanimemente pela reprovação das contas prestadas pela então presidente

---

[2] JACOBY FERNANDES, Jorge Ulisses. *Coleção Jorge Ulisses Jacoby Fernandes de Direito Público*, v. 3 – Tribunais de Contas no Brasil. 4. ed. Belo Horizonte: Fórum, 2016. p. 29; DAL POZZO, Gabriela Tomaselli Bresser Pereira. *As funções do Tribunal de Contas e o Estado de Direito*. Belo Horizonte: Fórum, 2010. p. 84.

[3] ROSILHO, André. *Tribunal de Contas da União*: competências, jurisdição e instrumentos de controle. São Paulo: Quartier Latin, 2019. p. 295.

[4] VEJA. Blog do jornalista Reinaldo Azevedo. *Lula critica TCU e diz que no Brasil não existe obra parada por falta de dinheiro*. Publicado em: 15 out. 2009. Disponível em: https://veja. abril.com.br/blog/reinaldo/lula-critica-tcu-e-diz-que-no-brasil-nao-existe-obra-parada-por-falta-de-dinheiro/. Acesso em: 8 set. 2021.

Dilma Rousseff, referentes aos exercícios de 2014[5] e 2015,[6] o que teve papel significativo no prosseguimento do processo de *impeachment* da presidente, a despeito da natureza meramente opinativa ou consultiva do parecer do Tribunal.[7]

Mais do que eventuais erros ou acertos do Tribunal de Contas ou dos políticos que com ele rivalizaram em algum momento, esses episódios servem para demonstrar quão sensível é a função desempenhada pela Corte, quão sutil é o delineamento de suas competências e quão importante é a tarefa de discuti-las, de modo que a tensão antes referida parece ser um estado um tanto permanente, inerente à presença de uma instituição de controle efetiva, consolidada, mas que nem por isso poderia deixar de ser aprimorada.

Nesse sentido, Carlos Ari Sundfeld e Jacintho Arruda Câmara lecionam:

> Nosso modelo constitucional e legal buscou criar um controle que fosse verdadeiramente externo, mas que também tivesse eficácia, tivesse alguma influência na ação administrativa. Para isso, calibrou os poderes do Tribunal de Contas e do próprio Legislativo: para influir sobre a Administração, sem substituir-se a ela. É um arranjo delicado. As normas que o conceberam precisam ser interpretadas, geram dúvidas, e os atores institucionais envolvidos se chocam, com suas visões e seus interesses. Tomar partido nessas polêmicas não é situar-se no polo do bem ou do mal: é participar de um sensível e complexo debate sobre organização institucional.[8]

---

[5] FOLHA DE S. PAULO. *Dilma Rousseff tem contas de 2014 reprovadas pelo TCU*. Por: Dimmi Amora e Márcio Falcão. Publicado em: 7 out. 2015. Disponível em: https://m.folha.uol.com.br/poder/2015/10/1691438-dilma-e-a-primeira-presidente-a-ter-sua-contas-reprovadas-no-tcu.shtml. Acesso em: 8 set. 2021.

[6] FOLHA DE S. PAULO. *TCU rejeita, pelo segundo ano seguido, contas do governo de Dilma Rousseff*. Por Dimmi Amora. Publicado em: 5 out. 2016. Disponível em: https://www1.folha.uol.com.br/poder/2016/10/1820091-tcu-rejeita-pelo-segundo-ano-seguido-contas-do-governo-de-dilma-rousseff.shtml?origin=folha. Acesso em: 8 set. 2021.

[7] Nesse sentido, *Parecer no 726/2016*, elaborado pelo Relator Senador Antonio Anastasia. Disponível em: https://www12.senado.leg.br/noticias/arquivos/2016/05/04/veja-aqui-a-integra-do-parecer-do-senador-antonio-anastasia. Acesso em: 8 set. 2021. E, em complemento, a sentença prolatada, por ocasião do julgamento da Presidente da República pelo Senado Federal. Disponível em: https://www12.senado.leg.br/noticias/arquivos/2016/08/31/veja-a-sentenca-de-impeachment-contra-dilma-rousseff. Acesso em: 8 set. 2021.

[8] SUNDFELD, Carlos Ari; CÂMARA, Jacintho Arruda. Competências de controle dos Tribunais de Contas: possibilidades e limites. *In*: SUNDFELD, Carlos Ari. *Contratações públicas e o seu controle*. São Paulo: Malheiros, 2013. p. 195-196.

O mote que guia o presente trabalho é exatamente esse: investigar, com desassombro e alheamento a qualquer preferência político-institucional, o regramento jurídico-positivo das competências cautelares do TCU, suas características e seus limites.

Para tanto, será feito um resgate histórico das origens do controle do poder político, especialmente suas bases político-ideológicas, analisando-se brevemente a evolução do controle na História até chegarmos ao desenho institucional atual, o que possibilitará uma compreensão moderna do conceito de controle, mais especificamente do controle financeiro externo.

A partir disso, investigaremos a posição institucional ocupada pelo TCU no ordenamento jurídico brasileiro, além da natureza da função pública exercida pela Corte no atual regime constitucional.

Em seguida, exploraremos os aspectos gerais sobre as competências do TCU, e avançaremos sobre o modelo preferencialmente adotado pela CF/1988 quanto ao momento do exercício do controle, tratando de sua correlação ou repercussão nas chamadas medidas cautelares.

Na sequência, trataremos das medidas cautelares aplicáveis pelo TCU, detalhando as espécies expressamente previstas no direito positivo brasileiro, seus limites e hipóteses de cabimento. Por fim, enfrentaremos a polêmica a respeito da existência ou não, em nosso direito positivo, de um poder geral de cautela, que possibilite à Corte de Contas adotar medidas cautelares atípicas, não expressamente previstas por lei.

CAPÍTULO 1

HISTÓRIA E CONCEITO DE CONTROLE

Tão antigo quanto a ideia de poder político é o debate sobre seus limites – uma definição do poder político, por lógica, passa também pela segregação daquilo que ele não é ou das searas da atividade humana que ele não alcança. Mais que isso, a consciência do poder político necessariamente carrega juízos sobre a forma pela qual este é exercido. Boa ou má, justa ou injusta, proba ou desonesta, pacífica ou violenta, responsável ou perdulária.

Talvez por essa razão, muitos doutrinadores apontam o surgimento já na Antiguidade[9] de estruturas sociopolíticas que teriam gestado o que hoje se chama controle. Nessa senda, são referidas experiências sobre práticas e estruturas de controle do emprego dos ditos recursos públicos havidas na Índia, no Egito, na China, em Roma e na Grécia.

Nesse aspecto, destacamos o pensamento de Aristóteles, que, em *A Política*, já sinalizava preocupações muito próximas àquelas mais comuns na contemporaneidade, a exemplo da necessidade de algum nível de independência na fiscalização a ser exercida sobre os responsáveis pelo emprego de recursos públicos.[10]

---

[9] BUGARIN, Paulo Soares. *O princípio constitucional da economicidade na jurisprudência do Tribunal de Contas da União*. 2. ed. Belo Horizonte: Fórum, 2011. p. 26; COSTA, Luiz Bernardo Dias. *Tribunal de Contas*: evolução e principais atribuições no Estado Democrático de Direito. Belo Horizonte: Fórum, 2006. p. 21-22; COSTA, Luiz Bernardo Dias. Tribunal de Contas: evolução e principais características no ordenamento jurídico brasileiro. *In*: FREITAS, Ney José (Org.). *Tribunais de Contas*: aspectos polêmicos. Estudos em homenagem ao conselheiro João Feder. Belo Horizonte: Fórum, 2010. p. 149; MILESKI, Helio Saul. Tribunal de Contas: evolução, natureza, funções e perspectivas futuras. *In*: FREITAS, Ney José (Org.). *Tribunais de Contas*: aspectos polêmicos. Estudos em homenagem ao conselheiro João Feder. Belo Horizonte: Fórum, 2010. p. 92-93; ZYMLER, Benjamin. *O controle externo das concessões e das parcerias público-privadas*. 2. ed. Belo Horizonte: Fórum, 2008. p. 129; DAL POZZO, Gabriela Tomaselli Bresser Pereira. *As funções do Tribunal de Contas e o Estado de Direito*. Belo Horizonte: Fórum, 2010. p. 63.

[10] COSTA, Luiz Bernardo Dias. *Tribunal de Contas*: evolução e principais atribuições no Estado Democrático de Direito. Belo Horizonte: Fórum, 2006. p. 71.

À Idade Média são atribuídos não apenas as origens etimológicas da palavra "controle",[11] como também o embrião institucional das atuais Cortes de Contas. Helio Saul Mileski referencia a fiscalização das terras em favor dos senhores feudais, com a criação do chamado "Livro da Terra", que consolidava o registro de dados e de informações que orientavam a Administração financeira dos governos.[12] Benjamin Zymler ainda menciona a figura do *Exchequer*, na Inglaterra, como semente das instituições de controle financeiro que foram se constituindo na modernidade.[13]

O grande salto dado por essas estruturas na Idade Moderna, no entanto, ocorreu a partir da mudança dos fundamentos ideológicos que lhes sustentavam e, inevitavelmente, das finalidades últimas as quais os mecanismos de controle deveriam perseguir. Nesse momento, o senhor feudal ou o monarca – detentor do poder por excelência – deixou de ser o beneficiário principal das estruturas de controle, dando lugar à coletividade de cidadãos, os destinatários do poder.

Conforme veremos, essa virada acentuou um aspecto – hoje talvez um tanto óbvio – tão bem destacado por Karl Loewenstein: a dinâmica do poder envolve não apenas as relações entre seus detentores e os cidadãos em geral, mas permeia também as relações entre os próprios detentores do poder.[14]

1.1 Evolução e modernidade: os fundamentos ideológicos do controle como instrumento de proteção às liberdades individuais

Talvez nenhum outro constitucionalista tenha se dedicado tanto ao estudo do fenômeno do controle quanto Karl Loewenstein. Não é exagero dizer que o autor edifica sua teoria constitucional sob os pilares do controle do poder, seu conceito, suas nuances e sua dinâmica:

---

[11] GUALAZZI, Eduardo Lobo Botelho *apud* BUGARIN, Paulo Soares. *O princípio constitucional da economicidade na jurisprudência do Tribunal de Contas da União*. 2. ed. Belo Horizonte: Fórum, 2011. p. 27.

[12] MILESKI, Helio Saul. Tribunal de Contas: evolução, natureza, funções e perspectivas futuras. *In*: FREITAS, Ney José (Org.). *Tribunais de Contas*: aspectos polêmicos. Estudos em homenagem ao conselheiro João Feder. Belo Horizonte: Fórum, 2010. p. 93.

[13] ZYMLER, Benjamin. *O controle externo das concessões e das parcerias público-privadas*. 2. ed. Belo Horizonte: Fórum, 2008. p. 129.

[14] LOEWENSTEIN, Karl. *Teoría de la Constitución*. Tradução de Alfredo Gallego Anabitarte. 2. ed. Barcelona: Ariel, 1979. p. 27-28.

CAPÍTULO 1
HISTÓRIA E CONCEITO DE CONTROLE | 25

Limitar o poder político significa limitar os detentores do poder; esse é o núcleo que, na história antiga e moderna da política, revela o chamado constitucionalismo. [...] Essa exposição é o centro de qualquer "teoria da constituição". [...] O controle exercido sobre os detentores do poder é uma questão central dos respectivos valores sociopolíticos ou ideologias, sob cujo domínio se encontra qualquer comunidade estatal. De um lado, os detentores do poder necessitam da devida autoridade para levar a cabo as tarefas estatais; por outro lado, é indispensável que sob dita autoridade seja garantida a liberdade dos destinatários do poder.[15]

Karl Loewenstein vai além para afirmar que a história do homem político nada mais é que a história da busca pela limitação do poder absoluto e do esforço para justificação (moral, ética ou espiritual) da autoridade política, em detrimento de uma cega submissão. Para o jurista alemão, "o telos de toda constituição *é* a criação de instituições destinadas *à* limitação e ao controle do poder político".[16]

A caracterização efetiva do controle nos contornos que até hoje sobrevivem tem, portanto, como marco inaugural, a solidificação do constitucionalismo, impulsionada na modernidade especialmente na Inglaterra e na França, sobretudo nos séculos XVI e XVII. De uma forma geral, os ideais perseguidos àquele momento visavam superar um modelo absolutista, em que o monarca, enquanto personificação do poder central, tudo podia diante dos súditos ou destinatários do poder.

Não à toa, o marco intelectual desse movimento recai sobre um pensador inglês (John Locke) e outro francês (Montesquieu). Ainda que com algumas diferenças,[17] ambos enxergaram na tradicionalmente chamada "separação dos poderes" o mecanismo ideal para limitar e controlar o poder absoluto, estabelecendo-se, com isso, um nível mínimo de proteção às liberdades individuais.[18]

---

[15] LOEWENSTEIN, Karl. *Teoría de la Constitución*. Tradução de Alfredo Gallego Anabitarte. 2. ed. Barcelona: Ariel, 1979. p. 29. Tradução livre.

[16] LOEWENSTEIN, Karl. *Teoría de la Constitución*. Tradução de Alfredo Gallego Anabitarte. 2. ed. Barcelona: Ariel, 1979. p. 150-151.

[17] Conforme explica Bruce Ackermann, John Locke incluía o Poder Judiciário no Poder Executivo e indicava um poder próprio para a condução das relações internacionais, o Poder Federativo. Montesquieu, por seu turno, talvez por sua experiência pessoal na magistratura, propôs a divisão consagrada ao longo dos séculos, reproduzida no desenho das instituições políticas de quase todos os países: Judiciário, Executivo e Legislativo. ACKERMAN, Bruce. Adeus, Montesquieu. *Revista de Direito Administrativo*, Rio de Janeiro, v. 265. p. 13-23, jan.-abr. 2014. Disponível em: https://doi.org/10.12660/rda. v265.2014.18909. Acesso em: 23 ago. 2021. p. 15.

[18] DAL POZZO, Gabriela Tomaselli Bresser Pereira. *As funções do Tribunal de Contas e o Estado de Direito*. Belo Horizonte: Fórum, 2010. p. 30.

A partir desse marco histórico e intelectual, Karl Loewenstein constata que toda constituição tem uma "dupla significação ideológica": (i) proteger os destinatários do poder contra um controle social absoluto; e (ii) garantir-lhes alguma participação no processo político. Disso o autor conclui que, ao menos de um ponto de vista histórico, o constitucionalismo moderno é um produto da ideologia liberal.[19]

Observamos que, embora seja crítico da tripartição proposta por Montesquieu, considerando-a superada,[20] Karl Loewenstein não dá menos valor à relação entre a separação de funções e o controle do poder político. Tanto é assim que o autor alemão propõe uma classificação para os sistemas políticos centrada justamente no grau de distribuição de poder e seus mecanismos de controle: de um lado, o modelo constitucional, notabilizado por um razoável grau de distribuição de poder e, portanto, de controle; e, de outro, o modelo autocrático, que teria como diferenciais a concentração do poder e a ausência de controle. Para o autor, o melhor mecanismo para controlar o poder seria reparti-lo.[21]

No plano normativo, a doutrina frequentemente cita, como símbolos desses ideais, alguns dispositivos da Declaração dos Direitos do Homem e do Cidadão:

> Art. 14º. Todos os cidadãos têm direito de verificar, por si ou pelos seus representantes, da necessidade da contribuição pública, de consenti-la livremente, de observar o seu emprego e de lhe fixar a repartição, a coleta, a cobrança e a duração.
>
> Art. 15º. A sociedade tem o direito de pedir contas a todo agente público pela sua administração.
>
> Art. 16.º A sociedade em que não esteja assegurada a garantia dos direitos nem estabelecida a separação dos poderes não tem Constituição.[22]

---

[19] LOEWENSTEIN, Karl. Teoría de la Constitución. Tradução de Alfredo Gallego Anabitarte. 2. ed. Barcelona: Ariel, 1979. p. 150-151.

[20] Karl Loewenstein sugere uma nova tripartição de funções: decisão política fundamental (*policy determination*), execução da decisão política fundamental (*policy execution*) e controle político (*policy control*). LOEWENSTEIN, Karl. *Teoría de la Constitución*. Tradução de Alfredo Gallego Anabitarte. 2. ed. Barcelona: Ariel, 1979. p. 54-56; 62.

[21] LOEWENSTEIN, Karl. *Teoría de la Constitución*. Tradução de Alfredo Gallego Anabitarte. 2. ed. Barcelona: Ariel, 1979. p. 33-34; 49-51; 68-70.

[22] MEDAUAR, Odete. *Controle da administração pública*. 3. ed. São Paulo: RT, 2014. p. 15; GIAMUNDO NETO, Giuseppe. *As garantias no processo no Tribunal de Contas da União*. São Paulo: Thomson Reuters Brasil, 2019. p. 26-27; JACOBY FERNANDES, Jorge Ulisses. *Coleção Jorge Ulisses Jacoby Fernandes de Direito Público*, v. 3 – Tribunais de Contas no Brasil. 4. ed. Belo Horizonte: Fórum, 2016. p. 40; LOEWENSTEIN, Karl. Teoría de la Constitución. Tradução de Alfredo Gallego Anabitarte. 2. ed. Barcelona: Ariel, 1979. p. 54-56; DAL POZZO, Gabriela Tomaselli Bresser Pereira. *As funções do Tribunal de Contas e o Estado de Direito*. Belo Horizonte: Fórum, 2010. p. 31-32.

Conforme dissemos, o ideal de controle se concretizou, institucionalmente, por meio do modelo de divisão de funções, fruto do liberalismo político frente a um absolutismo monárquico decadente. Mas, para além de uma concepção meramente mecanicista da repartição ou separação de poderes,[23] constatamos que o amadurecimento do controle do poder político confunde-se, sobretudo, com a própria consolidação do Estado de Direito, isto é, a submissão dos detentores do poder a regramentos previamente estabelecidos, preferencialmente pelos parlamentares, na condição de representantes do povo.[24] A legalidade, portanto, é o parâmetro de controle por excelência.

Karl Loewenstein afirma, nesse contexto, que é possível reputar como constitucionalista e democrático um sistema político que apresenta a distribuição do poder entre distintos agentes com mecanismos de controle mútuo, estabelecidos por meio de regras fixas na Constituição. Sob esse enfoque, a Constituição tornou-se o instrumento essencial para controlar o poder.[25]

Vemos, pois, que os ideais nucleares da função de controle – originalmente exercida pelos parlamentos, em razão da maior legitimidade política dessas instituições, enquanto órgãos de representação popular[26] – permanecem sólidos na contemporaneidade. Nesse sentido é a doutrina de Floriano de Azevedo Marques Neto, para quem a "ideia de controle da Administração Pública é então intrínseca a essa necessidade de proteger os delegatários do poder estatal contra o risco do seu exercício arbitrário".[27]

---

[23] LOEWENSTEIN, Karl. *Teoría de la Constitución*. Tradução de Alfredo Gallego Anabitarte. 2. ed. Barcelona: Ariel, 1979. p. 54-56.

[24] COSTA, Luiz Bernardo Dias. *Tribunal de Contas*: evolução e principais atribuições no Estado Democrático de Direito. Belo Horizonte: Fórum, 2006. p. 37; FERRAZ, Luciano. Controle externo das licitações e contratos administrativos. *In*: FREITAS, Ney José (Org.). *Tribunais de Contas*: aspectos polêmicos. Estudos em homenagem ao conselheiro João Feder. Belo Horizonte: Fórum, 2010. p. 137; GIAMUNDO NETO, Giuseppe. *As garantias no processo no Tribunal de Contas da União*. São Paulo: Thomson Reuters Brasil, 2019. p. 26-27.

[25] LOEWENSTEIN, Karl. *Teoría de la Constitución*. Tradução de Alfredo Gallego Anabitarte. 2. ed. Barcelona: Ariel, 1979. p. 149.

[26] PARDINI, Frederico *apud* BUGARIN, Paulo Soares. *O princípio constitucional da economicidade na jurisprudência do Tribunal de Contas da União*. 2. ed. Belo Horizonte: Fórum, 2011. p. 38; LOEWENSTEIN, Karl. Teoría de la Constitución. Tradução de Alfredo Gallego Anabitarte. 2. ed. Barcelona: Ariel, 1979. p. 36.

[27] MARQUES NETO, Floriano de Azevedo. Os grandes desafios do controle da Administração Pública. *In*: MODESTO, Paulo (Coord.). *Nova organização administrativa brasileira*. 2. ed. Belo Horizonte: Fórum, 2010. p. 204.

Conforme trataremos a seguir, esses ideais não foram afastados no mundo contemporâneo, mas a eles foram associados novos valores que não podem ser ignorados. A classificação proposta por Floriano de Azevedo Marques Neto, para as dimensões do controle, sintetiza bem o que aqui afirmamos. O autor brasileiro identifica uma tripla dimensão do controle: (i) *controle do poder* (garantias conferidas aos indivíduos contra o arbítrio); (ii) *controle de meios* (racionalização da atividade administrativa, por meio de parâmetros de economicidade e probidade); e (iii) *controle dos objetivos* (planejamento e estabilidade de políticas públicas voltadas à consecução de determinados resultados materiais, no interesse dos administrados).[28]

1.2 Controle como instrumento de participação democrática

"O homem racional desconfia por natureza de todo poder ilimitado, e com toda razão". E é possível dizer que o grau de desenvolvimento dos indivíduos em determinada sociedade é aferível pelo grau de desenvolvimento e solidez das instituições destinadas a limitar e a controlar o poder político.[29]

Em outras palavras, a existência de mecanismos de controle estáveis e efetivos representa, acima de tudo, um retrato do nível de amadurecimento democrático de uma determinada sociedade, especialmente quanto à participação, no jogo político, dos destinatários do poder.[30]

Por essas razões, a doutrina costuma referir o controle, ou mais especificamente o controle da Administração pública, como um "imperativo democrático",[31] um elemento verdadeiramente constitutivo do Estado Democrático de Direito, voltado à defesa dos interesses da

---

[28] MARQUES NETO, Floriano de Azevedo. Os grandes desafios do controle da Administração Pública. *In:* MODESTO, Paulo (Coord.). *Nova organização administrativa brasileira.* 2. ed. Belo Horizonte: Fórum, 2010. p. 206.

[29] LOEWENSTEIN, Karl. *Teoría de la Constitución.* Tradução de Alfredo Gallego Anabitarte. 2. ed. Barcelona: Ariel, 1979. p. 68-69.

[30] MILESKI, Helio Saul. Tribunal de Contas: evolução, natureza, funções e perspectivas futuras. *In:* FREITAS, Ney José (Org.). *Tribunais de Contas:* aspectos polêmicos. Estudos em homenagem ao conselheiro João Feder. Belo Horizonte: Fórum, 2010. p. 94.

[31] GIAMUNDO NETO, Giuseppe. *As garantias no processo no Tribunal de Contas da União.* São Paulo: Thomson Reuters Brasil, 2019. p. 26-27.

coletividade.[32] Nessa linha de intelecção, Gilmar Ferreira Mendes e Paulo Gustavo Gonet Branco reconhecem que a ideia de fiscalização e controle político – originariamente exercidos pelo Poder Legislativo – é inerente ao Estado Democrático de Direito e ao republicanismo, valores que orientariam a função de controle externo.[33]

A esse respeito, vale recuperar os ensinamentos de Diogo de Figueiredo Moreira Neto, que, ao qualificar o TCU, ressalta também seu papel na condição de sentinela dos recursos coercitivamente obtidos dos contribuintes por meio da tributação:

> [...] órgão garantidor dos valores político-constitucionais do Estado Democrático de Direito, ou seja, porque exerce funções indispensáveis ao funcionamento dos princípios republicano e democrático, no tocante a um dos mais delicados aspectos de qualquer governo, que é, desde a Magna Carta, a gestão fiscal: a disposição político-administrativa dos recursos retirados impositivamente dos contribuintes.[34]

Isso significa que, muito além da concepção oitocentista preocupada principalmente com a proteção das chamadas liberdades individuais negativas, o controle concretiza também o ideal democrático, com uma maior participação dos cidadãos na fiscalização e efetiva limitação à atuação dos detentores do poder. Nesse sentido é a lição de Helio Saul Mileski, ao tratar do controle financeiro:

> Com a evolução do Estado e a implantação de regimes democráticos, o poder estatal passou a ser exercido em nome e em favor do povo, fazendo com que a fiscalização das contas públicas passasse a constituir prerrogativa da soberania popular, tornando-se imprescindível à manutenção do próprio regime democrático.[35]

---

[32] COSTA, Luiz Bernardo Dias. *Tribunal de Contas*: evolução e principais atribuições no Estado Democrático de Direito. Belo Horizonte: Fórum, 2006. p. 38-39.

[33] MENDES, Gilmar Ferreira; BRANCO, Paulo Gustavo Gonet. *Curso de direito constitucional*. 15. ed. São Paulo: Saraiva Educação, 2020. p. 1.421; 2.035; 2.301 (Kindle).

[34] MOREIRA NETO, Diogo de Figueiredo Algumas notas sobre órgãos constitucionalmente autônomos (um estudo sobre os Tribunais de Contas no Brasil). *Revista de Direito Administrativo*, Rio de Janeiro, v. 223, n. 24, jan-mar. 2001. Disponível em: https://doi.org/10.12660/rda.v223.2001.48309. Acesso em: 18 abr. 2021. p. 12.

[35] MILESKI, Helio Saul. Tribunal de Contas: evolução, natureza, funções e perspectivas futuras. *In*: FREITAS, Ney José (Org.). *Tribunais de Contas*: aspectos polêmicos. Estudos em homenagem ao conselheiro João Feder. Belo Horizonte: Fórum, 2010. p. 94.

No ordenamento jurídico brasileiro, o cenário é exatamente esse, como pudemos afirmar:

> Isso posto, verifica-se que as noções de República e de Estado de Direito cravadas na Constituição Federal de 1988 – que aponta o cidadão, a um só tempo, como fonte e destinatário da atividade estatal (art. 1º, II e parágrafo único) – estabelecem, como desdobramento lógico, a conclusão de que todo o agir estatal deve ser compreendido sob a ideia do exercício de uma função (pública) que nada mais é que o agir no interesse de outrem, no caso, os cidadãos.
>
> Nesse plano, há que se reconhecer que toda atividade do Estado está necessariamente atrelada a uma finalidade, qual seja a busca pela satisfação do interesse público *in concreto*, cuja significação é preenchida pelos direitos fundamentais e seus desdobramentos. E essa finalidade é a própria razão de ser do Estado. Tal fenômeno (exercício de atividade no interesse de outrem) é cunhado de função – no caso do Estado, função pública, com caráter estritamente instrumental, do que se conclui que os poderes geralmente reconhecidos ao ente político são, em verdade, deveres-poderes, conforme lição de Santi Romano, bem descrita por Bandeira de Mello (2016, p. 72).[36]

Nessa toada, Paulo Soares Bugarin enfatiza o valor republicano do dever de prestação de contas:

> Nesse contexto, impõe destacar que o sentimento republicano que anima o Estado brasileiro consagra o dever de prestação de contas dos responsáveis por bens e haveres públicos como princípio constitucional *sensível*, cuja violação enseja a intervenção federal ou estadual (art. 34, VII, d, c/c o art. 35, II, CF/1988)[37] (grifos do autor).

Romano Scapin, por sua vez, situa o controle como verdadeira etapa obrigatória do ciclo democrático:

> De fato, o ciclo democrático, no que tange à escolha dos governantes de um povo, inicia-se com a eleição dos representantes da sociedade para o exercício de mandato popular. Alguns desses representantes ficarão responsáveis pela gestão dos recursos públicos durante o período para o

---

[36] LIMA, Diogo Uehbe. Delegação do poder de polícia aos particulares: limites e possibilidades no direito positivo brasileiro. *Fórum Administrativo*, Belo Horizonte, ano 21, n. 240. p. 53-78, fev. 2021. p. 55.

[37] BUGARIN, Paulo Soares. *O princípio constitucional da economicidade na jurisprudência do Tribunal de Contas da União*. 2. ed. Belo Horizonte: Fórum, 2011. p. 39.

qual foram eleitos. Considerando que "todo poder emana do povo, que o exerce por meio de representantes eleitos ou diretamente", inclusive o poder de gerir os recursos públicos, pode-se concluir que o encerramento do ciclo democrático somente acontecerá quando os representados tiverem ciência de que os representantes escolhidos fizeram bom uso ou não do dinheiro que é do povo. Nesse sentido, a atuação do controle externo guarda estreita relação com os valores democráticos encartados na Constituição da República. Na medida em que os Tribunais de Contas (instituições que exercem o controle externo) colaboram para a avaliação técnica dos gestores públicos, proporcionam aos cidadãos, em sua maior parte leigos das regras de finanças públicas, o conhecimento sobre a capacidade de gestão dos eleitos, informação que será legítima e democraticamente *relevante* para formação de opinião utilizada nas eleições subsequentes[38] (grifos do autor).

É assim, portanto, que a doutrina nacional reconhece, também no Tribunal de Contas da União, órgão responsável pelo exercício da função de controle financeiro externo, um ente com funções "essenciais para a consolidação do Estado Democrático de Direito que se pretende conservar". O TCU ajudaria, portanto, a conferir legitimidade democrática às finanças públicas[39] e, nessa condição, suas competências guardariam relação direta com os direitos fundamentais consagrados na Constituição Federal de 1988.[40] Nesse ponto, a manifestação de Ricardo Lobo Torres:

> Também os gastos públicos estão inteiramente voltados para os direitos humanos. O serviço público, financiado com o dinheiro do Estado, neles encontra o seu fundamento e a sua finalidade. As prestações positivas do Estado para a segurança dos direitos fundamentais, que compõem o *status positivus libertatis*, bem como a garantia do mínimo existencial, representada pelas prestações no campo da educação, saúde e assistência social e até a proteção dos direitos difusos, como acontece com o meio ambiente e os bens culturais, demandam o aporte de recursos públicos substanciais.

---

[38] SCAPIN, Romano. *A expedição de provimentos provisórios pelos Tribunais de Contas*: das "medidas cautelares" à técnica antecipatória no controle externo brasileiro. Belo Horizonte: Fórum, 2019. p. 42.

[39] ZYMLER, Benjamin. *O controle externo das concessões e das parcerias público-privadas*. 2. ed. Belo Horizonte: Fórum, 2008. p. 137.

[40] Nesse sentido é a posição de Odete Medauar, amparada na doutrina de Diogo de Figueiredo Moreira Neto e Ricardo Lobo Torres. MEDAUAR, Odete. *Controle da administração pública*. 3. ed. São Paulo: RT, 2014. p. 125. Na mesma linha: SCAPIN, Romano. *A expedição de provimentos provisórios pelos Tribunais de Contas*: das "medidas cautelares" à técnica antecipatória no controle externo brasileiro. Belo Horizonte: Fórum, 2019. p. 46-47.

De modo que as finanças públicas, em todas as suas dimensões – tributária, patrimonial, monetária, orçamentária, promocional etc. –, encontram-se em permanente e íntimo contato com os direitos fundamentais.

Cabendo ao Tribunal de Contas, de acordo com o art. 70 da Constituição Federal, a fiscalização contábil, financeira, orçamentária, operacional e patrimonial da União e das entidades da administração direta e indireta, quanto à *legalidade, legitimidade* e *economicidade,* segue-se que passa ele a exercer papel de suma importância no controle das garantias normativas ou principiológicas da liberdade, ou seja, no *controle da segurança dos direitos fundamentais*[41] (grifos do original).

Tal conexão entre as atividades executadas pelos órgãos de controle e os direitos fundamentais deve ser instrumentalizada por meio de garantias processuais:

Do ponto de vista subjetivo, os direitos fundamentais compreendem a capacidade individual ou coletiva de atuar na defesa de seus interesses de sua liberdade, já contra o Estado, já contra terceiros. Necessitam de algumas *garantias processuais* que permitam o acesso à Justiça e aos órgãos estatais de controle.

Os constituintes de 1988, atentos à expansão dos aspectos subjetivos dos direitos fundamentais, souberam traduzir em linguagem constitucional os novos instrumentos de defesa da liberdade. A Constituição brasileira possui hoje algumas garantias que em outros países ainda se situam no plano da legislação ordinária.

Dois desses dispositivos aparecem como garantias processuais do controle e já foram transcritos acima: art. 74, §2º,[42] e art. 31, §3º.[43]

Esses novos instrumentos de abertura do controle de contas à comunidade devem ser interpretados como contraponto extrajudicial de outras garantias processuais da liberdade previstos na Constituição, a saber: a ação popular, a ação civil pública e o mandado de injunção.[44]

---

[41] TORRES, Ricardo Lobo. A legitimidade democrática e o Tribunal de Contas. *Revista de Direito Administrativo*, v. 194. Rio de Janeiro: 1993. p. 31-45. Disponível em: http://biblioteca digital.fgv.br/ojs/index.php/rda/article/view/45894/46788. Acesso em: 13 abr. 2021. p. 35.

[42] BRASIL. Lei nº 8.443/1992. Dispõe sobre a Lei Orgânica do Tribunal de Contas da União e dá outras providências. "§2º Qualquer cidadão, partido político, associação ou sindicato é parte legítima para, na forma da lei, denunciar irregularidades ou ilegalidades perante o Tribunal de Contas da União".

[43] BRASIL. Lei nº 8.443/1992. "§3º As contas dos Municípios ficarão, durante sessenta dias, anualmente, à disposição de qualquer contribuinte, para exame e apreciação, o qual poderá questionar-lhes a legitimidade, nos termos da lei".

[44] TORRES, Ricardo Lobo. A legitimidade democrática e o Tribunal de Contas. *Revista de Direito Administrativo*, v. 194. p. 31-45, Rio de Janeiro, 1993. Disponível em: http://biblioteca digital.fgv.br/ojs/index.php/rda/article/view/45894/46788. Acesso em: 13 abr. 2021. p. 42.

Jacoby Fernandes, por seu turno, com fundamento no art. 5º, §2º, CF/1988, reconhece no controle um direito fundamental não explícito, diretamente correlacionado ao direito de petição (art. 5º, XXXIV, *a*, CF/1988), ao direito à informação (art. 5º, XXXIII, *a*, CF/1988), ao direito ao ajuizamento de ação popular (art. 5º, LXXIII, CF/1988), e, assim como o fazem outros autores, ao direito de apresentar denúncia de irregularidades ao TCU (art. 74, §2º, CF/1988).[45]

Quanto ao tema, cabe, ainda, uma advertência bem resgatada por Karl Loewenstein: o controle é instrumento que reforça a legítima participação democrática, mas a legitimação político-democrática de um governante não justifica a falta ou o esvaziamento dos mecanismos de controle.[46] Em síntese, as instituições que exercem controle são, acima de tudo, instituições de Estado, cuja atuação não deve ser esvaziada por maiorias políticas momentâneas, ainda que suportadas pelo apoio popular.

Na mesma linha é o alerta de Romano Scapin:

> Muitas vezes, o controle é reconhecido como antagonista da democracia, lógica equivocada que remete à conclusão de que ambos seriam inversamente proporcionais: quanto mais controle, menos democracia. Todavia, não se pode olvidar que a Democracia traz consigo a ideia de responsabilidade política de seus partícipes, tanto do lado dos eleitores (representados), quando do lado dos eleitos (representantes): todos assumem papel de protagonistas da sociedade. Muito se valoriza a ideia de *liberdade* quando se refere ao regime democrático, mas pouco se estima a *responsabilidade* que emerge desse mesmo regime. Portanto, o elo lógico entre a *democracia* e o *controle* é a noção de *responsabilidade* que emerge da primeira e acaba por gerar a necessidade do segundo.[47]

É justamente essa ideia – de que o constitucionalismo democrático moderno pressupõe também a responsabilização dos detentores do poder como técnica de controle, ainda que sejam eles democraticamente legitimados – que fora apresentada por Karl Loewenstein décadas atrás, com a constatação de que o constitucionalismo não se notabiliza

---

[45] JACOBY FERNANDES, Jorge Ulisses. *Coleção Jorge Ulisses Jacoby Fernandes de Direito Público*, v. 3 – Tribunais de Contas no Brasil. 4. ed. Belo Horizonte: Fórum, 2016. p. 39.

[46] LOEWENSTEIN, Karl. *Teoría de la Constitución*. Tradução de Alfredo Gallego Anabitarte. 2. ed. Barcelona: Ariel, 1979. p. 131.

[47] SCAPIN, Romano. *A expedição de provimentos provisórios pelos Tribunais de Contas*: das "medidas cautelares" à técnica antecipatória no controle externo brasileiro. Belo Horizonte: Fórum, 2019. p. 43.

apenas pela instituição de um Estado de Direito, mas também por um estado responsável. Para o autor, a responsabilização política se tornou a técnica mais eficaz para controlar os detentores do poder.[48]

1.3 A complexidade do mundo pós-moderno e a criação das instituições autônomas de controle

Com o avanço e os progressos tecnológicos, e diante de uma atuação estatal cada vez mais espraiada nas mais diversas atividades econômicas, verificamos, nos Estados modernos, uma crescente tendência à especialização das atividades de controle, sobretudo no que dizia respeito ao controle das finanças públicas, culminando na criação de órgãos voltados exclusivamente a essa tarefa.

Exemplos desse movimento, como recordam Helio Saul Mileski e Luiz Bernardo Dias Costa, podem ser encontrados na França napoleônica, com a formatação da *Cour des Comptes* em 1807,[49] e na Itália, com a criação da *Corti dei Conti* em 1864.[50]

Nesse aspecto, o papel fundamental de controlador dos governos, encarregado originariamente aos parlamentos,[51] foi sendo deslocado para órgãos com razoável autonomia técnica, guiados não apenas pela crescente complexidade da fiscalização da atividade administrativa, mas também pela busca de maior efetividade nas políticas públicas por meio de uma gestão ótima dos recursos disponíveis.[52]

---

[48] LOEWENSTEIN, Karl. *Teoría de la Constitución*. Tradução de Alfredo Gallego Anabitarte. 2. ed. Barcelona: Ariel, 1979. p. 70-71.

[49] MILESKI, Helio Saul. Tribunal de Contas: evolução, natureza, funções e perspectivas futuras. *In*: FREITAS, Ney José (Org.). *Tribunais de Contas*: aspectos polêmicos. Estudos em homenagem ao conselheiro João Feder. Belo Horizonte: Fórum, 2010. p. 94.

[50] COSTA, Luiz Bernardo Dias. *Tribunal de Contas*: evolução e principais atribuições no Estado Democrático de Direito. Belo Horizonte: Fórum, 2006. p. 21-22.

[51] LOEWENSTEIN, Karl. *Teoría de la Constitución*. Tradução de Alfredo Gallego Anabitarte. 2. ed. Barcelona: Ariel, 1979. p. 36; SCAFF, Fernando Facury; SCAFF, Luma Cavaleiro de Macedo *In*: CANOTILHO, J. J. Gomes *et al*. *Comentários à Constituição do Brasil*. 2. ed. São Paulo: Saraiva, 2018 (Kindle), Posição 62.300.

[52] Conforme afirmamos, com esteio em Jacques Chevallier, "o Estado pós-moderno se notabiliza também pela perseguição da efetividade na ação pública. [...] a própria ideia de legitimidade do Estado cambiaria de uma exclusiva §legitimação extrínseca§(derivada da própria natureza estatal do ente que exerce a função pública) para uma coexistente §legitimação intrínseca§(derivada da eficácia na gestão pública)". LIMA, Diogo Uehbe. Consensualidade e processo sancionador no mercado de valores mobiliários: uma análise comparada entre Brasil e EUA. *In*: NOBRE JÚNIOR, Edilson Pereira; VIANA, Ana Cristina Aguilar; XAVIER, Marília Barros (Coord.). *Coleção de Direito Administrativo Sancionador*: direito administrativo sancionador comparado. v. 1. Rio de Janeiro: CEEJ, 2021. p. 297.

Conforme a doutrina de Floriano de Azevedo Marques Neto, trata-se, portanto, de uma nova dimensão conferida à função de controle, focada na busca por uma maior racionalidade econômica na atividade administrativa visando à melhor satisfação do interesse da coletividade.

Importante destacar, no entanto, que esse movimento de autonomização institucional da função de controle financeiro externo não se deu de forma homogênea em todos os países. Eduardo Gualazzi lista cinco modelos de controle financeiro externo, politicamente legitimados pelo Poder Legislativo:[53]

(i) *Anglo-saxônico* – exercido por órgão singular ou monocrático (os chamados auditores ou controladores-gerais), cujo ocupante é indicado pelo Parlamento, mas dotado de garantias equivalentes às da magistratura. Esse modelo, originário da Inglaterra, é encontrado também nos Estados Unidos, Irlanda, Israel e em países anglófonos na África e na Ásia.

(ii) *Latino* – exercido por órgãos colegiados, as chamadas Cortes de Contas, dotadas também de funções jurisdicionais, sendo-lhes conferida significativa independência técnica e política. Modelo adotado na Itália, na França, na Bélgica, na Espanha e em Portugal.

(iii) *Germânico* – exercido por órgãos colegiados, com independência e garantias próprias da magistratura. Dotados de competências autônomas para o exercício do controle, mas encarregados também com atividades consultivas em relação ao Parlamento e ao Governo. É o modelo adotado na Alemanha e na Áustria.

(iv) *Escandinavo* – exercido por distintos órgãos, entre eles os "revisores parlamentares" (controlam a execução do orçamento e são nominados a cada legislatura) e os "ofícios de revisão" (controlam a eficácia administrativa e propõem medidas corretivas); merece destaque a figura do *ombudsman*, que, na Suécia, é eleito pelo Parlamento para fiscalizar a atuação dos agentes públicos.[54]

(v) *Latino-americano* – exercido por Controladorias-Gerais ou Tribunais de Contas, órgãos dotados de independência e garantias próprias da magistratura, mas sem funções jurisdicionais, incumbidos de diversas competências autônomas em relação ao Poder Legislativo. É o modelo adotado no Brasil, em que o TCU se caracteriza como órgão constitucional autônomo,[55] tema que será explorado em seção específica.

---

[53] GUALAZZI, Eduardo Lobo Botelho *apud* ZYMLER, Benjamin. *O controle externo das concessões e das parcerias público-privadas*. 2. ed. Belo Horizonte: Fórum, 2008. p. 130-131.

[54] Para melhor compreensão sobre a figura do *Ombudsman*, ver: MEDAUAR, Odete. *Controle da administração pública*. 3. ed. São Paulo: RT, 2014. p. 157-172.

[55] ZYMLER, Benjamin. *O controle externo das concessões e das parcerias público-privadas*. 2. ed. Belo Horizonte: Fórum, 2008. p. 137.

DIOGO UEHBE LIMA
COMPETÊNCIAS CAUTELARES DO TRIBUNAL DE CONTAS

Luiz Bernardo Dias Costa, por outro lado, elenca dois grandes sistemas de controle: (i) anglo-saxão, assentado no modelo de auditorias ou controladorias gerais, de caráter eminentemente consultivo ou opinativo, cujo agente cumpre mandato, sem que lhe sejam atribuídos poderes jurisdicionais coercitivos e sem vinculação a nenhum dos poderes políticos instituídos, predominando decisões monocráticas; e (ii) romano-germânico, institucionalizado por meio de órgãos colegiados (tribunais ou cortes de contas), cujos ocupantes detêm vitaliciedade e poderes jurisdicionais e coercitivos na instância administrativa, dotados de grande autonomia frente aos poderes políticos[56] – para Renato Jorge Brown Ribeiro, o modelo atualmente vigente no Brasil é híbrido, reunindo no Tribunal de Contas da União características próprias desses dois principais modelos.[57]

Sem dúvida, dadas a relevância e a sensibilidade das competências atribuídas aos órgãos de controle, é inevitável assegurar determinadas proteções, visando a garantir a independência de seus membros, escudando-os de pressões ou de retaliações políticas dos agentes fiscalizados.

Constatamos, no entanto, que esse desenho institucional, que remonta à ligação visceral entre o controle e a separação de funções públicas, estabelece, como efeito colateral, um estado de tensão permanente entre o ideal de legitimação político-democrática personificado nos representantes eleitos, especialmente o chefe do Poder Executivo, e a necessária independência técnica inerente à função de controle financeiro externo.

Dessa tensão surgem os questionamentos sobre eventuais excessos dos órgãos controladores, que, ao menos na prática, funcionariam como *instância autônoma de governo*, culminando na paralisia da atividade administrativa.[58] Floriano de Azevedo Marques Neto sistematiza esses problemas da seguinte forma: (i) *déficit de responsividade* (ausência de comprometimento com e responsabilidade por eventuais impactos negativos nas consecução das finalidades perseguidas

---

[56] COSTA, Luiz Bernardo Dias. Tribunal de Contas: evolução e principais características no ordenamento jurídico brasileiro. *In*: FREITAS, Ney José (Org.). *Tribunais de Contas*: aspectos polêmicos. Estudos em homenagem ao conselheiro João Feder. Belo Horizonte: Fórum, 2010. p. 151.

[57] RIBEIRO, Renato Jorge Brown *apud* COSTA, Luiz Bernardo Dias. *In*: FREITAS, Ney José (Org.). *Tribunais de Contas*: aspectos polêmicos. Estudos em homenagem ao conselheiro João Feder. Belo Horizonte: Fórum, 2010. p. 152.

[58] LOEWENSTEIN, Karl. *Teoría de la Constitución*. Tradução de Alfredo Gallego Anabitarte. 2. ed. Barcelona: Ariel, 1979. p. 49-50.

pela Administração); (ii) *multiplicidade de instâncias* (sobreposição de competências entre diversas instituições, tornando a atividade administrativa excessivamente sinuosa, morosa e, não raro, ineficaz); (iii) *captura de políticas públicas pelo controlador*; (iv) *deslocamento da discricionariedade* (do controlado para o controlador), criando um cenário de déficit de legitimidade democrática nas atividades administrativas; (v) *falta de uniformidade das orientações* (ausência de sistematização e uniformização de entendimentos que permitam uma estabilização necessária à implementação das políticas públicas; (vi) *judicialização das políticas públicas*; e (vii) *apropriação corporativa da pauta de controle*.[59]

É exatamente no contexto dessa tensão que se inserem as chamadas competências cautelares do Tribunal de Contas da União, tema central desta pesquisa. Antes de nos dedicarmos diretamente ao tema, contudo, buscaremos fixar o conceito de controle e, mais especificamente, do controle financeiro externo, função exercida pelo TCU, conforme será delineado em capítulo próprio.

1.4 Um conceito de controle e o controle financeiro externo

A tarefa de conceituar o controle é um tanto árdua e sinuosa, especialmente em razão da diversidade de instituições que exercem essa função e da heterogeneidade de técnicas e de mecanismos que nela são empregadas. Nos dizeres de Odete Medauar, o "caráter multifário" do controle torna mais difícil sua definição.[60]

Muitos autores buscam na etimologia um norte inicial e, nesse plano, costuma ser referida a versão trazida por Massimo Severo Giannini, que atribui a origem da expressão "controle" ao "latim fiscal medieval", revelando-se, portanto, uma relação originária com a administração fiscal – *contra rotulum*, que, em francês, tornou-se *contre-rôle* ou *controle*, designava o catálogo dos contribuintes, dos censos e dos tributos.[61] Tratava-se, portanto, de expressão que indicava um registro ao qual se confrontava o registro original.[62]

---

[59] MARQUES NETO, Floriano de Azevedo. Os grandes desafios do controle da Administração Pública. *In*: MODESTO, Paulo (Coord.). *Nova organização administrativa brasileira.* 2. ed. Belo Horizonte: Fórum, 2010. p. 228-231.

[60] MEDAUAR, Odete. *Controle da administração pública.* 3. ed. São Paulo: RT, 2014. p. 24.

[61] GIANNINI, Massimo Severo *apud* COSTA, Luiz Bernardo Dias. *Tribunal de Contas*: evolução e principais atribuições no Estado Democrático de Direito. Belo Horizonte: Fórum, 2006. p. 38-39.

[62] MEDAUAR, Odete. *Controle da administração pública.* 3. ed. São Paulo: RT, 2014. p. 21-22.

Odete Medauar, citando a doutrina de Bergeron, divide as acepções de controle entre um sentido forte (dominação, direção, limitação) e um sentido fraco (vigilância, fiscalização, verificação e registro).[63] E, amparada nas lições de Forti, Bergeron e Giannini, aponta como núcleo essencial do conceito de controle o sentido de "verificação da conformidade de uma atuação a determinados cânones".[64]

A partir dessa noção básica, a autora explora os atributos caracterizadores do controle, conforme propostos por Forti:[65] (i) distinção entre as figuras de controlador e controlado;[66] (ii) atividade precedente submetida ao controle;[67] (iii) manifestação de vontade do controlador, como resultado do juízo lógico de conformidade, formulado sobre o ato controlado.[68]

Odete Medauar elenca ainda os elementos do controle, conforme classificação sugerida por Bergeron:[69] (i) objeto do controle ou termo concreto (ato, contrato, decisão etc.); (ii) padrão ou *standard* de conformidade; (iii) confronto ou comparação entre os elementos (i) e (ii); e (iv) finalidade do controle. Acrescentam-se, ainda, os dois agentes envolvidos nessa atividade: controlador e controlado.

A jurista adota uma acepção ampla de controle, segundo a qual o controle não se limita ao regramento que culmine na prática de atos de comando sobre o controlado, nos casos em que constatada alguma inconformidade entre o alvo do controle e o *standard* a ser observado.[70]

Evandro Martins Guerra, por seu turno, oferece um conceito igualmente amplo de controle da Administração Pública, com eixo principal na competência fiscalizatória:

---

[63] MEDAUAR, Odete. *Controle da administração pública*. 3. ed. São Paulo: RT, 2014. p. 22-23.

[64] MEDAUAR, Odete. *Controle da administração pública*. 3. ed. São Paulo: RT, 2014. p. 26.

[65] MEDAUAR, Odete. *Controle da administração pública*. 3. ed. São Paulo: RT, 2014. p. 27-28.

[66] A autora ressalva, quanto a esse atributo, as hipóteses de "autocontrole" ou "autotutela" da Administração. Entendemos, nesse ponto, que o controle, enquanto função pública autônoma, comporta tão somente o controle externo. Órgãos e agentes que desempenham funções de verificação na mesma esfera de poder (controle interno) não exercem função pública autônoma, mas são apenas dotados de competências para verificar ou revisar atos intestinos, como uma atividade (administrativa) meramente auxiliar ou acessória e inerente à função administrativa, por exemplo.

[67] A exigência de uma atividade precedente não excluiria o chamado controle prévio ou preventivo. Em verdade, o que mudaria seria o ato objeto do controle: no caso do controle prévio, a iniciativa ou proposta; e, no caso, mais comum, do controle repressivo, o ato administrativo aperfeiçoado e plenamente eficaz.

[68] Nem sempre esse juízo de conformidade redundará na reversão do ato praticado pela Administração ou em ato de comando do controlador diante do controlado.

[69] MEDAUAR, Odete. *Controle da administração pública*. 3. ed. São Paulo: RT, 2014. p. 29.

[70] MEDAUAR, Odete. *Controle da administração pública*. 3. ed. São Paulo: RT, 2014. p. 32-33.

CAPÍTULO 1
HISTÓRIA E CONCEITO DE CONTROLE | 39

[...] a possibilidade de verificação, inspeção, exame, pela própria Administração, por outros poderes ou por qualquer cidadão, da efetiva correção na conduta gerencial de um poder, órgão ou autoridade, no escopo de garantir atuação conforme os modelos desejados e anteriormente planejados, gerando uma aferição sistemática. Trata-se, na verdade, de poder-dever de fiscalização, já que, uma vez determinado em lei, não poderá ser renunciado ou postergado, sob pena de responsabilização por omissão do agente infrator.[71]

Jorge Ulisses Jacoby Fernandes aponta, ademais, os princípios do controle,[72] dentre os quais destacamos aqueles que, ao longo desse trabalho, mostrar-se-ão fundamentais ao delineamento das competências acautelatórias do TCU:

(i) *princípio da segregação das funções* – a atividade de controle deve estar segregada das demais funções, o que se reflete tanto no aspecto estrutural ou institucional (instituições de controle separadas das demais), quanto no aspecto funcional (o controlador, em regra, não deve exercer outras funções públicas).

(ii) *princípio da "relação custo-benefício"* – o controle, enquanto atividade-meio,[73] não pode ser mais custoso que o benefício obtido com o seu pleno exercício ou que a própria atividade fim da administração pública.[74] Busca pela economicidade ou "racionalização de meios" na própria atividade de controle.[75]

---

[71] GUERRA, Evandro Martins *apud* COSTA, Luiz Bernardo Dias. Tribunal de Contas: evolução e principais características no ordenamento jurídico brasileiro. *In*: FREITAS, Ney José (Org.). *Tribunais de Contas*: aspectos polêmicos. Estudos em homenagem ao conselheiro João Feder. Belo Horizonte: Fórum, 2010. p. 151.

[72] JACOBY FERNANDES, Jorge Ulisses. *Coleção Jorge Ulisses Jacoby Fernandes de Direito Público*, v. 3 – Tribunais de Contas no Brasil. 4. ed. Belo Horizonte: Fórum, 2016. p. 40-49.

[73] Tal princípio está totalmente alinhado com as diretrizes da Declaração de Lima (*INTOSAI-P 1 – The Lima Declaration – Guidelines on Auditing Precepts*), publicada em 1977 pela INTOSAI – *International Organization of Supreme Audit Institutions* (entidade que congrega instituições de controle financeiro externo de dezenas de países), especialmente com seu artigo 1º, que ressalva o fato de que o controle das finanças públicas não é um fim em si mesmo. INTOSAI-P1. *The Lima Declaration* – guidelines on auditing precepts. Disponível em: https://www.intosai.org/fileadmin/downloads/documents/open_access/INT_P_1_u_P_10/INTOSAI_P_1_en_2019.pdf. Acesso em: 8 set. 2021.

[74] Observamos, nesse ponto, a preocupação do TCU, buscando evidenciar a vantagem financeira de sua atuação, o que pode sinalizar uma tendência de aumento no rigor das condenações pecuniárias, conforme levantado por André Rosilho. ROSILHO, André. *Tribunal de Contas da União*: competências, jurisdição e instrumentos de controle. São Paulo: Quartier Latin, 2019. p. 211.

[75] No plano jurídico-positivo, verifica-se tal princípio, por exemplo, nos artigos 90, §2º, e 93 da Lei nº 8.443/1992.

(iii) *princípio da aderência a diretrizes e normas* – o controlador deve limitar-se aos parâmetros de controle predefinidos pelas normas, ainda que se julgue capaz de encontrar solução ótima, ideal ou melhor que aquela adotada pelo administrador. Por tal princípio, impõe-se sejam respeitadas as interpretações e decisões razoáveis do administrador.

Quanto aos objetivos ou finalidades, Floriano de Azevedo Marques Neto elenca (i) a defesa do patrimônio público; (ii) a adequada aplicação dos recursos públicos (economicidade ou eficiência alocativa); (iii) o cumprimento das finalidades da atuação administrativa (coibição do abuso, do desvio de poder ou finalidade); e, por fim, (iv) a adstrição da Administração à legalidade.[76]

As classificações sugeridas para o controle são diversas e variam não apenas em função dos conceitos iniciais propostos por cada autor, mas também em razão dos critérios eleitos para diferenciar os tipos de controle. Para o propósito do presente trabalho, parece-nos essencial destacar duas classificações principais, talvez as mais citadas na doutrina.

A primeira delas toma como parâmetro o critério orgânico ou institucional, isto é, a relação e o grau ou natureza da ligação entre controlador e controlado. Nessa seara, o controle dividir-se-ia entre controle externo (exercido por órgão ou agente que não integra a estrutura organizacional controlada) ou interno (exercido por órgão ou agente que integra a estrutura organizacional controlada).[77] Entendemos que o controle, enquanto função pública autônoma, comporta tão somente o chamado controle externo, no qual se insere o Tribunal de Contas da União, como veremos no próximo capítulo.

A segunda classificação versa sobre o momento do exercício do controle, que se dividiria entre controle (i) prévio, preventivo ou *a priori*, (ii) concomitante e (iii) posterior, repressivo ou *a posteriori*.[78]

---

[76] MARQUES NETO, Floriano de Azevedo. Os grandes desafios do controle da Administração Pública. *In*: MODESTO, Paulo (Coord.). *Nova organização administrativa brasileira*. 2. ed. Belo Horizonte: Fórum, 2010. p. 210-211.

[77] JACOBY FERNANDES, Jorge Ulisses. *Coleção Jorge Ulisses Jacoby Fernandes de Direito Público*, v. 3 – Tribunais de Contas no Brasil. 4. ed. Belo Horizonte: Fórum, 2016. p. 57; LOEWENSTEIN, Karl. *Teoría de la Constitución*. Tradução de Alfredo Gallego Anabitarte. 2. ed. Barcelona: Ariel, 1979. p. 232; MEDAUAR, Odete. *Controle da administração pública*. 3. ed. São Paulo: RT, 2014. p. 40-41.

[78] JACOBY FERNANDES, Jorge Ulisses. *Coleção Jorge Ulisses Jacoby Fernandes de Direito Público*, v. 3 – Tribunais de Contas no Brasil. 4. ed. Belo Horizonte: Fórum, 2016. p. 102-103; MEDAUAR, Odete. *Controle da administração pública*. 3. ed. São Paulo: RT, 2014. p. 40-41.

CAPÍTULO 1
HISTÓRIA E CONCEITO DE CONTROLE | 41

Esta classificação será aprofundada em capítulo próprio deste trabalho, especialmente em razão de sua relevância para a compreensão da dinâmica envolvendo as chamadas competências cautelares.

De tudo o que expusemos até aqui, verificamos que o controle do poder é caracterizado essencialmente como um método de confrontação entre situações concretas e padrões de comportamento preestabelecidos. Esse método é empregado entre distintos agentes e, frequentemente, entre distintas instituições.

No *âmbito* da administração pública, o controle pode assumir múltiplas facetas, havendo um destaque especial para o controle das finanças públicas, envolvendo sobretudo o manejo dos recursos públicos visando a satisfazer aos interesses da coletividade. Esse controle financeiro externo, tradicionalmente exercido pelos Parlamentos frente ao Poder Executivo, ganhou, ao longo do tempo, notável complexidade, demandando uma atuação cada vez mais técnica, especializada e independente, dando ensejo ao estabelecimento de instituições estatais autônomas, com *status* constitucional em muitos países.

É o caso do Tribunal de Contas da União, conforme se extrai da combinação entre os artigos 70 a 71 da Constituição Federal:

> Art. 70. A fiscalização contábil, financeira, orçamentária, operacional e patrimonial da União e das entidades da administração direta e indireta, quanto à legalidade, legitimidade, economicidade, aplicação das subvenções e renúncia de receitas, será exercida pelo Congresso Nacional, mediante controle externo, e pelo sistema de controle interno de cada Poder. [...]
>
> Art. 71. O controle externo, a cargo do Congresso Nacional, será exercido com o auxílio do Tribunal de Contas da União, ao qual compete: [...]

Apenas para ilustrar a escala mundial do fenômeno de estabelecimento de instituições autônomas para pleno exercício do controle financeiro externo, vale aqui o resgate trazido por Pedro Humberto Teixeira Barretto a respeito do número de instituições integrantes da *International Organization of Supreme Audit Institutions* (INTOSAI).[79] Atualmente, entre seus membros, constam instituições de 195 países.[80]

---

[79] BARRETTO, Pedro Humberto Teixeira. *O sistema Tribunais de Contas e instituições equivalentes*: um estudo comparativo entre o modelo brasileiro e o da União Europeia. Salvador: Renovar, 2004. p. 76.

[80] INTOSAI. *Members*. Disponível em: https://www.intosai.org/about-us/members. Acesso em: 8 set. 2021.

Esclarecidos os fundamentos político-ideológicos do controle do poder político, o conceito de controle e os principais contornos do desenho institucional dos entes responsáveis pelo controle financeiro externo, investigaremos, a seguir, a posição institucional do Tribunal de Contas da União e a natureza da função pública por ele exercida. Conforme demonstraremos, trata-se de questão crucial para delimitar o regime jurídico-constitucional aplicável ao TCU, balizando os limites de suas competências, inclusive as cautelares.

CAPÍTULO 2

POSIÇÃO INSTITUCIONAL DO TCU E A NATUREZA DE SUA FUNÇÃO

Antes de nos debruçarmos sobre o detalhamento das competências do TCU, mais especificamente suas competências acautelatórias, assentaremos, como premissa, o entendimento adotado nesta pesquisa a respeito do perfil institucional da Corte de Contas brasileira.

A importância de um aprofundamento nesse ponto se dá, em especial, em razão dos debates doutrinários que o envolvem desde a criação do TCU, concomitantemente ao nascimento da república. Não é à toa que o Tribunal de Contas tenha ganhado a pecha de "grande desconhecido", mesmo após um século de existência.[81]

Para tanto, buscaremos analisar, segregadamente, dois aspectos necessários à análise do perfil do TCU e como ele se situa em nosso ordenamento constitucional.[82] O primeiro momento dessa análise se dará sob o chamado critério orgânico, isto é, o exame da posição e relação do TCU frente às instituições políticas. Em seguida, será explorado o aspecto funcional, a compreensão da natureza da função pública[83] exercida pela Corte.

---

[81] LINS NETTO, Jair *apud* ROSILHO, André. *Tribunal de Contas da União*: competências, jurisdição e instrumentos de controle. São Paulo: Quartier Latin, 2019. p. 20.

[82] Mesmo caminho trilhado por Romano Scapin, em importante obra que explora o tema tratado no presente trabalho. SCAPIN, Romano. *A expedição de provimentos provisórios pelos Tribunais de Contas: das "medidas cautelares" à técnica antecipatória no controle externo brasileiro*. Belo Horizonte: Fórum, 2019. p. 91.

[83] Na precisa definição de Celso Antônio Bandeira de Mello, "função pública, no Estado Democrático de Direito, é a atividade exercida no cumprimento do *dever* de alcançar o interesse público, mediante o uso dos poderes instrumentalmente necessários conferidos pela ordem jurídica". BANDEIRA DE MELLO, Celso Antônio. *Curso de direito administrativo*. 33. ed. São Paulo: Malheiros, 2015. p. 29.

É frequente observarmos certa confusão entre os dois aspectos ou critérios no exame do perfil institucional do TCU. Costuma-se misturá-los a pretexto de uma investigação da "natureza jurídica" do TCU – trata-se, como veremos, de um equívoco ocasionado especialmente pelo modelo tripartite tão sedimentado a partir do pensamento de Montesquieu, que induz os estudiosos à busca por um enquadramento funcional perfeitamente coincidente com os chamados "poderes políticos" – Legislativo, Judiciário e Executivo.

Essa tripartição de poderes ou de instituições políticas – reproduzida no art. 2º da CF/1988 –, no entanto, nem sempre equivale com perfeição à divisão das funções públicas, embora guarde com ela inegável conexão.[84] Segundo o entendimento de Celso Antônio Bandeira de Mello, a respeito dos critérios de classificação das funções públicas:

> [...] o [critério] "orgânico" ou "subjetivo" é muito insatisfatório simplesmente porque inexiste uma correspondência exata entre um dado conjunto orgânico e uma certa função. Há apenas, em cada qual, uma forte predominância da atividade que lhe é típica.[85]

Nesse sentido, ainda que o critério orgânico possa revelar a função preponderantemente exercida por determinado ente, imperioso reconhecermos a insuficiência da divisão orgânica clássica concebida por Montesquieu para classificar as funções públicas verificadas no estado pós-moderno.[86]

Não obstante mereça todas as reverências pela sua consagração e eficácia nas principais democracias constitucionais, é necessário desfazer o "*status* canônico" ainda hoje atribuído à "santíssima trindade" exposta na teoria de Montesquieu.[87]

---

[84] SILVA, José Afonso da. *Curso de direito constitucional positivo*. 43. ed. São Paulo: Malheiros, 2020. p. 108-111; DAL POZZO, Gabriela Tomaselli Bresser Pereira. *As funções do Tribunal de Contas e o Estado de Direito*. Belo Horizonte: Fórum, 2010. p. 29.

[85] BANDEIRA DE MELLO, Celso Antônio. *Curso de direito administrativo*. 33. ed. São Paulo: Malheiros, 2015. p. 33. Ver também: MILESKI, Helio Saul. Tribunal de Contas: evolução, natureza, funções e perspectivas futuras. *In*: FREITAS, Ney José (Org.). *Tribunais de Contas*: aspectos polêmicos. Estudos em homenagem ao conselheiro João Feder. Belo Horizonte: Fórum, 2010. p. 98-99.

[86] CARVALHO FILHO, José dos Santos. *Manual de direito administrativo*. 34. ed. São Paulo: Atlas, 2020. p. 2 (Kindle); HELLER, Gabriel; SOUSA, Guilherme Carvalho e. Função de controle externo e função administrativa: separação e colaboração na Constituição de 1988. *Revista de Direito Administrativo*, Rio de Janeiro, v. 278, n. 2. p. 71-96, maio-ago. 2019. Disponível em: https://doi.org/10.12660/rda.v278.2019.80049. Acesso em: 23 ago. 2021. p. 78-84.

[87] ACKERMAN, Bruce. Adeus, Montesquieu. *Revista de Direito Administrativo*, Rio de Janeiro, v. 265. p. 13-23, jan.-abr. 2014. Disponível em: https://doi.org/10.12660/rda.v265.2014.18909. Acesso em: 23 ago. 2021. p. 15.

CAPÍTULO 2
POSIÇÃO INSTITUCIONAL DO TCU E A NATUREZA DE SUA FUNÇÃO | 45

Em primeiro lugar, é preciso reconhecer que a separação de determinadas funções estatais em distintos entes políticos não é uma condição natural ou essencial para o exercício do poder político, não é uma verdade imutável.[88]

Ademais, a tripartição clássica é uma teoria do seu tempo, com a marca da ascensão do liberalismo político frente ao absolutismo monárquico – Montesquieu não poderia ter, àquela época, qualquer noção das estruturas e técnicas estatais que viriam a se desenhar no estado pós-moderno.[89] Esse modelo de divisão dos poderes estatais (espelhado na classificação das funções públicas), portanto, não pode seguir tratado com verniz dogmático, afastando-se qualquer reflexão mais próxima da complexidade contemporânea e que possa eventualmente superá-lo.

Há décadas, Karl Loewenstein já criticava a tripartição proposta por Montesquieu, reputando-a excessivamente mecanicista (ou orgânica) e, sobretudo, preocupada com a garantia das liberdades individuais, deixando outros aspectos de lado. O autor alemão advertia que a teoria de Montesquieu já era insuficiente para explicar a realidade do século XX, especialmente no pós-guerra.[90] Com mais força ainda surge, por conseguinte, a necessidade de revisitar esse modelo teórico no século XXI, sendo múltiplos os exemplos de novas instituições com perfis *sui generis*.[91]

Isso posto, buscaremos dissecar o TCU nas seções subsequentes, examinando-o não apenas em seu aspecto orgânico e seu *locus* institucional, como também a natureza da função pública por ele exercida para, com isso, assentarmos um entendimento sobre o desenho institucional concebido pelo constituinte, especialmente quanto às competências do TCU e sua interação com as demais instituições político-administrativas.

---

[88] LOEWENSTEIN, Karl. *Teoría de la Constitución*. Tradução de Alfredo Gallego Anabitarte. 2. ed. Barcelona: Ariel, 1979. p. 56.

[89] ACKERMAN, Bruce. Adeus, Montesquieu. *Revista de Direito Administrativo*, Rio de Janeiro, v. 265. p. 13-23, jan.-abr. 2014. Disponível em: https://doi.org/10.12660/rda.v265.2014.18909. Acesso em: 23 ago. 2021. p. 14.

[90] LOEWENSTEIN, Karl. *Teoría de la Constitución*. Tradução de Alfredo Gallego Anabitarte. 2. ed. Barcelona: Ariel, 1979. p. 54-56.

[91] Bruce Ackerman sugere alguns exemplos, como as comissões eleitorais independentes ou os bancos centrais independentes. Adverte que é necessário ter cautela com a criação de novos centros de poder independentes, mas reconhece que tal prudência não impede a criação de uma nova classificação para a separação de poderes, voltada à proteção de valores fundamentais, por meio de desenhos institucionais bem pensados e empiricamente testados. ACKERMAN, Bruce. Adeus, Montesquieu. *Revista de Direito Administrativo*, Rio de Janeiro, v. 265. p. 13-23, jan.-abr. 2014. Disponível em: https://doi.org/10.12660/rda.v265.2014.18909. Acesso em: 23 ago. 2021. p. 16-19.

2.1 Posição institucional

Como dito, embora não seja determinante para a compreensão da função exercida, a posição institucional ou o aspecto orgânico é relevante para o delineamento de um determinado ente estatal.

Nesse caminho, interessante notar que as chamadas *Supreme Audit Institutions* (*SAIs*) ou Entidades Fiscalizadores Superiores (EFSs), categoria na qual se insere o nosso Tribunal de Contas da União tem distintas posições institucionais dentro dos regimes constitucionais dos mais diversos países, inexistindo, portanto, um padrão ou um modelo ideal a respeito.

No Reino Unido (*National Audit Office – NAO*[92]) e nos EUA (*General Audit Office – GAO*[93]), as chamadas controladorias ou auditorias-gerais ainda mantêm forte ligação com o Poder Legislativo, oferecendo-lhe suporte técnico, mas sem estar a ele subordinadas.[94] De outro lado, como observa Gabriela Dal Pozzo, o auditor-geral possui, no modelo inglês, garantias próprias da magistratura, mas nem por isso integra o Poder Judiciário.[95]

Igualmente, em relação às EFSs de Itália, Espanha e França – que adotam o modelo dos Tribunais ou Cortes de Contas –, a doutrina também costuma apontar que estas estariam ligadas ao Poder Legislativo, ainda que com significativa independência, asseguradas as garantias e incompatibilidades próprias da magistratura.[96]

---

[92] Sobre a instituição: https://www.nao.org.uk/about-us/our-work/history-of-the-nao/. Acesso em: 11 set. 2021.

[93] Sobre a instituição: https://www.gao.gov/about/comptroller-general. Acesso em: 11 set. 2021.

[94] DAL POZZO, Gabriela Tomaselli Bresser Pereira. *As funções do Tribunal de Contas e o Estado de Direito*. Belo Horizonte: Fórum, 2010. p. 103-104; MEDAUAR, Odete. *Controle da administração pública*. 3. ed. São Paulo: RT, 2014. p. 134; JACOBY FERNANDES, Jorge Ulisses. *Coleção Jorge Ulisses Jacoby Fernandes de Direito Público*, v. 3 – Tribunais de Contas no Brasil. 4. ed. Belo Horizonte: Fórum, 2016. p. 139.

[95] DAL POZZO, Gabriela Tomaselli Bresser Pereira. *As funções do Tribunal de Contas e o Estado de Direito*. Belo Horizonte: Fórum, 2010. p. 70-71.

[96] JACOBY FERNANDES, Jorge Ulisses. *Coleção Jorge Ulisses Jacoby Fernandes de Direito Público*, v. 3 – Tribunais de Contas no Brasil. 4. ed. Belo Horizonte: Fórum, 2016. p. 139; DAL POZZO, Gabriela Tomaselli Bresser Pereira. *As funções do Tribunal de Contas e o Estado de Direito*. Belo Horizonte: Fórum, 2010. p. 103-104; MEDAUAR, Odete. *Controle da administração pública*. 3. ed. São Paulo: RT, 2014. p. 126; 132-136; SALLES, Alexandre Aroeira. *O processo nos Tribunais de Contas*. Belo Horizonte: Fórum, 2018. p. 179; COSTA, Luiz Bernardo Dias. *Tribunal de Contas*: evolução e principais atribuições no Estado Democrático de Direito. Belo Horizonte: Fórum, 2006. p. 32-34.

CAPÍTULO 2
POSIÇÃO INSTITUCIONAL DO TCU E A NATUREZA DE SUA FUNÇÃO | 47

Nesse ponto, destoa Portugal, país cuja EFS integra o Poder Judiciário[97] – tendo sido vinculado no passado ao Executivo, durante a ditadura salazarista.[98] Quanto à vinculação das EFSs ao Judiciário, Gabriela Dal Pozzo, reproduzindo a constatação de Antonio Roque Citadini, destaca a excepcionalidade desse modelo, verificado em alguns países africanos, a exemplo de Angola (de forma provisória, até a criação de um órgão autônomo).[99] Esse seria o modelo encontrado também na Grécia, segundo aponta Jorge Ulisses Jacoby Fernandes, a partir de estudo produzido por Renato Jorge Brown Ribeiro.[100]

Ainda mais incomum seria a vinculação das EFSs ao Poder Executivo, situação que poderia ser encontrada em Guiné Bissau, São Tomé e Princípe e Sudão – com o fim do regime comunista soviético, os **órgãos** de controle de Bulgária, Hungria e Romênia deixaram de integrar o Poder Executivo daqueles países.[101]

No Brasil, houve variação da posição institucional do Tribunal de Contas ao longo dos diversos regimes constitucionais estabelecidos desde a Proclamação da República.[102]

No regime constitucional de 1891, o TCU estava posicionado no Título IV – Disposições Gerais,[103] sem vinculação expressa a nenhum

---

[97] COSTA, Luiz Bernardo Dias. *Tribunal de Contas*: evolução e principais atribuições no Estado Democrático de Direito. Belo Horizonte: Fórum, 2006. p. 32-34.

[98] DAL POZZO, Gabriela Tomaselli Bresser Pereira. *As funções do Tribunal de Contas e o Estado de Direito*. Belo Horizonte: Fórum, 2010. p. 102-103; MEDAUAR, Odete. *Controle da administração pública*. 3. ed. São Paulo: RT, 2014. p. 135; JACOBY FERNANDES, Jorge Ulisses. *Coleção Jorge Ulisses Jacoby Fernandes de Direito Público*, v. 3 – Tribunais de Contas no Brasil. 4. ed. Belo Horizonte: Fórum, 2016. p. 139.

[99] DAL POZZO, Gabriela Tomaselli Bresser Pereira. *As funções do Tribunal de Contas e o Estado de Direito*. Belo Horizonte: Fórum, 2010. p. 102.

[100] JACOBY FERNANDES, Jorge Ulisses. *Coleção Jorge Ulisses Jacoby Fernandes de Direito Público*, v. 3 – Tribunais de Contas no Brasil. 4. ed. Belo Horizonte: Fórum, 2016. p. 139.

[101] CITADINI, Antonio Roque *apud* DAL POZZO, Gabriela Tomaselli Bresser Pereira. *As funções do Tribunal de Contas e o Estado de Direito*. Belo Horizonte: Fórum, 2010. p. 102-103.

[102] A despeito de diversas tentativas durante o período imperial, não houve uma efetiva instalação do Tribunal de Contas no Brasil, durante aquele regime, o que somente ocorreu com a consolidação do regime republicano. Sobre as iniciativas havidas durante o Brasil Império, ver: BUGARIN, Paulo Soares. *O princípio constitucional da economicidade na jurisprudência do Tribunal de Contas da União*. 2. ed. Belo Horizonte: Fórum, 2011. p. 54; GIAMUNDO NETO, Giuseppe. *As garantias no processo no Tribunal de Contas da União*. São Paulo: Thomson Reuters Brasil, 2019. p. 39-41; SCAPIN, Romano. *A expedição de provimentos provisórios pelos Tribunais de Contas*: das "medidas cautelares" à técnica antecipatória no controle externo brasileiro. Belo Horizonte: Fórum, 2019. p. 76; ZYMLER, Benjamin. *O controle externo das concessões e das parcerias público-privadas*. 2. ed. Belo Horizonte: Fórum, 2008. p. 132-133; DAL POZZO, Gabriela Tomaselli Bresser Pereira. *As funções do Tribunal de Contas e o Estado de Direito*. Belo Horizonte: Fórum, 2010. p. 73-78.

[103] BRASIL. Constituição Federal (1891). "Art. 89. É instituído um Tribunal de Contas para liquidar as contas da receita e despesa e verificar a sua legalidade, antes de serem

dos poderes instituídos.[104] Luiz Bernardo Dias Costa afirma que a ambiguidade da posição institucional do TCU no ordenamento jurídico brasileiro remonta a esse período, mais especificamente ao Decreto n° 966-A, que criou o TCU antes mesmo da promulgação da própria Constituição republicana.[105]

A própria definição sugerida por Rui Barbosa, principal artífice da criação do Tribunal, era reticente quanto à vinculação da Corte de Contas a qualquer um dos chamados três poderes:

> O Governo Provisório reconheceu a urgência inadiável de reorganizá-lo; e a medida que vem propor-vos é a criação de um Tribunal de Contas, corpo de magistratura intermediaria à administração e à legislatura, que, colocado em posição autônoma, com attribuições de revisão e julgamento, cercado de garantias – contra quaisquer ameaças, possa exercer as suas funções vitais no organismo constitucional, sem risco de converter-se em instituição de ornato aparatoso e inútil.

Esta imprecisão, no entanto, não obstou que muitos juristas buscassem enquadrá-lo em algum dos poderes constituídos. Francisco Cavalcanti Pontes de Miranda, por exemplo, apontava que, sob o regime da Constituição de 1891, o Tribunal de Contas se caracterizava como "órgão *sui generis* do Poder Judiciário", embora reconhecesse que a Corte de Contas era instituição "posterior à teoria da separação dos poderes e fruto da prática", que "dessoava das linhas rígidas da tripartição".[106]

Da mesma forma, sob a Constituição de 1934, o TCU – assim como o Ministério Público – foi inserido em capítulo específico ("Dos Órgãos de Cooperação nas Atividades Governamentais"), sem atrelar-se explicitamente ao Legislativo, ao Judiciário ou ao Executivo.[107]

---

prestadas ao Congresso. Os membros deste Tribunal serão nomeados pelo Presidente da República com aprovação do Senado, e somente perderão os seus lugares por sentença".

[104] JACOBY FERNANDES, Jorge Ulisses. *Coleção Jorge Ulisses Jacoby Fernandes de Direito Público*, v. 3 – Tribunais de Contas no Brasil. 4. ed. Belo Horizonte: Fórum, 2016. p. 145; KANIA, Cláudio Augusto. *Relevo constitucional dos Tribunais de Contas no Brasil*. Rio de Janeiro: Lumen Juris, 2020. p. 49-52; MEDAUAR, Odete. *Controle da administração pública*. 3. ed. São Paulo: RT, 2014. p. 136; GIAMUNDO NETO, Giuseppe. *As garantias no processo no Tribunal de Contas da União*. São Paulo: Thomson Reuters Brasil, 2019. p. 30-31.

[105] COSTA, Luiz Bernardo Dias. *Tribunal de Contas*: evolução e principais atribuições no Estado Democrático de Direito. Belo Horizonte: Fórum, 2006. p. 75-78.

[106] JACOBY FERNANDES, Jorge Ulisses. *Coleção Jorge Ulisses Jacoby Fernandes de Direito Público*, v. 3 – Tribunais de Contas no Brasil. 4. ed. Belo Horizonte: Fórum, 2016. p. 141.

[107] KANIA, Cláudio Augusto. *Relevo constitucional dos Tribunais de Contas no Brasil*. Rio de Janeiro: Lumen Juris, 2020. p. 49-52; GIAMUNDO NETO, Giuseppe. *As garantias no processo no Tribunal de Contas da União*. São Paulo: Thomson Reuters Brasil, 2019. p. 30-31.

Merecem um destaque especial, no entanto, as garantias dos Ministros do Tribunal de Contas, que seriam equiparadas às dos ministros da Corte Suprema; a Corte de Contas teria atribuições equivalentes aos tribunais judiciais quanto à organização do seu Regimento Interno e de sua Secretaria.[108]

Para Odete Medauar, essas peculiaridades apenas reforçariam o fato de que o Tribunal de Contas não integraria o Poder Judiciário.[109] Francisco Cavalcanti Pontes de Miranda, por seu turno, observava que, no regime constitucional de 1934, a Corte teria passado a se constituir como "órgão *sui generis* do Poder Legislativo".[110]

Na Constituição outorgada de 1937, o Tribunal de Contas foi excepcionalmente inserido no capítulo dedicado ao Poder Judiciário (art. 114).[111] Antonio Roque Citadini, no entanto, destaca que durante o regime ditatorial de Getúlio Vargas, as funções de controle ficaram vinculadas a órgãos ligados à Fazenda Pública, o que evidenciaria que, naquele período, o Tribunal estaria mais atrelado ao Poder Executivo.[112]

A partir da Constituição de 1946, o Tribunal de Contas passou a ser posicionado no capítulo dedicado ao Poder Legislativo (art. 76 e 77),[113] na seção que tratava do orçamento, consagrando sua atuação em "auxílio" ao Congresso Nacional.[114] Sob o regime daquela Constituição,

---

[108] BRASIL. Constituição Federal (1934). "Art. 99. É mantido o Tribunal de Contas, que, diretamente, ou por delegações organizadas de acordo com a lei, acompanhará a execução orçamentária e julgará as contas dos responsáveis por dinheiros ou bens públicos"; "Art. 100. Os Ministros do Tribunal de Contas serão nomeados pelo Presidente da República, com aprovação do Senado Federal, e terão as mesmas garantias dos Ministros da Corte Suprema. Parágrafo único – O Tribunal de Contas terá, quanto à organização do seu Regimento Interno e da sua Secretaria, as mesmas atribuições dos Tribunais Judiciários".

[109] MEDAUAR, Odete. *Controle da administração pública*. 3. ed. São Paulo: RT, 2014. p. 137.

[110] JACOBY FERNANDES, Jorge Ulisses. *Coleção Jorge Ulisses Jacoby Fernandes de Direito Público*, v. 3 – Tribunais de Contas no Brasil. 4. ed. Belo Horizonte: Fórum, 2016. p. 141.

[111] JACOBY FERNANDES, Jorge Ulisses. *Coleção Jorge Ulisses Jacoby Fernandes de Direito Público*, v. 3 – Tribunais de Contas no Brasil. 4. ed. Belo Horizonte: Fórum, 2016. p. 145; NETO, Giuseppe Giamundo. *As garantias no processo no Tribunal de Contas da União*. São Paulo: Thomson Reuters Brasil, 2019. p. 30-31; 49.

[112] CITADINI, Antonio Roque *apud* DAL POZZO, Gabriela Tomaselli Bresser Pereira. *As funções do Tribunal de Contas e o Estado de Direito*. Belo Horizonte: Fórum, 2010. p. 102.

[113] KANIA, Cláudio Augusto. *Relevo constitucional dos tribunais de Contas no Brasil*. Rio de Janeiro: Lumen Juris, 2020, 49-52; GIAMUNDO NETO, Giuseppe. *As garantias no processo no Tribunal de Contas da União*. São Paulo: Thomson Reuters Brasil, 2019. p. 30-31.

[114] BRASIL. Constituição Federal (1946). "Art. 22. A administração financeira, especialmente a execução do orçamento, será fiscalizada na União pelo Congresso Nacional, com o auxílio do Tribunal de Contas, e nos Estados e Municípios pela forma que for estabelecida nas Constituições estaduais".

a Lei Orgânica do TCU (Lei nº 830/1949[115]) trouxe a definição da Corte como **órgão** auxiliar do Poder Legislativo.[116]

A Constituição de 1967 e a Emenda Constitucional nº 1/1969 pouco inovaram a respeito da posição institucional do TCU no ordenamento brasileiro, reproduzindo, quanto a esse ponto, o regramento geral concebido na Constituição de 1946.[117]

Esse foi o trajeto do TCU ao longo dos distintos regimes constitucionais que se sucederam no Brasil, desde a criação da Corte até o advento da Constituição Federal de 1988.

Nesse ponto, André Rosilho adverte que, a despeito da ampla liberdade normativa naturalmente conferida ao constituinte originário, seria uma ilusão acreditar que, no processo de elaboração da Constituição de 1988, os constituintes promoveriam uma reviravolta no tratamento dado ao TCU, contrariando certa tradição já existente quanto ao papel conferido à Corte nos regimes das décadas anteriores.[118]

O autor resgata ainda que, embora a posição institucional do TCU tenha sido abertamente debatida durante a Assembleia Nacional Constituinte de 1987 – especialmente na Comissão da Organização dos Poderes e Sistema de Governo –, prevaleceu, ao fim, a fórmula iniciada com a Constituição de 1946, em que a Corte caracterizar-se-ia como ente auxiliar do Poder Legislativo,[119] ficando incerto se, do ponto de vista orgânico, integraria aquele poder.

De fato, o regramento dos Tribunais de Contas, estabelecidos na CF/1988, situa esses entes no capítulo voltado ao tratamento do Poder Legislativo, sendo reproduzida, de forma inequívoca, a

---

[115] BRASIL. Lei nº 830/1949 (Revogada pelo Decreto Lei nº 199/1967). Reorganiza o Tribunal de Contas da União. "Art. 1º. O Tribunal de Contas, órgão auxiliar do Poder Legislativo na fiscalização da administração financeira da União, especialmente na execução do orçamento, tem sua sede na Capital da República e jurisdição em todo o território nacional (artigos 22 e 76 da Constituição)".

[116] DAL POZZO, Gabriela Tomaselli Bresser Pereira. *As funções do Tribunal de Contas e o Estado de Direito*. Belo Horizonte: Fórum, 2010. p. 89-90; ZYMLER, Benjamin. *O controle externo das concessões e das parcerias público-privadas*. 2. ed. Belo Horizonte: Fórum, 2008. p. 134; MEDAUAR, Odete. *Controle da administração pública*. 3. ed. São Paulo: RT, 2014. p. 136.

[117] KANIA, Cláudio Augusto. *Relevo constitucional dos Tribunais de Contas no Brasil*. Rio de Janeiro: Lumen Juris, 2020. p. 49-52; GIAMUNDO NETO, Giuseppe. *As garantias no processo no Tribunal de Contas da União*. São Paulo: Thomson Reuters Brasil, 2019. p. 30-31; 53-54; MEDAUAR, Odete. *Controle da administração pública*. 3. ed. São Paulo: RT, 2014. p. 136.

[118] ROSILHO, André. *Tribunal de Contas da União*: competências, jurisdição e instrumentos de controle. São Paulo: Quartier Latin, 2019. p. 47.

[119] ROSILHO, André. *Tribunal de Contas da União*: competências, jurisdição e instrumentos de controle. São Paulo: Quartier Latin, 2019. p. 58-61.

CAPÍTULO 2
POSIÇÃO INSTITUCIONAL DO TCU E A NATUREZA DE SUA FUNÇÃO | 51

expressão já sedimentada nas Constituições anteriores, que delineiam as competências das Cortes de Contas em auxílio ao Poder Legislativo (art. 71, *caput*). Mas o texto constitucional não insinua qualquer relação de subordinação ou hierarquia entre o TCU e o Congresso Nacional, reservando ao primeiro diversas atribuições que independem de chancela do Parlamento (art. 71, II, III, IV, V, VI, VIII, IX, X, XI)[120] – o que tem sido amplamente reconhecido na jurisprudência do Supremo Tribunal Federal.[121]

Essa dubiedade do texto normativo mantém acesa alguma divergência doutrinária sobre a posição institucional do TCU. Diante disso, a doutrina nacional divide-se em duas vertentes. A primeira, minoritária, reconhece certa vinculação da Corte ao Poder Legislativo,[122] enquanto a segunda, majoritária, enxerga o TCU como **órgão** autônomo, de *status* constitucional, desvinculado de qualquer um dos três poderes constituídos.

---

[120] BRASIL. Constituição Federal (1988). "Art. 71. O controle externo, a cargo do Congresso Nacional, será exercido com o auxílio do Tribunal de Contas da União, ao qual compete: [...] II – julgar as contas dos administradores e demais responsáveis por dinheiros, bens e valores públicos da administração direta e indireta, incluídas as fundações e sociedades instituídas e mantidas pelo Poder Público federal, e as contas daqueles que derem causa a perda, extravio ou outra irregularidade de que resulte prejuízo ao erário público; III – apreciar, para fins de registro, a legalidade dos atos de admissão de pessoal, a qualquer título, na administração direta e indireta, incluídas as fundações instituídas e mantidas pelo Poder Público, exceptuadas as nomeações para cargo de provimento em comissão, bem como a das concessões de aposentadorias, reformas e pensões, ressalvadas as melhorias posteriores que não alterem o fundamento legal do ato concessório; IV – realizar, por iniciativa própria, da Câmara dos Deputados, do Senado Federal, de Comissão técnica ou de inquérito, inspeções e auditorias de natureza contábil, financeira, orçamentária, operacional e patrimonial, nas unidades administrativas dos Poderes Legislativo, Executivo e Judiciário, e demais entidades referidas no inciso II; V – fiscalizar as contas nacionais das empresas supranacionais de cujo capital social a União participe, de forma direta ou indireta, nos termos do tratado constitutivo; VI – fiscalizar a aplicação de quaisquer recursos repassados pela União mediante convênio, acordo, ajuste ou outros instrumentos congêneres, a Estado, ao Distrito Federal ou a Município; [...] VIII – aplicar aos responsáveis, em caso de ilegalidade de despesa ou irregularidade de contas, as sanções previstas em lei, que estabelecerá, entre outras cominações, multa proporcional ao dano causado ao erário; IX – assinar prazo para que o órgão ou entidade adote as providências necessárias ao exato cumprimento da lei, se verificada ilegalidade; X – sustar, se não atendido, a execução do ato impugnado, comunicando a decisão à Câmara dos Deputados e ao Senado Federal; XI – representar ao Poder competente sobre irregularidades ou abusos apurados".

[121] BRASIL. *Supremo Tribunal Federal*. RE 576.920, Rep. Geral Tema 47, Rel. Min. Edson Fachin, j. 20-04-2020, DJE 09-11-2020. p. 267. Tese fixada: "A competência técnica do Tribunal de Contas do Estado, ao negar registro de admissão de pessoal, não se subordina à revisão pelo Poder Legislativo respectivo".

[122] "Tribunal de Contas é parte componente do Poder Legislativo". TEMER, Michel. *Elementos de direito constitucional*. 24. ed. São Paulo: Malheiros, 2017. p. 136.

Mesmo entre aqueles que defendem a vinculação ao Poder Legislativo, admite-se, da mesma forma, a existência de diversas competências autônomas do TCU, não subordinadas ao Congresso Nacional. Estes autores, em verdade, situam a Corte de Contas no Poder Legislativo apenas em razão da adoção de um critério formalista induzido pelo modelo teórico consolidado de Montesquieu – e talvez motivada também pela origem histórica da função de controle, que tem no Parlamento o seu berço[123] –, que impediria o reconhecimento de instituições autônomas, fora dos três Poderes da União listados no art. 2º,[124] conforme o posicionamento de Helio Saul Mileski:

> Nesse contexto, o Tribunal de Contas é colocado junto ao Poder Legislativo, todavia, esta participação se dá somente no aspecto de organicidade, em razão da divisão formal dos poderes, na medida em que não mantém qualquer grau de subordinação ao Poder Legislativo. Tanto assim é que, no art. 71 da Constituição brasileira, são estabelecidas competências de controle exclusivas e indelegáveis para o Tribunal de Contas, com exercício sobre os três Poderes do Estado, em que, evidentemente, inclui-se o Legislativo, destinadas as mesmas garantias e prerrogativas da magistratura, que lhes asseguram uma atuação com absoluta independência.[125]

A grande maioria da doutrina nacional, portanto, define os Tribunais de Contas, do ponto de vista orgânico, como entes autônomos,[126]

---

[123] A Seção 8 da Declaração de Lima, da INTOSAI, ilustra essa tradicional relação dos Tribunais de Contas com o Poder Legislativo, sem descuidar, no entanto, da necessária independência daqueles (Seções 5, 6 e 7): "Section 8. Relationship to Parliament. The independence of Supreme Audit Institutions provided under the Constitution and law also guarantees a very high degree of initiative and autonomy, even when they act as an agent of Parliament and perform audits on its instructions. The relationship between the Supreme Audit Institution and Parliament shall be laid down in the Constitution according to the conditions and requirements of each country".
Tradução: "Seção 8. Relacionamento com o Parlamento. A independência das Entidades Fiscalizadoras Superiores prevista na Constituição e na lei garante-lhes um elevado grau de autonomia e proatividade, mesmo quando atuam como agentes do Parlamento e realizam auditorias de acordo com as suas especificações. A relação entre a Instituições Superiores de Fiscalização e o Parlamento deve ser estabelecida na Constituição de acordo com as condições e preceitos de cada país. Disponível em: https://www.intosai.org/fileadmin/downloads/documents/open_access/INT_P_1_u_P_10/INTOSAI_P_1_en_2019.pdf. Acesso em: 13 set. 2021.

[124] BUGARIN, Paulo Soares. *O princípio constitucional da economicidade na jurisprudência do Tribunal de Contas da União.* 2. ed. Belo Horizonte: Fórum, 2011. p. 64.

[125] MILESKI, Helio Saul. Tribunal de Contas: evolução, natureza, funções e perspectivas futuras. *In:* FREITAS, Ney José (Org.). *Tribunais de Contas:* aspectos polêmicos. Estudos em homenagem ao conselheiro João Feder. Belo Horizonte: Fórum, 2010. p. 101.

[126] Sergio Ferraz e Carlos Ayres Britto destacam a ausência de qualquer referência ao TCU nos dispositivos que delineiam as estruturas orgânicas do Poder Legislativo, Executivo e

CAPÍTULO 2
POSIÇÃO INSTITUCIONAL DO TCU E A NATUREZA DE SUA FUNÇÃO — 53

independentes, de estatura constitucional, sem qualquer subordinação a nenhum dos poderes, prestando, em alguns casos, auxílio técnico--operacional ao Poder Legislativo, mantendo com este relação de cooperação e interdependência, mas sem integrá-lo.[127]

Celso Antônio Bandeira de Mello, tratando, à época, do regime estabelecido com a Emenda Constitucional nº 1/1969 – cujo regramento sobre o perfil institucional do TCU foi amplamente mantido na Constituição Federal de 1988 –, sintetiza a questão:

> [...] não nos parece que a circunstância de ter sido mencionado, no texto constitucional, que são poderes da União o Legislativo, o Executivo e o Judiciário implique significar que só há três blocos orgânicos. Está dito na Lei Maior que há três manifestações sobranceiras do poder do estado, e que a elas, por certo, correspondem os blocos orgânicos ou respectivos. Mas, nesta proposição não há, do ponto de vista lógico, asserto excludente da idéia de outro conjunto orgânico que, por sua função controladora ou fiscalizadora, não haja sido caracterizado com este designativo – "Poder" – mas que corresponda, também a um bloco orgânico de posição absolutamente autônoma, no sistema constitucional. [...] Não há estranhar, pois, que se diga, como eu e outros dizem, que o Tribunal de Contas, inobstante exerça um tipo de funções que é, por sem dúvida, auxiliar do Poder Legislativo, persista sendo um todo orgânico,

---

Judiciário (art. 44, 76, 92 e 128, CF/1988); FERRAZ, Sergio. *Tribunais de Contas: meditando e remeditando*. In: FREITAS, Ney José (Org.). *Tribunais de Contas: aspectos polêmicos. Estudos em homenagem ao conselheiro João Feder*. Belo Horizonte: Fórum, 2010, 243; BRITTO, Carlos Ayres. O regime constitucional dos Tribunais de Contas. *Revista Diálogo Jurídico*, Salvador, Centro de Atualização Jurídica (CAJ), v. I, n. 9, dez. 2001. Disponível em: http://www.direitopublico.com.br. Acesso em: 13 set. 2021.

[127] COSTA, Luiz Bernardo Dias. *Tribunal de Contas: evolução e principais atribuições no Estado Democrático de Direito*. Belo Horizonte: Fórum, 2006. p. 66; 70-71; DAL POZZO, Gabriela Tomaselli Bresser Pereira. *As funções do Tribunal de Contas e o Estado de Direito*. Belo Horizonte: Fórum, 2010. p. 106; DECOMAIN, Pedro Roberto. *Tribunais de Contas no Brasil*. São Paulo: Dialética, 2006. p. 43-45, 63; JACOBY FERNANDES, Jorge Ulisses. *Coleção Jorge Ulisses Jacoby Fernandes de Direito Público*, v. 3 – Tribunais de Contas no Brasil. 4. ed. Belo Horizonte: Fórum, 2016. p. 141-142; JUSTEN FILHO, Marçal. *Comentários à Lei de Licitações e Contratos Administrativos*. 18. ed. São Paulo: Thomson Reuters Brasil, 2019. p. 1587; MEDAUAR, Odete. *Controle da administração pública*. 3. ed. São Paulo: RT, 2014. p. 153; GIAMUNDO NETO, Giuseppe. *As garantias no processo no Tribunal de Contas da União*. São Paulo: Thomson Reuters Brasil, 2019. p. 33; ZYMLER, Benjamin. *O controle externo das concessões e das parcerias público-privadas*. 2. ed. Belo Horizonte: Fórum, 2008. p. 135-137; SCAPIN, Romano. *A expedição de provimentos provisórios pelos Tribunais de Contas: das "medidas cautelares" à técnica antecipatória no controle externo brasileiro*. Belo Horizonte: Fórum, 2019. p. 92-94; MENDES, Gilmar Ferreira; BRANCO, Paulo Gustavo Gonet. *Curso de direito constitucional*. 15. ed. São Paulo: Saraiva Educação, 2020. p. 2.302-2.303 (Kindle).

que tem a sua identidade fisionômica nascida no texto constitucional, em alheamento à estrutura de cada um desses três poderes.[128]

Ricardo Lobo Torres, já sob a vigência da Constituição Federal de 1988, enxergava de modo semelhante a posição do TCU:

> O rígido esquema da separação dos poderes já não serve para explicar a independência e a responsabilidade. Mesmo sem se aderir ao extremismo das doutrinas que o consideram como 4º Poder, o certo é que desborda ele os limites estreitos da separação de poderes [...].[129]

Nesse sentido tem seguido a jurisprudência do Supremo Tribunal Federal, conforme se infere do voto do então Relator Min. Celso de Mello, em Medida Cautelar requerida na Ação Declaratória de Inconstitucionalidade nº 4.190 – entendimento unanimemente referendado pelo plenário da Corte, até o momento:

> Revela-se inteiramente falsa e completamente destituída de fundamento constitucional a idéia, de todo equivocada, de que os Tribunais de Contas seriam meros órgãos auxiliares do Poder Legislativo.
>
> Na realidade, os Tribunais de Contas ostentam posição eminente na estrutura constitucional brasileira, não se achando subordinados, por qualquer vínculo de ordem hierárquica, ao Poder Legislativo, de que não são órgãos delegatários nem organismos de mero assessoramento técnico [...].[130]

Esse é também nosso entendimento: do ponto de vista orgânico, o TCU goza de plena autonomia, caracterizando-se como "órgão constitucional autônomo",[131] sem qualquer relação de subordinação hierárquica ou orgânica com o Poder Judiciário, Legislativo ou Executivo.[132]

---

[128] BANDEIRA DE MELLO, Celso Antônio. O enquadramento constitucional do Tribunal de Contas. *In:* FREITAS, Ney José (Org.). *Tribunais de Contas:* aspectos polêmicos. Estudos em homenagem ao conselheiro João Feder. Belo Horizonte: Fórum, 2010. p. 69.

[129] A expressão "separação de poderes", usada pelo autor, deve ser compreendida como "tripartição clássica dos poderes". TORRES, Ricardo Lobo. A legitimidade democrática e o Tribunal de Contas. *Revista de Direito Administrativo,* v. 194. p. 31-45, Rio de Janeiro, 1993. Disponível em: http://bibliotecadigital.fgv.br/ojs/index.php/rda/article/view/45894/46788. Acesso em: 13 abr. 2021. p. 41.

[130] O mérito da ADI no 4.190 ainda não foi apreciado. Foi deferida apenas medida cautelar para suspender os efeitos dos dispositivos impugnados.

[131] MOREIRA NETO, Diogo de Figueiredo. *Curso de direito administrativo:* parte introdutória, parte geral e parte especial. 16. ed. Rio de Janeiro: Forense, 2014 (Kindle). p. 1829.

[132] No mesmo sentido: PASCOAL, Valdecir Fernandes *Direito financeiro e controle externo.* 10. ed. Rio de Janeiro: Forense; São Paulo: Método, 2019 (Kindle). p. 153.

CAPÍTULO 2
POSIÇÃO INSTITUCIONAL DO TCU E A NATUREZA DE SUA FUNÇÃO | 55

2.2 A distinção entre as tradicionais funções públicas e a função exercida pelo TCU

Se a posição institucional ou orgânica do TCU na Constituição Federal de 1988 não causa controvérsia doutrinária significativa, o mesmo não se pode dizer sobre a natureza da função pública exercida pela Corte de Contas. Como adverte Paulo Modesto, a distinção entre funções públicas deve ser guiada especialmente pelos distintos regimes jurídicos identificados no direito positivo e sistematizados pela ciência do direito:

> Assim, a possibilidade de uma separação de funções está vinculada à possibilidade de identificação de regimes jurídicos próprios para cada uma das funções públicas. Essa tarefa é (ou deve ser) cumprida pela ciência do direito. O conceito de função pública é conceito a que se chega por generalização metódica e não por uma simples consulta direta ao texto constitucional.[133]

No direito comparado, a doutrina nacional costuma afirmar que as EFSs de Bélgica, França, Grécia, Itália, Portugal e Espanha[134] dispõem de poderes jurisdicionais ou exercem funções jurisdicionais, ainda que tal exercício esteja restrito a determinadas matérias ou situações, conforme se verifica na Itália e na França, por exemplo.[135] De outro lado, costuma-se apontar que nos EUA e na Inglaterra as EFSs não foram municiadas com poderes jurisdicionais.[136]

---

[133] MODESTO, Paulo. A função administrativa. *Revista Eletrônica de Direito do Estado*. Salvador, n. 5, 2006. Disponível em: http://www.direitodoestado.com.br/codrevista. asp?cod=81. Acesso em: 18 abr. 2021. p. 5.

[134] Na França e na Espanha vigora o regime da dualidade de jurisdição, havendo a chamada jurisdição administrativa.

[135] BARRETTO, Pedro Humberto Teixeira. *O sistema Tribunais de Contas e instituições equivalentes*: um estudo comparativo entre o modelo brasileiro e o da União Europeia. Salvador: Renovar, 2004. p. 100-102; COSTA, Luiz Bernardo Dias. *Tribunal de Contas*: evolução e principais atribuições no Estado Democrático de Direito. Belo Horizonte: Fórum, 2006. p. 32-34; JACOBY FERNANDES, Jorge Ulisses. *Coleção Jorge Ulisses Jacoby Fernandes de Direito Público*, v. 3 – Tribunais de Contas no Brasil. 4. ed. Belo Horizonte: Fórum, 2016. p. 156-162; MEDAUAR, Odete. *Controle da administração pública*. 3. ed. São Paulo: RT, 2014. p. 126-134; GIAMUNDO NETO, Giuseppe. *As garantias no processo no Tribunal de Contas da União*. São Paulo: Thomson Reuters Brasil, 2019. p. 36-38; SALLES, Alexandre Aroeira. *O processo nos Tribunais de Contas*. Belo Horizonte: Fórum, 2018. p. 172-174.

[136] DAL POZZO, Gabriela Tomaselli Bresser Pereira. *As funções do Tribunal de Contas e o Estado de Direito*. Belo Horizonte: Fórum, 2010. p. 70-71; JACOBY FERNANDES, Jorge Ulisses. *Coleção Jorge Ulisses Jacoby Fernandes de Direito Público*, v. 3 – Tribunais de Contas

No Brasil, argumenta-se que a controvérsia doutrinária sobre a função pública essencialmente exercida pelo TCU é uma constante desde o nascimento da instituição – a variação, nesse ponto, se dá em função da corrente majoritária a depender do período e do regime constitucional então vigentes.

Na exposição de motivos do Decreto nº 966-A, Rui Barbosa apontou claramente os propósitos e os modelos que inspiraram, àquele tempo, a criação do Tribunal de Contas brasileiro, no caso, os modelos belga e italiano, cujas EFSs exerciam funções jurisdicionais.[137]

Destacamos que o Decreto nº 1.166/1892, que regulamentava o art. 89 da Constituição de 1891, trazia dispositivos que denotavam a presença da função jurisdicional na atuação do Tribunal de Contas,[138] conferindo-lhe (i) jurisdição própria e privativa; (ii) funcionamento como Tribunal de Justiça; (iii) força de sentença, para suas decisões definitivas,[139] com o reconhecimento de que a Corte funcionaria como verdadeira justiça administrativa.[140] O diploma ainda possibilitava ao Tribunal de Contas a decretação da prisão administrativa e o sequestro de bens dos responsáveis caso estes descumprissem as determinações da Corte, especialmente aquelas que envolvessem obrigações pecuniárias (art. 30, §3º).[141]

Todo esse regramento – mantido no Decreto nº 392/1896 (art. 2º e 3º)[142] – foi enxergado com ressalvas por parte da doutrina. Carlos Maximiliano e Francisco Cavalcanti Pontes de Miranda, por

---

no Brasil. 4. ed. Belo Horizonte: Fórum, 2016. p. 156-157; MEDAUAR, Odete. *Controle da administração pública.* 3. ed. São Paulo: RT, 2014. p. 134.

[137] GIAMUNDO NETO, Giuseppe. *As garantias no processo no Tribunal de Contas da União.* São Paulo: Thomson Reuters Brasil, 2019. p. 41-42; SCAPIN, Romano. *A expedição de provimentos provisórios pelos Tribunais de Contas: das "medidas cautelares"* à técnica antecipatória no controle externo brasileiro. Belo Horizonte: Fórum, 2019. p. 76.

[138] GIAMUNDO NETO, Giuseppe Giamundo. *As garantias no processo no Tribunal de Contas da União.* São Paulo: Thomson Reuters Brasil, 2019. p. 43-45; DAL POZZO, Gabriela Tomaselli Bresser Pereira. *As funções do Tribunal de Contas e o Estado de Direito.* Belo Horizonte: Fórum, 2010. p. 81-83.

[139] BRASIL. Decreto nº 1.166/1892. "Art. 28. O Tribunal de Contas tem jurisdicção propria e privativa sobre as pessoas e as materias sujeitas á sua competencia; funcciona como Tribunal de Justiça, e as suas decisões definitivas teem força de sentença com execução apparelhada".

[140] BRASIL. Decreto nº 1.166/1892. "Art. 29. Compete ao Tribunal de Contas, como Tribunal de Justiça Administrativo [...]".

[141] ZYMLER, Benjamin. *O controle externo das concessões e das parcerias público-privadas.* 2. ed. Belo Horizonte: Fórum, 2008. p. 133.

[142] JACOBY FERNANDES, Jorge Ulisses. *Coleção Jorge Ulisses Jacoby Fernandes de Direito Público*, v. 3 – Tribunais de Contas no Brasil. 4. ed. Belo Horizonte: Fórum, 2016. p. 420.

exemplo, sustentavam a inconstitucionalidade do Decreto nº 392, sob o argumento de que ele mantinha o regime de dualidade da jurisdição, com a jurisdição administrativa, contrariando o modelo estabelecido na Constituição de 1891, que teria extirpado a jurisdição contenciosa administrativa que havia durante o Império.[143]

Parece-nos, claro, portanto, que em sua origem o Tribunal de Contas foi concebido com o claro propósito de exercer funções jurisdicionais no âmbito de suas competências. Talvez essa seja a causa da controvérsia doutrinária que sobrevive até os dias atuais – até porque muitas das disposições e das expressões normativas que remontam ao regime constitucional de 1891 sobreviveram até a Constituição de 1988 (e algumas delas perduram até hoje, ainda que o modelo adotado seja completamente distinto).

Benjamin Zymler, por exemplo, observa: "a crença na atuação jurisdicional do TCU era tamanha, que, até o advento do art. 5º, LXI, da Constituição de 1988, o Tribunal podia decretar a prisão dos responsáveis".[144] Juliana Cristina Luvizotto e Gilson Piqueras Garcia, com amparo no relato de Fernando Couto Garcia, noticiam, por outro lado, que o emprego do verbo "julgar" nos textos normativos que tratavam das competências do TCU nas constituições subsequentes leva boa parte da doutrina a insistir na atribuição da função jurisdicional ao TCU – o que, inclusive, obstaria a revisão judicial de suas decisões.[145]

Outro aspecto que não pode ser ignorado em relação ao regime estabelecido com a Constituição de 1891 é a efetiva adoção do modelo de controle prévio ou preventivo, na atuação do Tribunal de Contas. Na exposição de motivos do Decreto nº 966-A, Rui Barbosa não deixa margem para dúvidas quanto à preferência dada ao modelo do registro

---

[143] LUVIZOTTO, Juliana Cristina; GARCIA, Gilson Piqueras. O diálogo entre o Poder Judiciário e o Tribunal de Contas do Município de São Paulo no Controle das Concessões Municipais. *In*: TAFUR, Diego Jacome Valois; JURKSAITIS, Guilherme Jardim; ISSA, Rafael Hamze (Coord.). *Experiências práticas em concessões e PPP*: estudos em homenagem aos 25 anos da Lei de Concessões. v. II – Execução, controle e exercício de funções públicas por concessionário. São Paulo: Quartier Latin, 2021. p. 157.

[144] ZYMLER, Benjamin. *O controle externo das concessões e das parcerias público-privadas.* 2. ed. Belo Horizonte: Fórum, 2008. p. 143.

[145] LUVIZOTTO, Juliana Cristina; GARCIA, Gilson Piqueras. O diálogo entre o Poder Judiciário e o Tribunal de Contas do Município de São Paulo no Controle das Concessões Municipais. *In*: TAFUR, Diego Jacome Valois; JURKSAITIS, Guilherme Jardim; ISSA, Rafael Hamze (Coord.). *Experiências práticas em concessões e PPP*: estudos em homenagem aos 25 anos da Lei de Concessões. v. II – Execução, controle e exercício de funções públicas por concessionário. São Paulo: Quartier Latin, 2021. p. 158.

prévio e a importância que a ele seria conferida, com vistas a uma maior efetividade do controle exercido pelo Tribunal:

> Não basta julgar a administração, denunciar o excesso cometido, colher a exorbitância, ou a prevaricação, para as punir. Circunscrita a estes limites, essa função tutelar dos dinheiros públicos será muitas vezes inútil, por omissa, tardia, ou impotente. Convém levantar, entre o poder que autoriza periodicamente a despesa e o poder que quotidianamente a executa, um mediador independente, auxiliar de um e de outro, que, comunicando com a legislatura, e intervindo na administração, seja, não só o vigia, como a mão forte da primeira sobre a segunda, obstando a perpetração das infrações orçamentárias por um veto oportuno aos atos do executivo, que direta ou indireta, próxima ou remotamente discrepem da linha rigorosa das leis de finanças. [...]

> Todos estes dados são elementos de valor inestimável e de impreterível necessidade no mecanismo da instituição que temos em mira. Conspiram todos eles em firmar a jurisdição preventiva, característica essencial dessa organização no estado de excelência a que a Bélgica e a Itália a elevaram, e que hoje reclamam para a França as vozes mais competentes no assumpto. "Vale infinitamente mais", dizem os italianos, "prevenir os pagamentos ilegais e arbitrários do que censurá-los depois de efetuados. A contrasteação posterior basta em relação aos agentes fiscais; porque estes prestam cauções, que lhes tornam eficaz a responsabilidade, em defesa do Thesouro. Mas os ministros não dão fiança, por onde assegurem ao Estado a reparação do dano, que causarem, e, portanto, é mister uma garantia preliminar, a qual vem a ser precisamente a que se realiza na fiscalização preventiva do tribunal" (Giovani Gean-quinto: *Corso di diritto amministrativo*). O sistema da verificação preventiva decorre, segundo eles, dos direitos orgânicos do parlamento, que "não deve descansar exclusivamente na fidelidade do ministério" (Ugo: *La Corte dei Conti*, 1882, Tit. I, c. I, a 1.).[146]

Não à toa, o dispositivo constitucional que tratava do Tribunal de Contas endossou esse modelo (art. 89), e, igualmente, os dispositivos dos decretos que delinearam as atribuições do Tribunal de Contas estabeleceram, de fato, um regramento fortemente calcado no modelo

---

[146] BARBOSA, Rui. Exposição de motivos de Rui Barbosa sobre a criação do TCU. *Revista do Tribunal de Contas da União*, n. 82, 1999. Disponível em: https://revista.tcu.gov.br/ojs/index.php/RTCU/article/view/1113. Acesso em: 13 set. 2021; TAFUR, Diego Jacome Valois. Motivos de Rui Barbosa sobre a criação do TCU. *In:* JARDIM, Guilherme Jardim; ISSA, Rafael Hamze (Coord.). *Experiências práticas em concessões e PPP*: estudos em homenagem aos 25 anos da Lei de Concessões. v. II – Execução, controle e exercício de funções públicas por concessionário. São Paulo: Quartier Latin, 2021.

de controle prévio (Decreto n° 1.166, art. 30, sucedido pelo Decreto n° 392, art. 2º, §2º).

A esse respeito, André Rosilho observa que o modelo do controle ou registro prévio enseja, na prática, "o compartilhamento da função administrativa entre gestores públicos e órgãos de controle"[147] ou, nas palavras de Carlos Ari Sundfeld e Jacintho Arruda Câmara, "um controle quase administrativo da atuação financeira estatal"[148] – e essa realmente parece ter sido a intenção de Rui Barbosa, pelo que se extrai da própria exposição de motivos acima referida.

Dizemos, portanto, que o modelo originariamente estabelecido com a Constituição de 1891 pôs o Tribunal de Contas sob a tensão entre o exercício de funções jurisdicionais, no controle *a posteriori*, e a atuação compartilhada da função administrativa, por meio do controle prévio.

Sob as Constituições subsequentes o debate doutrinário foi, aos poucos, tendendo ao abandono da tese de que a Corte de Contas exerceria função jurisdicional – como dito, os autores que ainda a defendiam, buscavam sustentar seu entendimento sobretudo na literalidade de determinados dispositivos, que fixavam a competência para "julgar contas" (expressão trazida a partir da Constituição de 1934).[149]

A esse respeito, Alfredo Buzaid, examinando a Constituição de 1946, afirmava, sob uma perspectiva organicista e processual, que, fosse intenção do constituinte dar verniz jurisdicional à função exercida pelo TCU, teria ele incluído a Corte entre os órgãos do Poder Judiciário, e previsto o cabimento de recurso extraordinário dirigido ao Supremo Tribunal Federal contra decisões proferidas pelo TCU. Para o autor, portanto, o emprego do verbo "julgar" não seria suficiente para caracterizar a atribuição da função jurisdicional ao TCU.[150] No mesmo

---

[147] ROSILHO, André. *Tribunal de Contas da União*: competências, jurisdição e instrumentos de controle. São Paulo: Quartier Latin, 2019. p. 239.

[148] SUNDFELD, Carlos Ari; CÂMARA, Jacintho Arruda. Competências de controle dos Tribunais de Contas: possibilidades e limites. *In*: SUNDFELD, Carlos Ari. *Contratações públicas e o seu controle*. São Paulo: Malheiros, 2013. p. 193.

[149] DAL POZZO, Gabriela Tomaselli Bresser Pereira. *As funções do Tribunal de Contas e o Estado de Direito*. Belo Horizonte: Fórum, 2010. p. 136; ROSILHO, André. *Tribunal de Contas da União*: competências, jurisdição e instrumentos de controle. São Paulo: Quartier Latin, 2019. p. 160-162; MEDAUAR, Odete. *Controle da administração pública*. 3. ed. São Paulo: RT, 2014. p. 136.

[150] BUZAID, Alfredo. *In*: LUVIZOTTO, Juliana Cristina; GARCIA, Gilson Piqueras. O diálogo entre o Poder Judiciário e o Tribunal de Contas do Município de São Paulo no Controle das Concessões Municipais. *In*: TAFUR, Diego Jacome Valois; JURKSAITIS, Guilherme Jardim; ISSA, Rafael Hamze (Coord.). *Experiências práticas em concessões e PPP*: estudos em homenagem aos 25 anos da Lei de Concessões. v. II – Execução, controle e exercício de funções públicas por concessionário. São Paulo: Quartier Latin, 2021. p. 159.

sentido, José Cretella Júnior sustentava que o uso do termo "julgar" no texto normativo era mera atecnia, inserido no texto constitucional com o sentido de "apreciar" e não com a acepção técnico-processual própria do exercício da função jurisdicional.[151]

Para além do abandono do modelo jurisdicional concebido sob a Constituição de 1891, merece destaque a superação definitiva do modelo do controle prévio, a partir da Constituição de 1967, o que se deu sobretudo em função da notável expansão das atividades administrativas, inviabilizando um controle prévio amplo e irrestrito sobre toda a atuação do Poder Executivo, sob pena de paralisá-lo ou de transformar o controle exercido pelo TCU em uma tarefa estritamente formal e burocrática, sem o necessário aprofundamento técnico para a apreciação das despesas.[152]

No que diz respeito à Constituição de 1988, André Rosilho relata que as discussões da Assembleia Nacional Constituinte foram inspiradas, em grande medida, pela experiência prévia dos Tribunais de Contas no Brasil, com forte influência de atores externos, especialmente as próprias Cortes de Contas, as quais tiveram, no entanto, diversos dos seus pleitos rejeitados na Assembleia Nacional Constituinte.[153]

Nesse sentido, reconhecemos que, embora tenha sido dada significativa importância ao TCU na estrutura da CF/1988, não houve inovações suficientemente relevantes a ponto de se configurar uma mutação da função pública exercida pela Corte, em comparação às Constituições anteriores, em especial a Constituição de 1967 e a Emenda Constitucional nº 1/1969. Nesse contexto, a divergência doutrinária sobre a natureza da função pública desempenhada pelo TCU (ancorada especialmente na discussão a respeito da existência ou não da função jurisdicional) permaneceu, ainda que um tanto arrefecida, em função de certa aproximação orgânica da Corte ao Parlamento (intensificada a partir da Constituição de 1967) e com a supressão de certas expressões e competências próprias da função jurisdicional (a exemplo da previsão da prisão administrativa).

---

[151] CRETELLA JÚNIOR, José. Natureza das decisões do Tribunal de Contas. *Revista de Informação Legislativa*, v. 24, n. 94. p. 183-198, abr.-jun. 1987 | *Revista de Direito Administrativo*, n. 166. p. 1-16, out.-dez. 1986. Disponível em: https://www2.senado.leg.br/bdsf/item/id/181721. Acesso em: 15 abr. 2021. p. 190-191.

[152] SUNDFELD, Carlos Ari; CÂMARA, Jacintho Arruda. Competências de Controle dos Tribunais de Contas: possibilidades e limites. *In*: SUNDFELD, Carlos Ari. *Contratações públicas e o seu controle*. São Paulo: Malheiros, 2013. p. 193-195.

[153] ROSILHO, André. *Tribunal de Contas da União*: competências, jurisdição e instrumentos de controle. São Paulo: Quartier Latin, 2019. p. 84-87.

A esse respeito é preciso rejeitar, de plano, a ideia de que o TCU exerceria função legislativa. O entendimento não se sustentaria nem mesmo sob uma compreensão estritamente organicista da Corte de Contas – o que, como já defendido nesse trabalho, já seria um grave equívoco teórico, amparado em uma tradição superada há muito tempo –, uma vez que, como vimos na seção 3.1, do ponto de vista estrutural, o TCU ocupa posição institucional própria, não vinculada a nenhum dos três poderes. De resto, é um tanto evidente que a finalidade precípua a orientar o TCU não é a inovação na ordem jurídica, com o estabelecimento de normas gerais e abstratas, atividade típica da função legislativa.

A nosso ver, o debate central, portanto, cinge-se à presença da função jurisdicional ou da função administrativa na atuação da Corte de Contas.

Dentre os juristas que defendem que o TCU exerce funções jurisdicionais, a doutrina aponta Francisco Cavalcanti Pontes de Miranda, Castro Nunes, Seabra Fagundes, Victor Nunes Leal e Aliomar Baleeiro, entre os mais antigos,[154] e, entre os mais atuais, Jorge Ulisses Jacoby Fernandes, Alexandre Aroeira Salles, Paulo Soares Bugarin, Frederico Pardini, Cristina Del Pillar, Luciano Brandão Alves de Souza e Carlos Eduardo Thompson Flores Lenz.[155]

O posicionamento desses autores, especialmente os mais atuais, pode ser delineado sob os seguintes fundamentos principais: (i) o emprego das expressões "jurisdição" (art. 73) e "julgar as contas" (art. 71, II) na CF/1988 revelaria a função jurisdicional do TCU; (ii) tal função jurisdicional do TCU caracterizaria a chamada "jurisdição anômala", exceção trazida pela própria Constituição à unicidade e ubiquidade da atividade jurisdicional (art. 5º, XXXV), a exemplo do processamento e do julgamento, pelo Poder Legislativo, dos crimes de responsabilidade (art. 52, I e II, e art. 86); e (iii) as decisões proferidas pelo TCU no exercício dessa função jurisdicional gozam de definitividade (formam

---

[154] Não obstante o brilhantismo e a envergadura de cada um desses autores – que já justificariam reverência e prestígio na consideração do tema –, advertimos que suas percepções foram construídas sobre um direito positivo razoavelmente distinto do atual, durante regimes constitucionais passados.

[155] SALLES, Alexandre Aroeira. *O processo nos Tribunais de Contas*. Belo Horizonte: Fórum, 2018. p. 28-35; JACOBY FERNANDES, Jorge Ulisses. *Coleção Jorge Ulisses Jacoby Fernandes de Direito Público*, v. 3 – Tribunais de Contas no Brasil. 4. ed. Belo Horizonte: Fórum, 2016. p. 108; 120-132; 147-150, 224; BUGARIN, Paulo Soares. *O princípio constitucional da economicidade na jurisprudência do Tribunal de Contas da União*. 2. ed. Belo Horizonte: Fórum, 2011. p. 69-72; DAL POZZO, Gabriela Tomaselli Bresser Pereira. *As funções do Tribunal de Contas e o Estado de Direito*. Belo Horizonte: Fórum, 2010. p. 102.

coisa julgada), especialmente quanto a seu "mérito", e, portanto, não são sindicáveis pelo Poder Judiciário, salvo hipóteses excepcionais em que sejam verificados "vícios formais" ou "ilegalidade manifesta".[156]

Alexandre Aroeira Salles sustenta, ainda, que a previsão de que as decisões do TCU formam título executivo aproximá-las-iam das decisões judiciais. Para o autor, a ausência das decisões das Cortes de Contas no rol dos títulos executivos judiciais ilustra mais uma falha da legislação infraconstitucional – no caso, o Código de Processo Civil e seu art. 515 – do que a inexistência da função jurisdicional do TCU.[157] Na mesma linha, entende que o acúmulo das competências fiscalizatórias e de auditoria à função julgadora evidenciam apenas que a legislação infraconstitucional não deu cumprimento aos comandos constitucionais, que exigem a estruturação do TCU como verdadeiro órgão jurisdicional. Caberia, portanto, ao legislador promover as adaptações necessárias que assegurassem o devido processo legal e a imparcialidade no âmbito dos Tribunais de Contas.[158]

A maior parte da doutrina rejeita a atribuição da função jurisdicional ao TCU. Como exemplo, citamos Oswaldo Aranha Bandeira de Mello, José Afonso da Silva, Hely Lopes Meirelles, Maria Sylvia Zanella Di Pietro, Celso Antônio Bandeira de Mello, Sergio Ferraz, José Cretella Júnior, Ricardo Lobo Torres, Odete Medauar, Carlos Ayres Britto, Gilmar Mendes, Carlos Ari Sundfeld, Jacintho Arruda Câmara, Marçal Justen Filho, Benjamin Zymler, Romano Scapin, Pedro Roberto Decomain, Helio Saul Mileski, Giuseppe Giamundo Neto e Fredie Didier Jr.[159]

---

[156] SALLES, Alexandre Aroeira. *O processo nos Tribunais de Contas*. Belo Horizonte: Fórum, 2018. p. 33-35, 44-45, 48; BUGARIN, Paulo Soares. *O princípio constitucional da economicidade na jurisprudência do Tribunal de Contas da União*. 2. ed. Belo Horizonte: Fórum, 2011. p. 69-72; 74. COSTA, Luiz Bernardo Dias. *Tribunal de Contas*: evolução e principais atribuições no Estado Democrático de Direito. Belo Horizonte: Fórum, 2006. p. 122; DAL POZZO, Gabriela Tomaselli Bresser Pereira. *As funções do Tribunal de Contas e o Estado de Direito*. Belo Horizonte: Fórum, 2010. p. 102; JACOBY FERNANDES, Jorge Ulisses. *Coleção Jorge Ulisses Jacoby Fernandes de Direito Público*, v. 3 – Tribunais de Contas no Brasil. 4. ed. Belo Horizonte: Fórum, 2016. p. 108; 147-150; 168-224.

[157] SALLES, Alexandre Aroeira. *O processo nos Tribunais de Contas*. Belo Horizonte: Fórum, 2018. p. 44-45; 48.

[158] SALLES, Alexandre Aroeira. *O processo nos Tribunais de Contas*. Belo Horizonte: Fórum, 2018. p. 50-53, 56.

[159] LUVIZOTTO, Juliana Cristina; GARCIA, Gilson Piqueras. O diálogo entre o Poder Judiciário e o Tribunal de Contas do Município de São Paulo no Controle das Concessões Municipais. *In*: TAFUR, Diego Jacome Valois; JURKSAITIS, Guilherme Jardim; ISSA, Rafael Hamze (Coord.). *Experiências práticas em concessões e PPP*: estudos em homenagem aos 25 anos da Lei de Concessões. v. II – Execução, controle e exercício de funções públicas

CAPÍTULO 2
POSIÇÃO INSTITUCIONAL DO TCU E A NATUREZA DE SUA FUNÇÃO | 63

Em primeiro lugar, apenas para ilustrar o mote que orientou o texto normativo assentado na Constituição de 1988, vale o resgate trazido por Juliana Cristina Luvizotto e Gilson Piqueras Garcia, que rememoram a rejeição das propostas, ao tempo da Assembleia Nacional Constituinte, em que se sugeriu que as decisões do TCU tivessem "força de sentença" ou formassem "coisa julgada" – nesse sentido, foi rechaçada, por exemplo, a Emenda nº 500512-4 ao anteprojeto da Constituição.[160]

Ainda assim, permaneceram no texto constitucional as expressões "jurisdição" e "julgar as contas", o que vem induzindo alguns autores a defenderem a presença da função jurisdicional. Os doutrinadores acima elencados, no entanto, entendem que esta se trata de uma interpretação literal e equivocada do texto constitucional, uma

---

por concessionário. São Paulo: Quartier Latin, 2021. p. 160-161; BANDEIRA DE MELLO, Celso Antônio. O enquadramento constitucional do Tribunal de Contas. *In:* FREITAS, Ney José (Org.). *Tribunais de Contas:* aspectos polêmicos. Estudos em homenagem ao conselheiro João Feder. Belo Horizonte: Fórum, 2010. p. 71-72; MEDAUAR, Odete. *Controle da administração pública.* 3. ed. São Paulo: RT, 2014. p. 143-144; 153-154, 211-216; MENDES, Gilmar Ferreira; BRANCO, Paulo Gustavo Gonet. *Curso de direito constitucional.* 15. ed. São Paulo: Saraiva Educação, 2020. p. 1.421 (Edição Kindle); BRITTO, Carlos Ayres. O regime constitucional dos Tribunais de Contas. *Revista Diálogo Jurídico,* Salvador, Centro de Atualização Jurídica (CAJ), v. I, n. 9, dez. 2001. Disponível em: http://www.direitopublico. com.br. Acesso em: 13 set. 2021; SUNDFELD, Carlos Ari; CÂMARA, Jacintho Arruda. Competências de controle dos Tribunais de Contas: possibilidades e limites. *In:* SUNDFELD, Carlos Ari. *Contratações públicas e o seu controle.* São Paulo: Malheiros, 2013. p. 209; FERRAZ, Sergio. Tribunais de Contas: meditando e remeditando. *In:* FREITAS, Ney José (Org.). *Tribunais de Contas:* aspectos polêmicos. Estudos em homenagem ao conselheiro João Feder. Belo Horizonte: Fórum, 2010. p. 243; JUSTEN FILHO, Marçal. *Comentários à Lei de Licitações e Contratos Administrativos.* 18. ed. São Paulo: Thomson Reuters Brasil, 2019. p. 1.588-1.590; MILESKI, Helio Saul. Tribunal de Contas: evolução, natureza, funções e perspectivas futuras. *In:* FREITAS, Ney José (Org.). *Tribunais de Contas:* aspectos polêmicos. Estudos em homenagem ao conselheiro João Feder. Belo Horizonte: Fórum, 2010. p. 100-101; SCAPIN, Romano. *A expedição de provimentos provisórios pelos Tribunais de Contas:* das "medidas cautelares" à técnica antecipatória no controle externo brasileiro. Belo Horizonte: Fórum, 2019; DECOMAIN, Pedro Roberto. *Tribunais de Contas no Brasil.* São Paulo: Dialética, 2006. p. 163-176; ZYMLER, Benjamin. *O controle externo das concessões e das parcerias público-privadas.* 2. ed. Belo Horizonte: Fórum, 2008. p. 143-146; GIAMUNDO NETO, Giuseppe. *As garantias no processo no Tribunal de Contas da União.* São Paulo: Thomson Reuters Brasil, 2019. p. 62-65; DIDIER JR., Fredie; BRAGA, Paula Sarno; OLIVEIRA, Rafael Alexandria de. *Curso de direito processual civil:* introdução ao direito processual civil, parte geral e processo de conhecimento. 12. ed. Salvador: JusPodivm, 2016. p. 189-190.

[160] LUVIZOTTO, Juliana Cristina; GARCIA, Gilson Piqueras. O diálogo entre o Poder Judiciário e o Tribunal de Contas do Município de São Paulo no Controle das Concessões Municipais. *In:* TAFUR, Diego Jacome Valois; JURKSAITIS, Guilherme Jardim; ISSA, Rafael Hamze (Coord.). *Experiências práticas em concessões e PPP:* estudos em homenagem aos 25 anos da Lei de Concessões. v. II – Execução, controle e exercício de funções públicas por concessionário. São Paulo: Quartier Latin, 2021. p. 160.

vez que, a rigor, nenhuma das atribuições elencadas no art. 71 revelam verdadeiramente a atividade jurisdicional em seu sentido técnico.

Oswaldo Aranha Bandeira de Mello já advertia que "a expressão §julgar contas§se refere ao significado de avaliá-las, entendê-las, reputá-las bem ou mal prestadas, jamais no sentido de sentenciar, de decidir a respeito delas".[161]

No mesmo sentido, José Cretella Júnior:

> Toda celeuma, em torno da fixação da natureza jurídica do Tribunal de Contas, principiou, em 1934, quando a Constituição Federal, no art. 99, empregou o verbo "julgar", na seguinte construção: "e *julgará* as contas dos responsáveis por dinheiros ou bens públicos". O erro terminológico, não técnico, foi mantido nas demais Constituições [...].
>
> O emprego do verbo "julgar" e dos substantivos "julgamento" e "jurisdição", em dispositivos constitucionais, induziu, primeiro, os membros do Tribunal de Contas – Ministros e Conselheiros –, ao erro, imaginado que os vocábulos tinham sido empregados com o mesmo sentido que têm, na nomenclatura técnica do direito processual.
>
> No Brasil, emprega-se, a todo instante, o vocábulo "julgamento" quando se fala em "julgamento" de concurso, "julgamento" de licitação. Utiliza--se também o termo "jurisdição" (e igualmente "alçada") na acepção vulgar ou corrente.[162]

De fato, no direito positivo brasileiro, não é incomum o uso das expressões "jurisdição", "julgar", "julgamento" para designar competências e atividades em nada relacionadas à chamada função jurisdicional. Os dispositivos referentes ao processo administrativo fiscal em âmbito federal, constantes da Lei nº 11.941/2009[163] e do Decreto

---

[161] BANDEIRA DE MELLO, Oswaldo Aranha. Tribunais de Contas – natureza, alcance e efeitos de suas funções. Conferência pronunciada no Tribunal de Contas do Município de S. Paulo, abr. 1982. Originalmente publicado na *Revista de Direito Público*, São Paulo, ano 18, n. 73. p. 181-192, jan.-mar. 1985. Transcrição de João Paulo Ribeiro Cucatto e Leandro Moraes Leardini. Disponível em: https://rdai.com.br/index.php/rdai/article/view/278. Acesso em: 27 out. 2021.

[162] CRETELLA JÚNIOR, José. Natureza das decisões do Tribunal de Contas. *Revista de Informação Legislativa*, v. 24, n. 94. p. 183-198, abr.-jun. 1987 | *Revista de Direito Administrativo*, n. 166. p. 1-16, out.-dez. 1986. Disponível em: https://www2.senado.leg.br/bdsf/item/id/181721. Acesso em: 15 abr. 2021. p. 190-191.

[163] BRASIL. Lei nº 11.941/2009. "Art. 48. O Primeiro, o Segundo e o Terceiro Conselhos de Contribuintes do Ministério da Fazenda, bem como a Câmara Superior de Recursos Fiscais, ficam unificados em um órgão, denominado Conselho Administrativo de Recursos Fiscais, colegiado, paritário, integrante da estrutura do Ministério da Fazenda, com competência para julgar recursos de ofício e voluntários de decisão de primeira instância, bem como recursos especiais, sobre a aplicação da legislação referente a tributos administrados pela Secretaria da Receita Federal do Brasil. Parágrafo único.

n° 70.235/1972,[164] ilustram o ponto. Do mesmo modo, encontram-se expressões semelhantes na Lei n° 12.529/2011[165] e nem por isso se afirma que o Conselho Administrativo de Defesa Econômica (CADE) e seus órgãos exercem a função jurisdicional.[166] Nem mesmo se considera que

---

São prerrogativas do Conselheiro integrante do Conselho Administrativo de Recursos Fiscais – CARF: I – somente ser responsabilizado civilmente, em processo judicial ou administrativo, em razão de decisões proferidas em julgamento de processo no âmbito do CARF, quando proceder comprovadamente com dolo ou fraude no exercício de suas funções; [...] Art. 49. Ficam transferidas para o Conselho Administrativo de Recursos Fiscais as atribuições e competências do Primeiro, Segundo e Terceiro Conselhos de Contribuintes do Ministério da Fazenda e da Câmara Superior de Recursos Fiscais, e suas respectivas câmaras e turmas. §1º Compete ao Ministro de Estado da Fazenda instalar o Conselho Administrativo de Recursos Fiscais, nomear seu presidente, entre os representantes da Fazenda Nacional e dispor quanto às competências para julgamento em razão da matéria [...]".

[164] BRASIL. Decreto n° 70.235/1972. "Art. 3º A autoridade local fará realizar, no prazo de trinta dias, os atos processuais que devam ser praticados em sua jurisdição, por solicitação de outra autoridade preparadora ou julgadora. [...]; Art. 9º [...] §2º Os procedimentos de que tratam este artigo e o art. 7º, serão válidos, mesmo que formalizados por servidor competente de jurisdição diversa da do domicílio tributário do sujeito passivo. [...] Art. 25 [...], II – em segunda instância, ao Conselho Administrativo de Recursos Fiscais, órgão colegiado, paritário, integrante da estrutura do Ministério da Fazenda, com atribuição de julgar recursos de ofício e voluntários de decisão de primeira instância, bem como recursos de natureza especial. [...]; Art. 26-A. No âmbito do processo administrativo fiscal, fica vedado aos órgãos de julgamento afastar a aplicação ou deixar de observar tratado, acordo internacional, lei ou decreto, sob fundamento de inconstitucionalidade. [...] Art. 29. Na apreciação da prova, a autoridade julgadora formará livremente sua convicção, podendo determinar as diligências que entender necessárias. [...] Art. 54. O julgamento compete: [...] II – Em segunda instância: a) ao Coordenador do Sistema de Tributação, da Secretaria da Receita Federal, salvo quanto aos tributos incluídos na competência julgadora de outro órgão da administração federal [...]".

[165] BRASIL. Lei n° 12.529/2011. "Art. 4º O Cade é entidade judicante com jurisdição em todo o território nacional, que se constitui em autarquia federal, vinculada ao Ministério da Justiça, com sede e foro no Distrito Federal, e competências previstas nesta Lei. [...] Art. 6º O Tribunal Administrativo, órgão judicante, tem como membros um Presidente e seis Conselheiros escolhidos dentre cidadãos com mais de 30 (trinta) anos de idade, de notório saber jurídico ou econômico e reputação ilibada, nomeados pelo Presidente da República, depois de aprovados pelo Senado Federal. Art. 10. Compete ao Presidente do Tribunal: VI – fiscalizar a Superintendência-Geral na tomada de providências para execução das decisões e julgados do Tribunal; Art. 51. Na tramitação dos processos no Cade, serão observadas as seguintes disposições, além daquelas previstas no regimento interno: I – os atos de concentração terão prioridade sobre o julgamento de outras matérias; II – a sessão de julgamento do Tribunal é pública, salvo nos casos em que for determinado tratamento sigiloso ao processo, ocasião em que as sessões serão reservadas; III – nas sessões de julgamento do Tribunal, poderão o Superintendente-Geral, o Economista-Chefe, o Procurador-Chefe e as partes do processo requerer a palavra, que lhes será concedida, nessa ordem, nas condições e no prazo definido pelo regimento interno, a fim de sustentarem oralmente suas razões perante o Tribunal; IV – a pauta das sessões de julgamento será definida pelo Presidente, que determinará sua publicação, com pelo menos 120 (cento e vinte) horas de antecedência; [...]".

[166] DIDIER JR., Fredie; BRAGA, Paula Sarno; OLIVEIRA, Rafael Alexandria de. *Curso de direito processual civil*: introdução ao direito processual civil, parte geral e processo de conhecimento. 12. ed. Salvador: JusPodivm, 2016. p. 191-192.

o Tribunal Marítimo,[167] órgão autônomo e auxiliar do Poder Judiciário, exerce a função jurisdicional.[168] A interpretação literal, portanto, dessas expressões pouco técnicas – cujo emprego não muito preciso é frequente no ordenamento, antecedendo a promulgação da própria Constituição de 1988 –, não nos parece ser o melhor instrumento para a investigação da natureza da função pública exercida pelo TCU.

Nessa toada, os doutrinadores referidos, que afastam a função jurisdicional do TCU, sustentam, em linhas gerais, que a CF/1988 adotou o modelo de jurisdição unitária, assegurando a inafastabilidade da apreciação judicial (monopólio da jurisdição pelo Poder Judiciário), nos termos do art. 5º, XXXV. Assim, seria inviável sustentarmos a impossibilidade de revisão, pelo Poder Judiciário, das decisões proferidas pelo TCU.

A própria legislação infraconstitucional sinaliza a admissibilidade do controle jurisdicional sobre as decisões do TCU, a exemplo do art. 1º, I, *g*, da Lei Complementar nº 64/1990, que alberga a hipótese de suspensão ou anulação judicial de decisão que venha a rejeitar as contas prestadas por exercentes de cargos ou funções públicas,[169] como recordado por Pedro Roberto Decomain.[170]

Ocorre que mesmo entre os doutrinadores que refutam a função jurisdicional do TCU, alguns acolhem o entendimento – defendido pelos juristas que sustentam a existência da função jurisdicional do TCU – de que o controle jurisdicional sobre as decisões do TCU seria, de fato, limitado a "vícios formais" e "ilegalidade manifesta", especialmente

---

[167] "Lei nº 2.180/1954: Art. 1º O Tribunal Marítimo, com jurisdição em todo o território nacional, órgão, autônomo, auxiliar do Poder Judiciário, vinculado ao Ministério da Marinha no que se refere ao provimento de pessoal militar e de recursos orçamentários para pessoal e material destinados ao seu funcionamento, tem como atribuições julgar os acidentes e fatos da navegação marítima, fluvial e lacustre e as questões relacionadas com tal atividade, especificadas nesta Lei [...] Art.10. O Tribunal Marítimo exercerá jurisdição sôbre: [...]".

[168] DIDIER JR., Fredie; BRAGA, Paula Sarno; OLIVEIRA, Rafael Alexandria de. *Curso de direito processual civil*: introdução ao direito processual civil, parte geral e processo de conhecimento. 12. ed. Salvador: JusPodivm, 2016. p. 188-189.

[169] BRASIL. Lei Complementar nº 64/1990. "Art. 1º São inelegíveis: I – para qualquer cargo: [...] g) os que tiverem suas contas relativas ao exercício de cargos ou funções públicas rejeitadas por irregularidade insanável que configure ato doloso de improbidade administrativa, e por decisão irrecorrível do órgão competente, salvo se esta houver sido suspensa ou anulada pelo Poder Judiciário, para as eleições que se realizarem nos 8 (oito) anos seguintes, contados a partir da data da decisão, aplicando-se o disposto no inciso II do art. 71 da Constituição Federal, a todos os ordenadores de despesa, sem exclusão de mandatários que houverem agido nessa condição; [...]".

[170] DECOMAIN, Pedro Roberto. *Tribunais de Contas no Brasil*. São Paulo: Dialética, 2006. p. 169-171.

em situações de violação a garantias processuais, obstando-se o controle sobre o "mérito".[171] Essa situação aparentemente contraditória decorre do casamento entre dois problemas fundamentais: (i) adoção de distintos conceitos de jurisdição; e (ii) ausência de um critério verdadeiramente científico ou técnico que defina eventuais limites à revisão judicial das decisões do TCU.[172]

Quanto ao primeiro elemento, é vasta a literatura processualista, de maneira que o aprofundamento dessa discussão extrapolaria em muito o propósito do presente trabalho. Para o que aqui pretendemos demonstrar, é bastante o reconhecimento de que, por mais díspares e peculiares que sejam os conceitos de jurisdição adotados pelos principais juristas brasileiros, todos eles reconhecem na definitividade da decisão proferida ou impossibilidade de controle externo um elemento constitutivo do conceito ou um fator que distingue a função jurisdicional das demais funções públicas.

Nesse sentido é a doutrina de Fredie Didier Jr.:

> A jurisdição é a função atribuída a terceiro imparcial (a) de realizar o Direito de modo imperativo (b) e criativo (reconstrutivo) (c), reconhecendo/efetivando/protegendo situações jurídicas (d) concretamente deduzidas (e), em decisão insuscetível de controle externo (f) e com aptidão para tornar-se indiscutível (g).[173]

E, também, de Cândido Rangel Dinamarco:

> Das funções realizadas pelo Estado é a jurisdição a única dotada do predicado de *definitividade*, caracterizado pela imunização dos efeitos dos atos realizados. [...] Os atos dos demais Poderes do Estado podem

---

[171] Por exemplo: BRITTO, Carlos Ayres. O regime constitucional dos Tribunais de Contas. *Revista Diálogo Jurídico*, Salvador, Centro de Atualização Jurídica (CAJ), v. I, n. 9, dez. 2001. Disponível em: http://www.direitopublico.com.br. Acesso em: 13 set. 2021; ZYMLER, Benjamin. *O controle externo das concessões e das parcerias público-privadas*. 2. ed. Belo Horizonte: Fórum, 2008. p. 134; SCAPIN, Romano. *A expedição de provimentos provisórios pelos Tribunais de Contas*: das "medidas cautelares" à técnica antecipatória no controle externo brasileiro. Belo Horizonte: Fórum, 2019. p. 62-63.

[172] Problema reconhecido pelo próprio Romano Scapin, que, ainda assim, defende a tese da revisão judicial somente em casos de "vícios formais" e "manifesta ilegalidade". SCAPIN, Romano. *A expedição de provimentos provisórios pelos Tribunais de Contas*: das "medidas cautelares" à técnica antecipatória no controle externo brasileiro. Belo Horizonte: Fórum, 2019. p. 62-63.

[173] DIDIER JR., Fredie; BRAGA, Paula Sarno; OLIVEIRA, Rafael Alexandria de. *Curso de direito processual civil*: introdução ao direito processual civil, parte geral e processo de conhecimento. 12. ed. Salvador: JusPodivm, 2016. p. 173.

ser revistos pelos juízes no exercício da jurisdição com fundamento na ilegalidade dos atos ou incompetência do agente, mas o contrário é absolutamente inadmissível.

O mais elevado grau de imunidade a futuros questionamentos outorgado pela ordem jurídica é a autoridade da *coisa julgada material*, que se restringe às sentenças ou decisões de mérito (CPC, arts. 502-503 – *supra*, n. 154). A própria Constituição assegura (art. 5º, XXXVI), primeiramente como afirmação do *poder estatal*, não admitindo que os atos de exercício de um poder que é soberano por natureza possam ser depois questionados por quem quer que seja. Tal é o primeiro significado da imutabilidade em que se traduz a autoridade da coisa julgada material. Nem outros órgãos estatais nem o legislador ou mesmo nenhum juiz, de qualquer grau de jurisdição, poderá rever os efeitos de uma sentença coberta pela coisa julgada e com isso alterar, a dano do vencedor, a situação concretamente declarada ou determinada por ela [...][174] (grifos do original).

A definitividade, repetimos, é reconhecida como elemento constitutivo da função jurisdicional tanto pelos autores que defendem a função jurisdicional do TCU[175] quanto por aqueles que a rechaçam.[176]

Voltamos, então, à tese da restrição da matéria que pode ser levada à apreciação do Poder Judiciário ("vícios formais" ou "manifesta ilegalidade"). Sob esse entendimento, as decisões do TCU gozariam do atributo da definitividade ou fariam coisa julgada material quanto a seu mérito, que não poderia ser invadido pelo controle jurisdicional.

Inicialmente, importante recordar que esta doutrina foi impulsionada principalmente por julgados antigos do Supremo Tribunal Federal, proferidos sobre regimes constitucionais bastantes distintos do atual, sob os quais ainda remanesciam os resquícios do modelo adotado na Constituição de 1891. Demais disso, a maior parte dos julgados que costumam embasar esse entendimento foi proferida em mandados de segurança – instrumento processual de cabimento restrito, sob os requisitos do direito líquido e certo e da prova pré-constituída, que conferem limitada cognição ao órgão jurisdicional – questão determinante na

---

[174] DINAMARCO, Cândido Rangel. *Instituições de direito processual civil*. v. 1. 8. ed. São Paulo: Malheiros, 2017. p. 458-459.

[175] JACOBY FERNANDES, Jorge Ulisses. *Coleção Jorge Ulisses Jacoby Fernandes de Direito Público*, v. 3 – Tribunais de Contas no Brasil. 4. ed. Belo Horizonte: Fórum, 2016. p. 123-132.

[176] SCAPIN, Romano. *A expedição de provimentos provisórios pelos Tribunais de Contas*: das "medidas cautelares" à técnica antecipatória no controle externo brasileiro. Belo Horizonte: Fórum, 2019. p. 60-64.

formação dessa jurisprudência. Para ilustrar essas afirmações, examinaremos a seguir os casos frequentemente referenciados.

No Mandado de Segurança n° 6.960, relatado pelo Min. Ribeiro da Costa, prevaleceu o entendimento central de que as decisões do TCU, quanto a seu mérito, não poderiam ser impugnadas via mandado de segurança,[177] ante a ausência da alegação de nulidade substancial, do ponto de vista formal.[178] Recordemos, ademais, que tal julgado se deu sob a vigência da Lei n° 830/1949, em que se reconhecia força de sentença às decisões do TCU, enquanto Tribunal de Justiça, regramento absolutamente superado desde a Constituição de 1967 e do Decreto-Lei n° 199/1967.

Esse posicionamento foi perfeitamente reproduzido no julgamento do Mandado de Segurança n° 7.280/1960, relatado pelo Min. Henrique D§Avilla naquele julgado. Uma análise descuidada do voto do relator poderia levar à interpretação de que ali se fixou a tese de completa impossibilidade de revisão jurisdicional das decisões do TCU salvo quanto a algum "aspecto formal" ou "ilegalidade manifesta".[179] A leitura atenta do voto, no entanto, evidencia que essa restrição se limita à via processual do mandado de segurança, não se aplicando a meios processuais que possibilitem uma cognição mais ampla e exauriente, através de um procedimento ordinário:

> O assunto, é evidente que não pode ser tratado através do processo expedito do mandado de segurança. Só pelos meios normais regulares é que poderá o impetrante demonstrar o contrário, ou invalidar a apuração feita pelo Tribunal de Contas da União.[180]

---

[177] De se recordar que não foi expressamente referendado pelos julgadores o entendimento da Procuradoria-Geral da República, que, em seu parecer, sustentou a natureza jurisdicional da decisão do TCU impugnada naquele caso, defendendo que somente seria cabível o ajuizamento de ação rescisória: "Mas a condenação do Tribunal de Contas, (*sic*) não é mero ato administrativo, mas decisão, equiparada ás (*sic*) que o Poder Judiciário profere, ante os termos inequívocos do art. 77, n. II, da Constituição. Somente por ação rescisória, (*sic*) seria lícito ataca-las (*sic*) e não por via de mandado de segurança".

[178] Nas palavras do Relator: "A decisão sôbre a tomada de contas de gastos de dinheiros públicos, constituindo ato específico do Tribunal de Contas da União, *ex-vi* do disposto no art. 77, II, da Constituição Federal, é insusceptível de impugnação pelo mandado de segurança, no concernente ao próprio mérito do alcance apurado contra o responsável, de vez que não cabe concluir, de plano, sôbre a ilegalidade desse ato, salvo se formalmente eivado de nulidade substancial, o que, na espécie, não é objeto de controvérsia".

[179] "Na realidade, o Tribunal de Contas, quando da tomada de contas de responsáveis por dinheiros públicos, pratica ato insuscetível de impugnação na via judicial, a não ser quanto ao seu aspecto formal, ou ilegalidade manifesta. Na espécie, o que o impetrante impugna é o mérito da decisão do Tribunal de Contas".

[180] BRASIL. *Supremo Tribunal Federal*. MS 7280, Rel. Min. Henrique D§Avilla, Tribunal Pleno, j. 20-06-1960, DJ 17-08-1960.

No entanto, por ocasião do julgamento do RE n° 55.821 (interposto contra decisão proferida em Mandado de Segurança a respeito de ato do Tribunal de Contas do Estado do Paraná[181]), a despeito da ressalva inequívoca no voto do relator, Min. Victor Nunes Leal[182] e das referências ao MS n° 6.960, a doutrina dos "vícios formais e ilegalidade manifesta" parece ter sido generalizada no voto do Min. Raphael de Barros Monteiro, que, embora tenha sublinhado a inafastabilidade da apreciação judicial, insinuou sua expansão para toda e qualquer via processual,[183] o que caracterizaria significativa distorção dos julgados anteriores que versavam sobre questões processuais atinentes ao mandado de segurança. Menos dúbio e mais aderente ao entendimento fixado no MS n° 6.960 pareceu seguir o voto do Min. Djaci Falcão.[184]

Nessas circunstâncias, não nos parece adequado invocar esse julgado como jurisprudência apta a legitimar uma "versão expandida" – isto é, para além do mandado de segurança – da tese que restringe o

---

[181] Embora o presente trabalho se dedique ao estudo do Tribunal de Contas da União, ao longo do texto haverá referências a julgados que envolveram Tribunais de Contas estaduais e municipais, cujos entendimentos se aplicam perfeitamente ao TCU, em decorrência do regramento constitucional comum estabelecido a partir do art. 75, *caput*, CF/1988, que veicula o chamado princípio da equiparação: "Art. 75. As normas estabelecidas nesta seção aplicam-se, no que couber, à organização, composição e fiscalização dos Tribunais de Contas dos Estados e do Distrito Federal, bem como dos Tribunais e Conselhos de Contas dos Municípios". Desse modo, todas as referências feitas a julgados relativos aos Tribunais de Contas estaduais e municipais nesse trabalho partem da premissa de que seus fundamentos são igualmente aplicáveis ao TCU.

[182] "...qualquer controvérsia que pudesse restar sôbre serem ou não devidos aquêles juros, constitui matéria a ser examinada em face de provas, de circunstâncias de fato, e o mandado de segurança, que foi concedido, era inidôneo para tal fim. [...] Finalizando, Sr. Presidente, conheço do recurso pelo dissídio jurisprudencial [...], e lhe dou provimento, para cassar a segurança, sem prejuízo, evidentemente, das vias ordinárias que a lei faculte". BRASIL. *Supremo Tribunal Federal*, RE 55821, Rel. Min. Victor Nunes Leal, Primeira Turma, j. 13-09-1967.

[183] "A segunda questão, de serem preclusivas e inscusceptíveis de apreciação pelo Judiciário as decisões dos Tribunais de Contas, eu acolho, com reservas, diante do preceito [...] segundo o qual não se pode subtrair da apreciação do Poder Judiciário qualquer lesão do direito individual. Mas, feita essa ressalva, estou de pleno acôrdo em que não se pode chegar a outra conclusão senão àquela do acórdão mencionado pelo eminente Ministro Victor Nunes, do qual foi relator o Ministro Henrique D§Ávila, o que exprime o pensamento dêste Tribunal. As decisões do Tribunal de Contas não podem ser revistas pelo Poder Judiciário, a não ser quanto a seu aspecto formal". BRASIL. *Supremo Tribunal Federal*, RE 55821, Rel. Min. Victor Nunes Leal, Primeira Turma, j. 13-09-1967.

[184] "Também conheço e dou provimento, em vista da inidoneidade do mandado de segurança. A decisão do Tribunal de Contas guarda, na espécie, fôrça preclusiva, ressalvada, é claro, a ofensa positivada a texto de lei. Por outro lado, envolve a espécie, sobe certos ângulos, verdadeira controvérsia em tôrno da matéria de fato (prestação de contas), como bem expôs o eminente Relator". BRASIL. *Supremo Tribunal Federal*, RE 55821, Rel. Min. Victor Nunes Leal, Primeira Turma, j. 13-09-1967.

controle jurisdicional sobre as decisões do TCU às hipóteses de "vício formal ou ilegalidade manifesta".

Nos julgados mais recentes usualmente mencionados pelos doutrinadores que defendem a limitação ao controle jurisdicional, é ainda mais claro que a rejeição ao controle jurisdicional se deu por questões estritamente processuais, relativas às peculiaridades do mandado de segurança (exigência dos requisitos do direito líquido e certo e da prova pré-constituída)[185] ou do recurso extraordinário (impossibilidade de revolvimento de matéria fático-probatório e de apreciação de violações à legislação infraconstitucional).[186] Atualmente, mesmo em mandados de segurança, notamos que o Supremo Tribunal Federal, em certos casos, tem enveredado sobre o mérito da decisão do TCU atacada por meio do *writ*, ainda que seja para confirmá-la – isso se dá inclusive em alguns dos julgados nos quais se alega a inadequação do mandado de segurança.[187]

Entre eles, destaca-se o Mandado de Segurança nº 24.379,[188] no qual fica claro, em *obiter dictum*, o entendimento dos Ministros no sentido da admissibilidade do controle jurisdicional sobre as decisões do TCU.[189]

A partir desse cenário jurisprudencial do Supremo Tribunal Federal, podemos afirmar com segurança que é falaciosa a informação de que a Corte Suprema entende que as decisões do TCU seriam, quanto a seu mérito, insindicáveis pelo Poder Judiciário, em qualquer hipótese. Verificamos, em verdade, uma jurisprudência firmada em torno das limitações de cabimento e de restrições à dilação probatória próprias do instrumento processual do mandado de segurança. A rigor, os julgados invocados exibem jurisprudência sobre matéria processual – que nada diz sobre eventual reconhecimento de função jurisdicional ao TCU.

---

[185] BRASIL. *Supremo Tribunal Federal*, MS 22.752, Rel. Min. Néri da Silveira, Tribunal Pleno, j. 22-04-2002, DJ 21-06-2002; BRASIL. *Supremo Tribunal Federal*, MS 23.739, Rel. Min. Moreira Alves, Tribunal Pleno, j. 27-03-2003, DJ 13-06-2003.

[186] BRASIL. *Supremo Tribunal Federal*, ARE 662.458 Agr. Rel. Min. Luiz Fux, Primeira Turma, j. 29-05-2012, DJe 20-06-2012.

[187] BRASIL. *Supremo Tribunal Federal*, MS 24.379, Rel. Min. Dias Toffoli, Primeira Turma, j. 07-04-2015, DJe 08-06-2015; BRASIL. *Supremo Tribunal Federal*, MS 29.137, Rel. Min. Cármen Lucia, Segunda Turma, j. 18-12-2012, DJe 39 28-02-2013; BRASIL. *Supremo Tribunal Federal*, MS 24.328, Rel. Min. Ilmar Galvão, j. 24-10-2002, DJ 06-12-2002.

[188] BRASIL. *Supremo Tribunal Federal*, MS 24.379, Rel. Min. Dias Toffoli, Primeira Turma, j. 07-04-2015, DJe 08-06-2015.

[189] No mesmo sentido: BRASIL. *Supremo Tribunal Federal*, RE 629.711, Rel. Min. Marco Aurélio Mello, Decisão monocrática, j. 13-02-2017. DJE 02-03-2017.

De outro lado, embora seja necessário admitir a ausência de julgados, no Supremo Tribunal Federal, que enfrentem diretamente a existência ou não de limitações gerais e apriorísticas ao controle jurisdicional sobre as decisões do TCU, pode-se dizer que a Suprema Corte tem entendimento claro no sentido de que esse controle é, sim, admissível e que, por meio dos instrumentos processuais adequados, o Poder Judiciário pode enfrentar matérias que vão além dos chamados "vícios formais e ilegalidade manifesta".

Esse, inclusive, é o caminho que tem sido trilhado por boa parte dos tribunais brasileiros,[190] o que nos permite endossar a afirmação de que a análise empírica da jurisprudência nacional indica que os tribunais de contas não podem ser considerados órgãos jurisdicionais, tampouco que suas decisões estariam imunes ao controle jurisdicional.[191]

A tese dos "vícios formais" ou "ilegalidade manifesta" como critérios para restrição absoluta ao controle jurisdicional sobre as decisões da Corte de Contas não apenas não encontra amparo sólido na jurisprudência, como também é frágil do ponto de vista científico. Isso porque se trata de raciocínio notoriamente incompatível com a previsão do art. 5º, XXXV, da CF/1988 ("a lei não excluirá da apreciação do Poder Judiciário lesão ou ameaça a direito"). Ao Poder Judiciário não é dado ignorar qualquer lesão ou ameaça a direito, ainda que decorrente de ilegalidade "não manifesta" ou vício "material" (ou não formal). De resto, inexiste qualquer critério epistemológico que permita distinguir previamente uma "ilegalidade manifesta" de uma ilegalidade "não manifesta", de maneira que esse tipo de expressão vaga, por mera construção doutrinária, não se revela apto a justificar a usurpação da atuação do Poder Judiciário.

---

[190] BRASIL. *Superior Tribunal de Justiça*, REsp 1.571.078/PB, Rel. Min. Napoleão Nunes Maia Filho, rel. para acórdão Min. Benedito Gonçalves, j. 03-05-2016, DJe 03-06-2016; BRASIL. *Superior Tribunal de Justiça*, REsp 1032732/CE, Rel. Min. Luiz Fux, Primeira Turma, j. 19-11-2009, DJe 03-12-2009; BRASIL. *Superior Tribunal de Justiça*, REsp 472.399/AL, Rel. Min. José Delgado, Primeira Turma, j. 26-11-2002, DJ 19-12-2002. TRF3, AC 00139772420104036100, Juiz Convocado Rubens Calixto, Terceira Turma, e-DJF3 12-04-2013; BRASIL. *Tribunal Regional Federal da 2ª Região*. AC 200051010163205, Des. Fed. Poul Erik Dyrlund, Oitava Turma Especializada, DJU 15-06-2007; BRASIL. *Tribunal Regional Federal da 1ª Região*, AC 00110345320004013800, Des. Fed. Cândido Ribeiro, Terceira Turma, DJ 26-11-2004.

[191] LUVIZOTTO, Juliana Cristina; GARCIA, Gilson Piqueras. O diálogo entre o Poder Judiciário e o Tribunal de Contas do Município de São Paulo no Controle das Concessões Municipais. *In:* TAFUR, Diego Jacome Valois; JURKSAITIS, Guilherme Jardim; ISSA, Rafael Hamze (Coord.). *Experiências práticas em concessões e PPP:* estudos em homenagem aos 25 anos da Lei de Concessões. v. II – Execução, controle e exercício de funções públicas por concessionário. São Paulo: Quartier Latin, 2021. p.187.

CAPÍTULO 2
POSIÇÃO INSTITUCIONAL DO TCU E A NATUREZA DE SUA FUNÇÃO | 73

Conforme dissemos, esta tese foi construída a partir de uma clara distorção da jurisprudência processual edificada sobre julgamentos em mandados de segurança. Inservível, portanto, à perquirição sobre eventuais limites gerais à revisão jurisdicional dos atos do TCU.

De resto, não há que falarmos na intangibilidade do mérito das decisões do TCU, pois este não é pautado pela discricionariedade, típica da função administrativa.[192] Verificamos, no controle jurisdicional – tanto sobre os atos administrativos quanto sobre as decisões do TCU – a aferição da legalidade ou juridicidade ou, na expressão constitucional, a avaliação da existência ou não da lesão ou ameaça a direitos. Nesse aspecto, a Administração, em determinados temas, tem um espaço mais amplo para apreciação ou escolhas políticas sem extrapolar os limites impostos pelo direito positivo, os chamados atos de competência discricionária. Esse espaço inexiste ou, no mínimo, é muito mais restrito para a atuação do TCU, na condição de controlador ou verificador da Administração – especialmente porque lhe cabe atuar sob o rígido parâmetro da legalidade para a prática de atos de comando – conforme exploraremos em seção mais adiante.

Ainda assim, mesmo se admitindo certa autocontenção judicial frente à especialidade técnica do TCU na apreciação das contas públicas, seria um exagero afirmar, sem amparo no direito positivo, que esse "mérito" formaria coisa julgada material. Isso equivaleria dizer que as escolhas político-administrativas pautadas pela competência discricionária fariam, também elas, coisa julgada material – algo incogitável no ordenamento brasileiro. Esse "mérito" não é invadido pelo controle jurisdicional somente se não se verificar violação à legalidade; é incabível qualquer regra que, aprioristicamente, impeça o Poder Judiciário de apreciar situações concretas que possam envolver ilícitos.

Nesse contexto, filiamo-nos ao entendimento de que, havendo ilegalidade – "formal" ou "material", "manifesta" (evidenciada por meio de prova documental pré-constituída) ou não –, as decisões proferidas pela Corte de Contas são amplamente sindicáveis pelo Poder Judiciário, observadas, evidentemente, as limitações próprias da via processual a ser utilizada.[193]

---

[192] "Os atos do Tribunal de Contas, mesmo os julgamentos, não são discricionários, mas vinculados. Os primeiros possuem mérito – que é insindicável, consoante o entendimento (ainda) dominante – sendo que os segundos são plenamente vinculados e questionáveis". BRASIL. *Tribunal Regional Federal da 2ª Região*, AC 200051010163205, Des. Fed. Poul Erik Dyrlund, Oitava Turma Especializada, DJU 15-06-2007.

[193] BUGARIN, Paulo Soares. *O princípio constitucional da economicidade na jurisprudência do Tribunal de Contas da União*. 2. ed. Belo Horizonte: Fórum, 2011. p. 78-80; GIAMUNDO

Ademais, importante destacar que há, ainda, uma outra característica que falta às decisões do TCU para que estas possam se caracterizar como jurisdicionais: a autoexecutoriedade.[194] Mesmo a doutrina que defende a função jurisdicional do TCU reconhece que suas decisões são títulos executivos extrajudiciais, desafiando a atuação do Poder Judiciário para sua execução,[195] o que se dá por força do art. 71, §3º, CF/1988, e dos arts. 23, I, *b*, 28, II, e 61 da Lei nº 8.443/1992. A propósito do tema, não custa lembrarmos que mesmo ao tempo da vigência do Decreto nº 1.166, sob o regime da Constituição de 1891, momento em que a atuação do Tribunal de Contas mais se aproximou da função jurisdicional, a Corte não podia executar suas próprias decisões; era necessário recorrer ao Poder Judiciário[196] – fato bastante para tornar duvidosa, já àquela época, a efetiva presença da função jurisdicional na atuação do Tribunal.

A esse respeito, recordemos o Recurso Extraordinário nº 223.037, em que restou assentado o entendimento de que os Tribunais de Contas não apenas não podem executar materialmente suas decisões, valendo-se do uso da força, como nem sequer detêm legitimidade processual para figurarem como titulares da execução judicial de suas decisões que imputem débitos a serem satisfeitos em favor do erário.[197]

Por fim, Romano Scapin relembra que nem todas as decisões do TCU gozam do atributo da imperatividade, diversamente do verificado no exercício da função jurisdicional.[198] A rigor, o que se tem é uma

---

NETO, Giuseppe. *As garantias no processo no Tribunal de Contas da União*. São Paulo: Thomson Reuters Brasil, 2019. p. 62-65.

[194] SCAPIN, Romano. *A expedição de provimentos provisórios pelos Tribunais de Contas*: das "medidas cautelares" à técnica antecipatória no controle externo brasileiro. Belo Horizonte: Fórum, 2019. p. 60-64; COSTA, Luiz Bernardo Dias. *Tribunal de Contas*: evolução e principais atribuições no Estado Democrático de Direito. Belo Horizonte: Fórum, 2006. p. 139.

[195] SALLES, Alexandre Aroeira. *O processo nos Tribunais de Contas*. Belo Horizonte: Fórum, 2018. p. 63; JACOBY FERNANDES, Jorge Ulisses. *Coleção Jorge Ulisses Jacoby Fernandes de Direito Público*, v. 3 – Tribunais de Contas no Brasil. 4. ed. Belo Horizonte: Fórum, 2016. p. 123-132; 369-402.

[196] BRASIL. Decreto nº 1.166/1892. "Art. 74. As decisões do Tribunal serão exequiveis a favor ou contra os responsaveis, sómente nos termos seguintes: [...] 3º Os processos serão devolvidos pelo secretario do Tribunal, á directoria, afim de se fazer effectiva a cobrança pelos meios judiciaes, para todos os effeitos declarados neste artigo".

[197] BRASIL. *Supremo Tribunal Federal*, RE 223.037, Rel. Min. Maurício Corrêa, Tribunal Pleno, j. 02-05-2002, DJ 02-08-2002.

[198] SCAPIN, Romano. *A expedição de provimentos provisórios pelos Tribunais de Contas*: das "medidas cautelares" à técnica antecipatória no controle externo brasileiro. Belo Horizonte: Fórum, 2019. p. 60-64.

CAPÍTULO 2
POSIÇÃO INSTITUCIONAL DO TCU E A NATUREZA DE SUA FUNÇÃO | 75

razoável limitação à prática de atos de comando por parte do TCU, conforme veremos adiante.[199]

Isso posto, ao se afirmar que o TCU é órgão "quase jurisdicional", "parajudicial", ou "judicialiforme", o que se diz, ao fim e ao cabo, é que a Corte de Contas não exerce a função jurisdicional.[200]

Por outro lado, boa parte dos juristas já citados, ao afastar a ideia de que o TCU exerceria função jurisdicional, sustenta que a função, os processos e as decisões da Corte teriam, em verdade, natureza administrativa. Nesse sentido, mencionamos José Cretella Júnior, Celso Antônio Bandeira de Mello, Helio Saul Mileski, Giuseppe Giamundo Neto, Oswaldo Aranha Bandeira de Mello, Flávio Garcia Cabral, José Afonso da Silva e Michel Temer.[201]

Embora reconheçam que o TCU não integra a Administração, esses autores se valem da expressão "administrativa" em oposição ao termo "jurisdicional" ou "judicial", como se se tratasse de uma opção residual para que (i) a função pública exercida pelo TCU possa se encaixar na tríade concebida por Montesquieu, tão arraigada em nossa

---

[199] ROSILHO, André. *Tribunal de Contas da União*: competências, jurisdição e instrumentos de controle. São Paulo: Quartier Latin, 2019.

[200] Não se ignora a existência de ampla discussão sobre a possibilidade de o TCU, no exercício de suas competências, exercer juízos de constitucionalidade sobre leis e atos do poder público, em função do disposto no enunciado no 347 da Súmula do STF ("O Tribunal de Contas, no exercício de suas atribuições, pode apreciar a constitucionalidade das leis e dos atos do poder público".). Entendemos, no entanto, que tal debate não é crucial para a identificação de uma suposta função jurisdicional do TCU. Sobre o tema: ZOCKUN, Maurício; ZOCKUN, Carolina Zancaner. Natureza e limites da atuação dos tribunais administrativos. *In: Revista Interesse Público*, ano 9, n. 44, jul.-ago. 2007. Belo Horizonte: Fórum, 2007.

[201] CRETELLA JÚNIOR, José *apud* COSTA, Luiz Bernardo Dias. *Tribunal de Contas*: evolução e principais atribuições no Estado Democrático de Direito. Belo Horizonte: Fórum, 2006. p. 125; BANDEIRA DE MELLO, Celso Antônio. O enquadramento constitucional do Tribunal de Contas. *In:* FREITAS, Ney José (Org.). *Tribunais de Contas*: aspectos polêmicos. Estudos em homenagem ao conselheiro João Feder. Belo Horizonte: Fórum, 2010. p. 71-72; MILESKI, Helio Saul. Tribunal de Contas: evolução, natureza, funções e perspectivas futuras. *In:* FREITAS, Ney José (Org.). *Tribunais de Contas*: aspectos polêmicos. Estudos em homenagem ao conselheiro João Feder. Belo Horizonte: Fórum, 2010. p. 100-101; GIAMUNDO NETO, Giuseppe. *As garantias no processo no Tribunal de Contas da União.* São Paulo: Thomson Reuters Brasil, 2019. p. 64-65, 69; FERRAZ, Luciano; BANDEIRA DE MELLO, Oswaldo Aranha *apud* BUGARIN, Paulo Soares. *O princípio constitucional da economicidade na jurisprudência do Tribunal de Contas da União.* 2. ed. Belo Horizonte: Fórum, 2011. p. 78-80; CABRAL, Flávio Garcia. *Medidas cautelares administrativas*: regime jurídico da cautelaridade administrativa. Belo Horizonte: Fórum, 2021. p. 160; CABRAL, Flávio Garcia Qual a natureza da função exercida pelo Tribunal de Contas da União (TCU)? *Revista de Direito da Administração Pública* (REDAP), Rio de Janeiro, ano 4, v. 1, n. 1. p. 253-272, jan.-jun.2019. SILVA, José Afonso da. *Curso de direito constitucional positivo.* 43. ed. São Paulo: Malheiros, 2020. p. 766-769; TEMER, Michel. *Elementos de direito constitucional.* 24. ed. São Paulo: Malheiros, 2017. p. 136.

cultura política e jurídica; e para que (ii) o processo instrumentalizado no âmbito do TCU se insira na dicotomia entre processos judiciais e administrativos, de longa tradição no ordenamento jurídico brasileiro.

A atribuição da natureza administrativa à função, aos processos e às decisões da Corte de Contas, a rigor, somente teria lugar se adotado um conceito amplo (ou residual) de Administração, por exclusão do Poder Legislativo e do Poder Judiciário, conforme propôs Adolf Merkl, que sugeriu uma classificação dos tribunais de contas como órgãos administrativos *sui generis*.[202]

Decerto, o Tribunal de Contas, especialmente em sua gênese, acumulou diversas atribuições que faziam dele um "quase-administrador", sobretudo durante os períodos nos quais vigorou o modelo de registro prévio dos atos e despesas.[203] Esse modelo, no entanto, foi superado a partir da Constituição de 1967.

Mesmo a ampliação de competências do TCU originada a partir da promulgação da Constituição de 1988, reforçando-se a fiscalização operacional por meio das auditorias, não transformou a Corte em um revisor geral de todo e qualquer ato praticado pela Administração, fazendo as vezes desta.[204]

Gabriel Heller e Guilherme Carvalho e Sousa, ao examinarem as atividades próprias da função administrativa, conforme classificação sugerida por Maria Sylvia Zanella Di Pietro (serviço público, fomento, intervenção e polícia administrativa), verificam que o controle financeiro exercido pelo TCU incide, de forma geral, sobre todas elas, não tendo a Corte de Contas, no entanto, responsabilidades sobre a gestão pública.[205] Em outras palavras, na função exercida pelo TCU, fiscaliza-se a Administração sem substituí-la, sem passar o controlador a administrar

---

[202] MERKL, Adolf; GONZÁLES, Carlos Antonio Agurto; MAMANI, Sonia Lidia Quequejana. *Teoria general del derecho administrativo.* Tradução de Benigno Choque Cuenca. Santiago: Ediciones Olejnik, 2018. p. 19-23; 471-473.

[203] HELLER, Gabriel; SOUSA, Guilherme Carvalho e. Função de controle externo e função administrativa: separação e colaboração na Constituição de 1988. *Revista de Direito Administrativo*, Rio de Janeiro, v. 278, n. 2. p. 71-96, maio-ago. 2019. Disponível em: https://doi.org/10.12660/rda.v278.2019.80049. Acesso em: 23 ago. 2021.

[204] SUNDFELD, Carlos Ari; CÂMARA, Jacintho Arruda. Competências de controle dos Tribunais de Contas: possibilidades e limites. *In*: SUNDFELD, Carlos Ari. *Contratações públicas e o seu controle.* São Paulo: Malheiros, 2013. p. 181-186.

[205] Pedro Roberto Decomain, em linha semelhante, sustenta que a função exercida pelo TCU não se confunde com a atividade prestacional, finalidade precípua da função administrativa. DECOMAIN, Pedro Roberto. *Tribunais de Contas no Brasil.* São Paulo: Dialética, 2006. p. 163-168.

diretamente. Fins e meios do controle externo e da Administração seriam distintos, portanto:

> Desse modo, revela-se correto tratar a administração como função de serviço, porque ela é execução de políticas e de disposições de caráter técnico-utilitário às necessidades da vida em comunidade. Como sinteticamente proposto por Hesse, a execução – ou administração – não é um mero conceito coletivo para tudo que não é legislação e jurisdição, mas indica, isto sim, o "tornar-se ativo estatal direto" [...].
>
> É sobre todo esse agir – administração *lato sensu* – que atuará o controle externo, controle esse que é, antes de tudo, limitação do poder. Quer para garantir que as normas sejam fielmente seguidas em concursos e contratações, quer para assegurar que os serviços públicos sejam prestados adequadamente e atinjam suas metas, o trabalho do Tribunal de Contas é predominantemente de verificação. Nessa senda, o órgão de controle não assume nenhuma responsabilidade direta na gestão pública. Em outras palavras, enquanto a função administrativa tem por encargo fazer uso regular de bens e valores públicos de modo a concretizar seus objetivos, a Corte de Contas constitui a proteção especial desses bens e valores – materiais e imateriais. A função administrativa busca ser e fazer da maneira correta; a função de controle externo objetiva verificar se a administração logrou ser e fazer da maneira correta. [...].
>
> Por essa razão, processo de controle externo é aquele que se presta a instrumentalizar a proteção do erário e a garantia da boa administração, a cargo do Tribunal de Contas. Nessa senda, processo administrativo não é todo processo que não seja judiciário ou legislativo, mas sim aquele por meio do qual a administração pública logra pôr em prática seus deveres-poderes para a concreção da função administrativa. Tratar o processo de controle externo como processo administrativo implica, pois, subverter a função (controle) em nome do objeto (atos e contratos administrativos), confusão que não condiz com o atual estágio dos estudos de direito público.
>
> Outrossim, não é demais asseverar que, ainda que possa atuar de ofício, o controle externo atua sempre reflexamente, em função de um agir efetivo ou potencial da administração. Nesse sentido, as decisões do Tribunal de Contas, ao contrário das decisões e atos administrativos, prestam-se, em primeiro lugar, imediatamente, à conservação do direito, e não ao cumprimento de tarefas materiais postas constitucional ou legalmente.[206]

---

[206] HELLER, Gabriel; SOUSA, Guilherme Carvalho e. Função de controle externo e função administrativa: separação e colaboração na Constituição de 1988. *Revista de Direito Administrativo*, Rio de Janeiro, v. 278, n. 2, p. 85-88, maio-ago. 2019. Disponível em: https://doi.org/10.12660/rda.v278.2019.80049. Acesso em: 23 ago. 2021.

2.3 A função pública autônoma de controle financeiro externo

Karl Loewenstein, ao criticar a tripartição tradicional, concebida por Montesquieu, alertou para a importância de se ir além, de se apresentar efetivamente um novo modelo para classificar as funções públicas. E, na classificação pensada por aquele autor, o controle tinha papel central. A partir de uma compreensão dinâmica das estruturas políticas, o jurista alemão sugeriu então dividir as funções públicas ou políticas entre decisão ou escolha política fundamental (*policy determination*), execução da decisão política fundamental (*policy execution*) e controle do poder político (*policy control*).[207]

Por certo, o modelo pensado por Karl Loewenstein merece cuidadosa reflexão e, talvez, algumas críticas. Para os propósitos dessa pesquisa, no entanto, sua valorosa contribuição consiste no destaque e na centralidade dados à função de controle em sua obra, datada de meados do século XX.

Parece-nos, pois, impositivo o reconhecimento da função de controle como função pública autônoma – distinta das tradicionais funções legislativa, jurisdicional e administrativa – sobretudo no ordenamento jurídico brasileiro, em que, há boas décadas, a Corte de Contas é, também do ponto de vista orgânico, situada à parte da tríade de poderes – o que, se não determinante,[208] é ao menos sintomático sobre a autonomia dessa função.

Nesse contexto, vale resgatar a advertência trazida por Carlos Ayres Britto, a respeito da usual confusão entre função e competências.[209]

---

[207] LOEWENSTEIN, Karl. *Teoría de la Constitución*. Tradução de Alfredo Gallego Anabitarte. 2. ed. Barcelona: Ariel, 1979. p. 62-69.

[208] A rigor, a existência de uma EFS nos moldes brasileiros não é condição para a plena efetividade do princípio democrático e republicano da separação dos poderes. O exemplo do modelo adotado no Reino Unido e nos EUA, com as auditorias ou controladorias-gerais organicamente ligadas ao Poder Legislativo, não impede o concreto exercício da função de controle, este sim, essencial em qualquer sistema jurídico. HELLER, Gabriel; SOUSA, Guilherme Carvalho e. Função de controle externo e função administrativa: separação e colaboração na Constituição de 1988. *Revista de Direito Administrativo*, Rio de Janeiro, v. 278, n. 2. p. 71-96, maio-ago. 2019. Disponível em: https://doi.org/10.12660/rda.v278.2019.80049. Acesso em: 23 ago. 2021.

[209] Equívoco (no mínimo terminológico) em que parecem ter incorrido Gabriela Tomaselli Bresser Pereira Dal Pozzo, citando a doutrina de Valmir Campelo, e Luiz Bernardo Dias Costa, a partir das obras de Eduardo Lobo Botelho Gualazzi e Evandro Martins Guerra. DAL POZZO, Gabriela Tomaselli Bresser Pereira. *As funções do Tribunal de Contas e o Estado de Direito*. Belo Horizonte: Fórum, 2010. p. 97-101; COSTA, Luiz Bernardo Dias. *Tribunal de Contas*: evolução e principais atribuições no Estado Democrático de Direito. Belo Horizonte: Fórum, 2006. p. 64.

CAPÍTULO 2
POSIÇÃO INSTITUCIONAL DO TCU E A NATUREZA DE SUA FUNÇÃO | 79

A primeira revelaria o *telos*, a razão de ser de determinada instituição, isto é, embora possa exercer mais de uma função, cada ente tem, em sua concepção, uma função típica ou preponderante, reveladora de sua "atividade-fim", para tanto, dotado de um conjunto de competências, "poderes instrumentais" destinados ao alcance dessa finalidade:

> [...] é preciso conceituar função e competência como coisas distintas, pois a função é uma só e as competências é que são múltiplas. A função é unicamente a de controle externo e tudo o mais já se traduz em competências, a saber: competência opinativa, competência judicante, competência consultiva e informativa, competência sancionadora, competência corretiva, etc. [...]
>
> 5.3. Necessário é reconhecer, porém, que a Lei Maior, ora habilita um só órgão público para o exercício de mais de uma função essencial do Estado, ora coloca uma só função essencial do Estado aos cuidados de mais de um órgão. [...] Já o Poder Legislativo, esse é o órgão que exerce a função de legislar e a do controle externo. Aqui, nem sempre dando a palavra final. Ali, sempre.[210]

A esse respeito, não parece ser acertado o entendimento de Luís Zaidman, ao afirmar que a função de controle não configuraria uma "quarta função pública", mas que esse mister estaria presente transversalmente nas três clássicas funções públicas.[211] Isso porque, conforme afirmamos, inexiste uma coincidência perfeita e estanque entre órgãos e funções.

A função administrativa está presente nos Poderes Legislativo e Judiciário (organização de cargos e carreiras, contratação de obras e serviços necessários a suas atividades etc.); a função jurisdicional é excepcionalmente exercida pelo Poder Legislativo (processamento dos crimes de responsabilidade) e pelo Poder Executivo (comutação de penas e concessão de indultos); e a função legislativa também é exercida pelo Poder Executivo (iniciativa em projetos de lei, edição de medidas provisórias e competência para veto e sanção de projetos de lei) e pelo Poder Judiciário (iniciativa em projetos de lei, sentenças normativas em dissídio coletivo etc.).[212]

---

[210] BRITTO, Carlos Ayres. O regime constitucional dos Tribunais de Contas. *Revista Diálogo Jurídico*, Salvador, Centro de Atualização Jurídica (CAJ), v. I, n. 9, dez. 2001. Disponível em: http://www.direitopublico.com.br. Acesso em: 13 set. 2021.

[211] JACOBY FERNANDES, Jorge Ulisses. *Coleção Jorge Ulisses Jacoby Fernandes de Direito Público*, v. 3 – Tribunais de Contas no Brasil. 4. ed. Belo Horizonte: Fórum, 2016. p. 36.

[212] JACOBY FERNANDES, Jorge Ulisses. *Coleção Jorge Ulisses Jacoby Fernandes de Direito Público*, v. 3 – Tribunais de Contas no Brasil. 4. ed. Belo Horizonte: Fórum, 2016. p. 135-136.

Assim também se manifesta a função de controle,[213] de maneira que sua chamada transversalidade menos infirma sua autonomia e mais a aproxima das tradicionais funções públicas, como uma nova categoria igualmente autônoma. Analisemos as observações de Diogo de Figueiredo Moreira Neto sobre o tema:

> Em suma, se é certo que se pode afirmar, com BISCARETTI DI RUFFIA, que a repartição de funções dá origem à teoria da divisão dos poderes, também procede asserir-se que, em termos de expressão do Poder Estatal, hoje prevalece o policentrismo institucional, a que se refere GOMES CANOTILHO. Com efeito, a *estruturação do poder do Estado* é historicamente dinâmica, pois segue a *linha da contenção de monopólios e oligopólios do poder político*, como uma providencial garantia da sociedade contra os males que eles semearam em um passado ainda muito próximo.
>
> Assim, *o processo organizativo do poder* está longe de se ter esgotado no moderno constitucionalismo, e vai prosseguindo, a destacar novas funções específicas, que passam a ser desempenhadas por órgãos, mas que não mais se incluem nos três complexos orgânicos que são denominados, por metonímia tradicional, de *Poderes*, porque exercem o que eram antes as *únicas*, mas hoje restam apenas como as mais importantes segmentações do Poder do Estado (ou os "Poderes da União", como está no art. 2º, CF).[214]

Nesse sentido, reconhecemos que o processo instrumentalizado no âmbito do TCU tem finalidades próprias e peculiares, quais sejam, a proteção ao erário e a garantia da boa administração,[215] submetendo-se a um regime próprio e exigindo, portanto, a identificação entre a natureza da função pública exercida e o processo que a concretiza.[216]

O próprio legislador infraconstitucional parece estar atento à condição autônoma dessa função, nos termos da recente Lei nº 13.655/2018,

---

[213] BASTOS, Celso *apud* DAL POZZO, Gabriela Tomaselli Bresser Pereira. *As funções do Tribunal de Contas e o Estado de Direito*. Belo Horizonte: Fórum, 2010. p. 33.

[214] MOREIRA NETO, Diogo de Figueiredo Algumas notas sobre órgãos constitucionalmente autônomos (um estudo sobre os Tribunais de Contas no Brasil). *Revista de Direito Administrativo*, Rio de Janeiro, v. 223, n. 24, jan.-mar. 2001. Disponível em: https://doi.org/10.12660/rda.v223.2001.48309. Acesso em: 18 abr. 2021. p. 12.

[215] HELLER, Gabriel; SOUSA, Guilherme Carvalho e. Função de controle externo e função administrativa: separação e colaboração na Constituição de 1988. *Revista de Direito Administrativo*, Rio de Janeiro, v. 278, n. 2, maio-ago. 2019. Disponível em: https://doi.org/10.12660/rda.v278.2019.80049. Acesso em: 23 ago. 2021.

[216] MEDAUAR, Odete *apud* SCAPIN, Romano. *A expedição de provimentos provisórios pelos Tribunais de Contas*: das "medidas cautelares" à técnica antecipatória no controle externo brasileiro. Belo Horizonte: Fórum, 2019. p. 104.

CAPÍTULO 2
POSIÇÃO INSTITUCIONAL DO TCU E A NATUREZA DE SUA FUNÇÃO | 81

que alterou o Decreto-Lei nº 4.657/1942 (Lei de Introdução às Normas do Direito Brasileiro ou LINDB), reconhecendo-se a esfera controladora à parte da administrativa e da judicial (arts. 20, 21, 23, 24 e 27).[217]

Com isso, filiando-nos à doutrina de Carlos Ayres Britto, Sergio Ferraz, Marçal Justen Filho, Pedro Roberto Decomain e Romano Scapin, sustentamos que a função pública de controle exercida pelo TCU é autônoma, distinta da função legislativa, jurisdicional e administrativa, de maneira que os processos conduzidos pela Corte podem ser cunhados de *processo de contas*, assim como suas decisões podem ser chamadas de *decisões de contas*, ante a natureza própria da função.[218]

---

[217] BRASIL. Lei nº 13.655/2018. "Art. 20. Nas esferas administrativa, controladora e judicial, não se decidirá com base em [...]"; "Art. 21. A decisão que, nas esferas administrativa, controladora ou judicial, decretar [...]"; "Art. 23. A decisão administrativa, controladora ou judicial que estabelecer interpretação [...]"; "Art. 24. A revisão, nas esferas administrativa, controladora ou judicial, quanto à validade de ato [...]"; "Art. 27. A decisão do processo, nas esferas administrativa, controladora ou judicial, poderá impor [...]".

[218] BRITTO, Carlos Ayres. O regime constitucional dos Tribunais de Contas. *Revista Diálogo Jurídico*, Salvador, Centro de Atualização Jurídica (CAJ), v. I, n. 9, dez. 2001. Disponível em: http://www.direitopublico.com.br. Acesso em: 13 set. 2021; FERRAZ, Sergio. Tribunais de Contas: meditando e remeditando. *In*: FREITAS, Ney José (Org.). *Tribunais de Contas*: aspectos polêmicos. Estudos em homenagem ao conselheiro João Feder. Belo Horizonte: Fórum, 2010. p. 243; JUSTEN FILHO, Marçal. *Comentários à Lei de Licitações e Contratos Administrativos*. 18. ed. São Paulo: Thomson Reuters Brasil, 2019. p. 1.589; SCAPIN, Romano. *A expedição de provimentos provisórios pelos Tribunais de Contas*: das "medidas cautelares" à técnica antecipatória no controle externo brasileiro. Belo Horizonte: Fórum, 2019; DECOMAIN, Pedro Roberto. *Tribunais de Contas no Brasil*. São Paulo: Dialética, 2006. p. 43-45; 63; JACOBY FERNANDES, Jorge Ulisses. *Coleção Jorge Ulisses Jacoby Fernandes de Direito Público*, v. 3 – Tribunais de Contas no Brasil. 4. ed. Belo Horizonte: Fórum, 2016. p. 163-168.

CAPÍTULO 3

AS COMPETÊNCIAS DO TCU: ASPECTOS GERAIS

Assentada a função pública preponderantemente exercida pelo TCU, delinearemos os principais aspectos de suas competências, para, então, examinarmos mais especificamente suas competências acautelatórias.

A partir da doutrina de Paulo Soares Bugarin,[219] reconhecendo a dualidade de entes incumbidos do exercício do controle externo (Congresso Nacional e Tribunal de Contas), conforme a dicção do art. 70 da CF/1988, podemos afirmar que a modalidade "material-funcional" do controle desempenhado pelo TCU tem índole técnico-financeira, no que se distingue daquela encarregada ao Poder Legislativo, de cariz "político-institucional".

Nesse sentido, a Corte de Contas não é órgão revisor de todo e qualquer ato praticado pela Administração, não configuraria, por assim dizer, um Conselho de Estado à brasileira.[220] A chamada "jurisdição direta" do TCU se debruça sobre matérias financeiras em sentido lato da gestão pública, o que abarcaria questões financeiras em sentido estrito, orçamentárias, contábeis, patrimoniais e operacionais.

André Rosilho, a partir da leitura conjunta dos arts. 70 e 71 da Constituição,[221] sustenta que, a despeito da referência do art. 70,

---

[219] BUGARIN, Paulo Soares. *O princípio constitucional da economicidade na jurisprudência do Tribunal de Contas da União*. 2. ed. Belo Horizonte: Fórum, 2011. p. 41.

[220] SUNDFELD, Carlos Ari; CÂMARA, Jacintho Arruda. Competências de controle dos Tribunais de Contas: possibilidades e limites. *In*: SUNDFELD, Carlos Ari. *Contratações públicas e o seu controle*. São Paulo: Malheiros, 2013. p. 181.

[221] BRASIL. Constituição Federal (1988). "Art. 70. A fiscalização contábil, financeira, orçamentária, operacional e patrimonial da União e das entidades da administração direta e indireta, quanto à legalidade, legitimidade, economicidade, aplicação das subvenções e

as questões operacionais seriam submetidas ao TCU apenas incidentalmente e, sobre elas, a Corte não poderia produzir atos de comando frente à Administração – salvo se ensejarem diretamente repercussões financeiras em sentido estrito, orçamentárias, contábeis ou patrimoniais, e somente sob o parâmetro da legalidade. Nas palavras do autor:

> [...] a *fiscalização operacional* – que, apesar de ser a mais ampla de todas, tem conceito relativamente consensual no plano internacional – objetiva "avaliar o desempenho de um *conjunto de operações* administrativas sob o parâmetro da economicidade, eficiência e efetividade/EEE. Importante ressaltar essa distinção: na fiscalização operacional a análise recais sobre um conjunto de decisões realizadas, enquanto na fiscalização de conformidade os atos e condutas são aferidos isoladamente e, como aponta José Afonso da Silva, "envolve o controle de resultado".
>
> De acordo com Dye, esse tipo de fiscalização normalmente visa a promover informação e segurança sobre a qualidade do gerenciamento

---

renúncia de receitas, será exercida pelo Congresso Nacional, mediante controle externo, e pelo sistema de controle interno de cada Poder. [...]"; "Art. 71. O controle externo, a cargo do Congresso Nacional, será exercido com o auxílio do Tribunal de Contas da União, ao qual compete: I – apreciar as contas prestadas anualmente pelo Presidente da República, mediante parecer prévio que deverá ser elaborado em sessenta dias a contar de seu recebimento; II – julgar as contas dos administradores e demais responsáveis por dinheiros, bens e valores públicos da administração direta e indireta, incluídas as fundações e sociedades instituídas e mantidas pelo Poder Público federal, e as contas daqueles que derem causa a perda, extravio ou outra irregularidade de que resulte prejuízo ao erário público; III – apreciar, para fins de registro, a legalidade dos atos de admissão de pessoal, a qualquer título, na administração direta e indireta, incluídas as fundações instituídas e mantidas pelo Poder Público, excetuadas as nomeações para cargo de provimento em comissão, bem como a das concessões de aposentadorias, reformas e pensões, ressalvadas as melhorias posteriores que não alterem o fundamento legal do ato concessório; IV – realizar, por iniciativa própria, da Câmara dos Deputados, do Senado Federal, de Comissão técnica ou de inquérito, inspeções e auditorias de natureza contábil, financeira, orçamentária, operacional e patrimonial, nas unidades administrativas dos Poderes Legislativo, Executivo e Judiciário, e demais entidades referidas no inciso II; V – fiscalizar as contas nacionais das empresas supranacionais de cujo capital social a União participe, de forma direta ou indireta, nos termos do tratado constitutivo; VI – fiscalizar a aplicação de quaisquer recursos repassados pela União mediante convênio, acordo, ajuste ou outros instrumentos congêneres, a Estado, ao Distrito Federal ou a Município; VII – prestar as informações solicitadas pelo Congresso Nacional, por qualquer de suas Casas, ou por qualquer das respectivas Comissões, sobre a fiscalização contábil, financeira, orçamentária, operacional e patrimonial e sobre resultados de auditorias e inspeções realizadas; VIII – aplicar aos responsáveis, em caso de ilegalidade de despesa ou irregularidade de contas, as sanções previstas em lei, que estabelecerá, entre outras cominações, multa proporcional ao dano causado ao erário; IX – assinar prazo para que o órgão ou entidade adote as providências necessárias ao exato cumprimento da lei, se verificada ilegalidade; X – sustar, se não atendido, a execução do ato impugnado, comunicando a decisão à Câmara dos Deputados e ao Senado Federal; XI – representar ao Poder competente sobre irregularidades ou abusos apurados [...]".

de recursos públicos. Para o cumprimento dessa meta, a auditoria operacional engloba a aferição econômica, eficiência, e efetividade do emprego de recursos públicos, da qualidade dos sistemas de informação, da capacidade de órgãos e entes entregarem resultados, incluindo a análise de indicadores de *performance*, de sistemas de monitoramento e do cumprimento de normas legais e éticas (*legal and ethical compliance*). Segundo o autor, apesar de as auditorias operacionais não serem concebidas para detectar fraudes e desvios, na prática elas podem detectá-los. [...]

Apesar de a Constituição ter genericamente autorizado o TCU a proceder a fiscalizações dos mais variados tipos e capazes de abarcar os mais variados objetos, o espaço de controle no qual tem jurisdição direta é o financeiro, orçamentário, contábil e patrimonial. Só matérias financeiras em sentido amplo – isto é, que de algum modo digam respeito a receitas públicas ou despesas públicas – podem dar ensejo a ação impositiva do TCU. [...]

Em relação às demais matérias que não a financeira (em sentido amplo) o Tribunal não tem poder de intervenção direta e específica. É até mesmo por isso que no tocante a essas outras matérias as autoridades administrativas não têm propriamente o dever de prestar contas ao TCU, pois este só conhece delas incidentalmente (em fiscalizações operacionais, por exemplo).

Mesmo nos casos em que a Constituição, ao disciplinar competências e atribuições do Tribunal inseridas no seu campo de jurisdição direta, não tiver expressamente aludido a matérias financeiras não será possível interpretar o silêncio do constituinte como uma autorização tácita (escorada no *caput* do art. 70) para que adentre, por essa via, em matérias operacionais. Interpretação em sentido contrário acabaria por transformar o TCU em instância de revisão geral da Administração Pública – pois, nesse caso, a Corte de Contas passaria a ter a possibilidade de rever, inclusive para modificar, praticamente qualquer ação do gestor no exercício de sua função administrativa.[222]

A respeito do tema, Odete Medauar esmiuça as matérias sujeitas à fiscalização própria do controle externo, elencadas no art. 70, indicando que (i) a fiscalização contábil envolve a análise dos livros e de documentos de escrituração dos diversos órgãos públicos; (ii) a fiscalização financeira consiste na verificação das despesas realizadas e dos valores arrecadados; (iii) a fiscalização orçamentária se caracteriza por aferir o grau de aderência das operações concretizadas às previsões

---

[222] ROSILHO, André. *Tribunal de Contas da União*: competências, jurisdição e instrumentos de controle. São Paulo: Quartier Latin, 2019. p. 123; 172-174.

da lei orçamentária; e (iv) a fiscalização patrimonial pressupõe o monitoramento da Administração quanto aos bens de qualquer natureza que integram seu patrimônio.[223]

Quanto à fiscalização operacional, a autora, embora não a exclua da competência direta do TCU, parece adotar, com amparo na doutrina de Regis Fernandes de Oliveira, um conceito restritivo ("obediência aos meios legais de liberação de verbas ou de sua arrecadação"), o que coincide com o entendimento de André Rosilho, acima exposto.

As competências do TCU, não raramente referidas como "funções", são classificáveis de diversas formas e sob diversos critérios. Regra geral, partindo do rol do art. 71 da Constituição e da legislação infraconstitucional, em especial a Lei nº 8.443/1992 (Lei Orgânica do TCU ou LOTCU), a doutrina nacional costuma atribuir à Corte de Contas as seguintes categorias de competências:[224] (i) judicante (art. 71, II, CF/1988);[225] (ii) fiscalizadora (exemplificativamente, art. 71, III a VI, CF/1988; art. 59, Lei Complementar nº 101/2000); (iii) consultiva ou opinativa (art. 71, I, CF/1988;[226] art. 1º, XVII, LOTCU); (iv) informativa (art. 71, VII e XI, §4º, CF/88); (v) corretiva (art. 71, IX, X, CF/1988); (vi) sancionadora (art. 71, VIII, CF/1988; arts. 45, §1º, III, 46, 57, 58 e 60, LOTCU); (vii) pedagógica (recomendações e orientações); (viii) ouvidoria (art. 74, §2º, CF/1988); e (ix) normativa (arts. 1º, §2º, e 3º, LOTCU).

Sobre a competência normativa, convém resgatarmos que, embora tenha sido rechaçada no âmbito da ANC a proposta que atribuía amplos poderes normativos ao TCU para disciplinar suas próprias competências no âmbito do controle externo, a questão voltou à tona durante a tramitação do projeto de lei que culminou na promulgação da LOTCU – "uma espécie de §segundo tempo§da própria ANC" –, resultando, ao fim, no estabelecimento de dispositivos que apontam para uma competência normativa ou regulamentar da Corte de

---

[223] MEDAUAR, Odete. *Controle da administração pública*. 3. ed. São Paulo: RT, 2014. p. 138-140.

[224] BUGARIN, Paulo Soares. *O princípio constitucional da economicidade na jurisprudência do Tribunal de Contas da União*. 2. ed. Belo Horizonte: Fórum, 2011. p. 83-93; MENDES, Gilmar Ferreira; BRANCO, Paulo Gustavo Gonet. *Curso de direito constitucional*. 15. ed. São Paulo: Saraiva Educação, 2020. p. 2.305-2.309 (Kindle); ZYMLER, Benjamin. *O controle externo das concessões e das parcerias público-privadas*. 2. ed. Belo Horizonte: Fórum, 2008. p. 151; MORAES, Alexandre de. *Direito constitucional*. 36. ed. São Paulo: Atlas, 2020. p. 480-481 (Kindle); ROSILHO, André. *Tribunal de Contas da União*: competências, jurisdição e instrumentos de controle. São Paulo: Quartier Latin, 2019. p. 117-124.

[225] BRASIL. *Supremo Tribunal Federal*. ADI 3715, Rel. Min. Gilmar Mendes, Tribunal Pleno, j. 21-08-2014, DJe 30-10-2014.

[226] BRASIL. *Supremo Tribunal Federal*. RE 729.744 – Repercussão Geral – Tema 157, Rel. Min. Gilmar Mendes, Tribunal Pleno, j. 10-08-2016, DJE 23-08-2017.

CAPÍTULO 3
AS COMPETÊNCIAS DO TCU: ASPECTOS GERAIS | 87

Contas[227] ainda que limitada, quais sejam, o art. 1º, XVII, §2º, e o art. 3º da LOTCU.[228]

Trata-se de inovação da LOTCU não encontrada, ao menos com essa amplitude, nos regimes que anteriormente regraram a atuação do TCU, e que deve ser compreendida a partir dos limites delineados na Constituição Federal de 1988 e na própria legislação infraconstitucional, o que impede a criação ou a subtração das competências já definidas pelo constituinte e pelo legislador.

Nesse sentido, de um lado, as respostas às consultas dirigidas ao TCU, conforme art. 1º, XVII, §2º, devem restringir-se à interpretação de normas legais e regulamentares que guardem pertinência com as matérias sujeitas à atuação da Corte;[229] e, de outro, a competência regulamentar estabelecida no art. 3º, LOTCU, deve limitar-se ao estabelecimento de regras essenciais procedimentais, necessárias ao funcionamento interno da instituição. Entendimento semelhante é o de Luís Roberto Barroso, ao examinar dispositivo referente ao Tribunal de Contas do Estado do Rio de Janeiro, de redação idêntica ao art. 3º, LOTCU:

> De fato, parece aceitável reconhecer-se ao Tribunal de Contas competência para editar atos normativos administrativos, como seu Regimento Interno, ou para baixar uma Resolução ou outros atos internos. Poderá, igualmente, expedir atos ordinatórios, como circulares, avisos, ordens de serviço. Nunca, porém, será legítima a produção de atos de efeitos externos geradores de direitos e obrigações para terceiros, notadamente quando dirigidos a órgãos constitucionais de outro Poder. Situa-se ao arrepio da constituição, e foge inteiramente ao razoável, o exercício, pelo Tribunal de Contas, de uma indevida competência regulamentar,

---

[227] ROSILHO, André. *Tribunal de Contas da União*: competências, jurisdição e instrumentos de controle. São Paulo: Quartier Latin, 2019. p. 83-84, 108-113.

[228] BRASIL. Lei nº 8.443/1992. "Art. 1º. Ao Tribunal de Contas da União, órgão de controle externo, compete, nos termos da Constituição Federal e na forma estabelecida nesta Lei: [...] XVII – decidir sobre consulta que lhe seja formulada por autoridade competente, a respeito de dúvida suscitada na aplicação de dispositivos legais e regulamentares concernentes a matéria de sua competência, na forma estabelecida no Regimento Interno. [...] §2º A resposta à consulta a que se refere o inciso XVII deste artigo tem caráter normativo e constitui prejulgamento da tese, mas não do fato ou caso concreto. [...] Art. 3º. Ao Tribunal de Contas da União, no âmbito de sua competência e jurisdição, assiste o poder regulamentar, podendo, em conseqüência, expedir atos e instruções normativas sobre matéria de suas atribuições e sobre a organização dos processos que lhe devam ser submetidos, obrigando ao seu cumprimento, sob pena de responsabilidade".

[229] ROSILHO, André. *Tribunal de Contas da União*: competências, jurisdição e instrumentos de controle. São Paulo: Quartier Latin, 2019. p. 131-143.

equiparada ao Executivo, ou mesmo, em alguns casos de abuso mais explícito, de uma competência legislativa com inovações à ordem jurídica.[230]

A questão foi, em certa medida, tangenciada por ocasião do julgamento do Recurso Extraordinário n° 547.063,[231] no qual se discutia a constitucionalidade de ato normativo estabelecido pelo Tribunal de Contas do Estado do Rio de Janeiro (TCE/RJ). Embora se possa afirmar que os fundamentos do julgado estão atrelados essencialmente à usurpação da competência legislativa privativa da União a respeito de normas gerais de licitação e contratos administrativos (art. 22, XXVII, CF/1988), foi, no caso, rechaçado o ato normativo do TCE/RJ, por estabelecer nova obrigação em matéria já regrada pela Lei n° 8.666/1993. Nesse sentido, apesar de não ter sido refutado o poder normativo ou regulamentar dos tribunais de contas, o Supremo Tribunal Federal impôs um limite concreto a essa competência, alinhado à doutrina acima.

Outro tema digno de atenção quanto às competências do TCU é o modo – e os limites – com que estas podem recair sobre particulares que venham a contratar com a Administração. A esse respeito, há, de forma geral, certo consenso na doutrina, no sentido de que o TCU não tem ou não exerce jurisdição direta sobre particulares (salvo se investidos na função pública). À Corte cabe fiscalizar e controlar diretamente a Administração e seus agentes, conforme explica Paulo Soares Bugarin:

> No entanto, não se insere na jurisdição do TCU o particular que causa dano ao erário em decorrência do descumprimento de cláusula contratual legitimamente acordada, sem que tenha havido o concurso de agente público na prática do ato irregular. É o caso do correntista que deixa de pagar empréstimo contraído junto a alguma instituição financeira oficial. Nessas situações, compete ao Tribunal verificar se a entidade estatal adotou as devidas providências para recuperar os prejuízos causados pelo particular. Não possui, entretanto, jurisdição diretamente sobre o particular, pois tal competência não lhe foi delegada pelo Texto Constitucional.[232]

---

[230] BARROSO, Luís Roberto. *Temas de direito constitucional*. 2. ed. t. I. Rio de Janeiro: Renovar, 2006. p. 233-234.

[231] BRASIL. *Supremo Tribunal Federal*. RE 547.063, Rel. Min. Menezes Direito, Primeira Turma, j. 07-10-2008, DJ 12-12-2008.

[232] BUGARIN, Paulo Soares. *O princípio constitucional da economicidade na jurisprudência do Tribunal de Contas da União*. 2. ed. Belo Horizonte: Fórum, 2011. p. 65.

Carlos Ari Sundfeld e Jacintho Arruda Câmara sustentam que mesmo o particular contratado pela Administração para fornecer bens ou serviços não é obrigado a prestar contas ao controlador externo, – uma vez que não é responsável por recursos públicos.[233] Não podemos confundir seu eventual interesse em acompanhar processos de contas que possam culminar em resultados que lhes sejam desfavoráveis com sua submissão direta às deliberações da Corte de Contas.[234]

Os autores vão ainda além e afirmam que o que se sujeita à jurisdição do TCU é o contrato administrativo, sob a perspectiva da atuação do agente público, de modo que o particular contratado está afastado da jurisdição do TCU, não sendo possível a aplicação de sanções sobre ele – à exceção da declaração de inidoneidade (art. 46, LOTCU[235]). Esse entendimento não afastaria por completo qualquer possibilidade de responsabilização desses particulares, havendo outros mecanismos de controle, no caso, o jurisdicional, tanto na esfera cível quanto na penal, cabendo ao TCU, nesses casos, representar à autoridade competente (art. 71, XII, CF/1988).[236]

Embora minoritária e, a rigor, não muito considerada nas práticas atuais do TCU[237] ou mesmo na jurisprudência nacional,[238] parece-nos acertada a posição proposta por Carlos Ari Sundfeld e Jacintho Arruda Câmara, sendo necessário interpretar os dispositivos constitucionais a respeito das competências do TCU de forma adequada à sua posição na dinâmica do exercício do poder em nosso ordenamento jurídico, conformada à função de controle externo da atividade administrativa.

---

[233] Conforme dicção do art. 71, II, CF/1988, não é administrador ou responsável por dinheiros, bens e valores públicos da administração direta e indireta.

[234] SUNDFELD, Carlos Ari; CÂMARA, Jacintho Arruda. Limites da jurisdição dos Tribunais de Contas sobre particulares. *In:* SUNDFELD, Carlos Ari; ROSILHO, André (Org.). *Tribunal de Contas da União no direito e na realidade.* São Paulo: Almedina, 2020. p. 64-65.

[235] Dispositivo cuja constitucionalidade já foi chancelada pelo STF. BRASIL. *Supremo Tribunal Federal.* MS 30.788, Rel. Min. Marco Aurélio Mello, Tribunal Pleno, j. 21-05-2015, DJ 04-08-2015.

[236] SUNDFELD, Carlos Ari; CÂMARA, Jacintho Arruda. Limites da jurisdição dos Tribunais de Contas sobre particulares. *In:* SUNDFELD, Carlos Ari; ROSILHO, André (Org.). *Tribunal de Contas da União no direito e na realidade.* São Paulo: Almedina, 2020. p. 66-70

[237] Recorde-se que o tema já fora objeto de divergência na Corte de Contas, tendo desafiado a instauração de incidente de uniformização de jurisprudência, tendo o TCU decidido pela adoção de uma linha ampliativa de suas competências sobre os particulares – sem que houvesse, para tanto, qualquer alteração dos textos constitucional ou legal (Acórdão 321/2019). SUNDFELD, Carlos Ari; CÂMARA, Jacintho Arruda. *Limites da jurisdição dos Tribunais de Contas sobre particulares. In:* SUNDFELD, Carlos Ari. ROSILHO, André (Org.). *Tribunal de Contas da União no Direito e na Realidade.* São Paulo: Almedina, 2020. p. 60-63

[238] BRASIL. *Supremo Tribunal Federal.* MS 24.379, Rel. Min. Dias Toffoli, Primeira Turma, j. 07-04-2015, DJ 08-06-2015.

Diante disso, é imperiosa a compreensão sistemática do art. 5º da LOTCU, evitando-se a expansão desmesurada da "jurisdição" da Corte de Contas em detrimento do regramento constitucional.

3.1 Os parâmetros para o exercício das competências do TCU e seus produtos

Apontados os principais contornos das competências do TCU, impõe-se o exame dos parâmetros que orientam seu exercício, os critérios que guiam a função de controle desempenhada pela Corte de Contas. Antes de detalhá-los, porém, é importante resgatarmos no conceito de controle como *verificação de conformidade* que essa função não é exercitável pelo controlador ao seu alvedrio, ou seja, o controlador não pode substituir a discricionariedade do administrador.[239]

Para Jorge Ulisses Jacoby Fernandes, essa limitação configura um dos princípios do controle, qual seja o *princípio da aderência a diretrizes e normas*:

> Muitas vezes, o agente de controle é tentado a se colocar em posição de substituir o administrador, confundindo o desempenho de sua função. Ora, é bem provável que um agente de controle seja capaz de encontrar solução *mais ótima* do que a que foi aplicada, até porque tem a vantagem de chegar após o fato, aferindo as causas e consequências da decisão.
>
> Novamente aqui há estreita correlação entre *gerir* e *controlar*, corolário do princípio da segregação das funções.
>
> Quando busca o fiel cumprimento das normas e diretrizes, o órgão de controle também tolera, por dever de lógica, um conjunto de interpretações consideradas juridicamente razoáveis e ações que não tiveram o rendimento *ótimo*, por terem sofrido os efeitos de fatores razoavelmente imprevistos.[240]

Isso não impede, evidentemente, que o TCU se manifeste sobre o mérito das escolhas da atividade administrativa – ele não apenas pode, como deve fazê-lo, concretizando sua competência pedagógica por meio de recomendações, orientações e diretrizes, as quais deverão ser avaliadas pela Administração.[241]

---

[239] MEIRELLES, Hely Lopes. *Direto administrativo brasileiro*. 44. ed. São Paulo: Malheiros, 2020. p. 713.

[240] JACOBY FERNANDES, Jorge Ulisses. *Coleção Jorge Ulisses Jacoby Fernandes de Direito Público*, v. 3 – Tribunais de Contas no Brasil. 4. ed. Belo Horizonte: Fórum, 2016. p. 47-49.

[241] ROSILHO, André. *Tribunal de Contas da União*: competências, jurisdição e instrumentos de controle. São Paulo: Quartier Latin, 2019. p. 187-188; 339.

O que não se admite é a atuação invasiva do controlador, tutelando o administrador ou participando diretamente da gestão pública por meio de atos impositivos sobre a Administração, comportamento que esvaziaria a função de controle, confundindo-a com a própria função administrativa – promover-se-ia o desaparecimento do olhar crítico que se espera do controlador, dando-se lugar à partilha do poder.[242]

Também por essas razões, é que podemos afirmar – conforme de fato o fizemos no capítulo 2 deste texto – que a legalidade (estrita) é o parâmetro de controle por excelência. E era ele o único parâmetro de controle disponível ao TCU até a promulgação da Constituição de 1988, quando as competências da Corte foram ampliadas, possibilitando sua atuação também sob os parâmetros da legitimidade e da economicidade,[243] nos termos do art. 70 da CF/1988.

Disso exsurge o desafio de diferenciar os três parâmetros coexistentes no texto da Constituição. A doutrina tem reconhecido certa dificuldade na conceituação jurídica dos dois novos parâmetros trazidos no diploma constitucional. Para André Rosilho, por exemplo, legitimidade e economicidade não ensejam avaliações propriamente jurídicas, mas políticas, morais ou econômicas.[244]

Afora uma ou outra peculiaridade, a maior parte dos doutrinadores dedicados ao tema tende a reconhecer uma aproximação conceitual entre o parâmetro da legitimidade e o princípio da moralidade, até mesmo como um critério de distinção entre a legitimidade e o parâmetro da legalidade.[245]

A economicidade, por seu turno, tem recebido muita atenção dos pesquisadores[246] e das instituições dedicadas ao estudo e ao exercício da

---

[242] SUNDFELD, Carlos Ari; CÂMARA, Jacintho Arruda. Competências de controle dos Tribunais de Contas: possibilidades e limites. *In*: SUNDFELD, Carlos Ari. *Contratações públicas e o seu controle*. São Paulo: Malheiros, 2013. p. 194-196.

[243] ZYMLER, Benjamin. *O controle externo das concessões e das parcerias público-privadas*. 2. ed. Belo Horizonte: Fórum, 2008. p. 148.

[244] ROSILHO, André. *Tribunal de Contas da União*: competências, jurisdição e instrumentos de controle. São Paulo: Quartier Latin, 2019. p. 124-127.

[245] DECOMAIN, Pedro Roberto. *Tribunais de Contas no Brasil*. São Paulo: Dialética, 2006. p. 201-204;
ROSILHO, André. *Tribunal de Contas da União*: competências, jurisdição e instrumentos de controle. São Paulo: Quartier Latin, 2019. p. 124-127; KANIA, Cláudio Augusto. *Relevo constitucional dos Tribunais de Contas no Brasil*. Rio de Janeiro: Lumen Juris, 2020. p. 15; JACOBY FERNANDES, Jorge Ulisses. *Coleção Jorge Ulisses Jacoby Fernandes de Direito Público*, v. 3 – Tribunais de Contas no Brasil. 4. ed. Belo Horizonte: Fórum, 2016. p. 53-54; MEDAUAR, Odete. *Controle da administração pública*. 3. ed. São Paulo: RT, 2014. p. 46.

[246] JACOBY FERNANDES, Jorge Ulisses. *Coleção Jorge Ulisses Jacoby Fernandes de Direito Público*, v. 3 – Tribunais de Contas no Brasil. 4. ed. Belo Horizonte: Fórum, 2016. p. 54;

função de controle,[247] o que culmina em um rico conjunto de conceitos. Buscaremos aqui destacar os principais aspectos comuns ou quase unânimes na literatura sobre o tema. Quanto a esse ponto, uma das dificuldades teóricas é se alcançar um mínimo consenso conceitual que permita diferenciar economicidade, eficiência, eficácia e efetividade, a fim de que essas expressões não formem um mero jogo de palavras.

Nesse sentido, consideramos que a economicidade é um parâmetro de controle razoavelmente abstrato, de natureza principiológica, representando um mandamento de otimização da racionalidade econômica na atividade administrativa sob o qual será avaliada a performance ou o desempenho da Administração. Esse ideal de máxima racionalidade econômica é orientado pela chamada relação custo-benefício, aferindo-se o equilíbrio ou a proporcionalidade entre os ônus de determinada atividade e os resultados dela decorrentes.

Quanto aos resultados ou benefícios, considera-se efetividade a qualidade atribuída à atividade que concretamente produziu os resultados projetados e eficácia a medida ou o grau de intensidade com que esses resultados foram atingidos. Entendemos, de outro lado, que ambos os conceitos (eficácia e efetividade), somados aos custos ou ônus, são variáveis que compõem tanto a formação do juízo de economicidade, quanto de eficiência.

A despeito do esforço dos autores e das instituições citadas, não identificamos uma distinção conceitual clara, portanto, entre eficiência e economicidade. A nosso ver, trata-se de distinção terminológica que varia somente em função da perspectiva do observador ou do objeto

---

KANIA, Cláudio Augusto. *Relevo constitucional dos Tribunais de Contas no Brasil*. Rio de Janeiro: Lumen Juris, 2020. p. 18-19; 27; MEDAUAR, Odete. *Controle da administração pública*. 3. ed. São Paulo: RT, 2014. p. 78-80; 140-141; ROSILHO, André. *Tribunal de Contas da União*: competências, jurisdição e instrumentos de controle. São Paulo: Quartier Latin, 2019. p. 124-127; STROPPA, Christianne de Carvalho; MELISSOPOULOS, Artur Giolito. Concessão da Zona Azul: um exemplo prático da importância do controle pelo Tribunal de Contas do Município de São Paulo. *In:* TAFUR, Diego Jacome Valois. Motivos de Rui Barbosa sobre a criação do TCU. *In:* JARDIM, Guilherme Jardim; ISSA, Rafael Hamze (Coord.). *Experiências práticas em concessões e PPP*: estudos em homenagem aos 25 anos da Lei de Concessões. v. II – Execução, controle e exercício de funções públicas por concessionário. São Paulo: Quartier Latin, 2021. p. 98-99; BUGARIN, Paulo Soares. *O princípio constitucional da economicidade na jurisprudência do Tribunal de Contas da União*. 2. ed. Belo Horizonte: Fórum, 2011. p. 98; 103; 106, 111-117.

[247] Nesse sentido, conceitos propostos pela INTOSAI na ISSAI 300 – *Performance Audit Principles*. Disponível em: https://www.intosai.org/. Acesso em: 17 set. 2021. Pelo Instituto Rui Barbosa, em suas Normas de Auditoria. Disponível em: https://irbcontas.org.br/. Acesso em: 17 set. 2021. E pelo próprio TCU, em seu Manual de Auditoria Operacional. Disponível em: https://portal.tcu.gov.br/. Acesso em: 17 set. 2021.

CAPÍTULO 3
AS COMPETÊNCIAS DO TCU: ASPECTOS GERAIS | 93

examinado. Seriam, assim, a eficiência um princípio constitucional que orienta a função administrativa (arts. 37 e 74, II, CF/1988) e a economicidade o parâmetro para se aferir a realização do princípio da eficiência pelo ente controlado (art. 70, CF/1988).

Temos, assim, a legalidade (estrita), a legitimidade (moralidade administrativa) e a economicidade (eficiência) como parâmetros de controle essenciais que compõem o crivo do controle exercido pelo TCU.

Ademais, esses parâmetros devem ser compreendidos sob os contornos atribuídos pela LINDB, com a redação dada pela Lei nº 13.655/2018,[248] conforme observou Giuseppe Giamundo Netto.[249] Nesse aspecto, entre as inovações da LINDB, destacamos a exigência de que as decisões do TCU (i) sejam pautadas por fundamentos concretos e não assentadas sobre valores jurídicos abstratos, demonstrando-se, inclusive, a necessidade e a adequação da medida imposta, confrontada com possíveis alternativas (art. 20, parágrafo único); (ii) considerem explicitamente as consequências jurídicas da medida imposta e seu impacto na atividade administrativa (arts. 20 e 21); e (iii) no exercício da função de controle, deve o TCU considerar as circunstâncias práticas que cercaram a atuação da Administração, especialmente os obstáculos, as dificuldades e as limitações que estes impuseram ao gestor, frente às exigências legais da atividade que estiver a seu encargo (art. 22).[250]

Essas regras trazidas pela LINDB não configuram, a rigor, novos parâmetros de controle, mas, sem sombra de dúvidas, servem – e servem muito bem – ao propósito de densificação do significado dos parâmetros constitucionais da legalidade, economicidade e legitimidade, ao imporem limites ao exercício exclusivamente formalista e irresponsável da função de controle, descompromissado com a persecução do interesse

---

[248] Sobre a o efetivo emprego da LINDB na jurisprudência do TCU: CNI; FGV Direito SP. Relatório de Pesquisa 2021. *Aplicação dos Novos Dispositivos da Lei de Introdução às Normas do Direito Brasileiro (LINDB) pelo Tribunal de Contas da União.* Disponível em: https://sbdp.org.br/wp/wp-content/uploads/2021/09/Relatorio-LINDB-pelo-TCU.pdf. Acesso em: 27 out. 2021.

[249] O autor explora o tema ao tratar das garantias de motivação nas decisões proferidas pelo TCU. GIAMUNDO NETO, Giuseppe. *As garantias no processo no Tribunal de Contas da União.* São Paulo: Thomson Reuters Brasil, 2019. p. 207-216.

[250] Estas diretrizes já orientam a Lei nº 14.133/2020 ("Nova Lei Geral de Licitações e Contratos Administrativos" ou "NLGL"), especialmente em seus artigos 147 e 148, que dispõem sobre as circunstâncias fáticas que devem ser ponderadas pelo Poder Público na deliberação pela interrupção da execução dos contratos administrativos em razão da identificação de vício insanável, bem como a dinâmica para a tomada desse tipo de decisão e suas consequências.

público, alheio aos impactos socioeconômicos concretos e indiferente às agruras vividas pelos gestores públicos.

Do mesmo modo, a regra do art. 170 da Lei nº 14.133/2020 ("Nova Lei Geral de Licitações e Contratos Administrativos" ou "NLGL") serve como uma orientação aos tribunais de contas, se não como parâmetro de controle propriamente dito, ao menos como diretriz para definir as prioridades na atuação dos órgãos de controle.[251]

A partir das competências exercitáveis pela Corte de Contas e seus parâmetros de controle, apontam-se os atos que o TCU pode praticar (ou os chamados "produtos" resultantes do exercício das competências[252]), distinguindo-os a partir dos efeitos jurídicos que produzem. Nesse ponto, é preciso reconhecer que a "fiscalização do Tribunal de Contas é bem ampla no que se refere a seu objeto e parâmetro, mas é muito condicionada quanto a seu produto".[253]

Segundo a concepção adotada nesta pesquisa, é vedado ao TCU praticar "atos de comando" (dotados dos atributos da imperatividade, exigibilidade e executoriedade[254]), a partir de juízos formulados sob os parâmetros da legitimidade e da economicidade.[255] Por conseguinte,

---

[251] BRASIL. Lei nº 14.133/2020. "Art. 170. Os órgãos de controle adotarão, na fiscalização dos atos previstos nesta Lei, critérios de oportunidade, materialidade, relevância e risco e considerarão as razões apresentadas pelos órgãos e entidades responsáveis e os resultados obtidos com a contratação, observado o disposto no §3º do art. 169 desta Lei".

[252] André Rosilho chega a propor uma classificação das competências do TCU diretamente a partir dos seus produtos, dividindo-as entre competência para editar normas, praticar atos sancionatórios, praticar atos de comando, levantar dados e produzir informações, formular orientações gerais e representar. ROSILHO, André. *Tribunal de Contas da União*: competências, jurisdição e instrumentos de controle. São Paulo: Quartier Latin, 2019. p. 120.

[253] SUNDFELD, Carlos Ari; CÂMARA, Jacintho Arruda. Competências de Controle dos Tribunais de Contas: possibilidades e limites. *In*: SUNDFELD, Carlos Ari. *Contratações públicas e o seu controle*. São Paulo: Malheiros, 2013. p. 182.

[254] Imperatividade seria o caráter cogente do ato, impondo-se unilateralmente obrigações a terceiros, independentemente de sua concordância. Já a exigibilidade é a qualidade do ato que confere ao Estado o poder de demandar que o destinatário da obrigação imposta a cumpra, podendo o Estado valer-se, por exemplo, da aplicação de sanções. Por fim, a executoriedade seria o poder que habilitaria o ente estatal a "compelir materialmente" o destinatário do ato a cumprir a obrigação constituída. Embora tais conceitos tenham sido pensados como atributos dos atos administrativos, ligados, portanto, à função administrativa, parece-nos que podem ser utilizados, *mutatis mutandis*, também na compreensão da função de controle. BANDEIRA DE MELLO, Celso Antônio. *Curso de direito administrativo*. 33. ed. São Paulo: Malheiros, 2015. p. 431.

[255] SUNDFELD, Carlos Ari; CÂMARA, Jacintho Arruda. Competências de controle dos Tribunais de Contas: possibilidades e limites. *In*: SUNDFELD, Carlos Ari. *Contratações públicas e o seu controle*. São Paulo: Malheiros, 2013. p. 182-184; ROSILHO, André. *Tribunal de Contas da União*: competências, jurisdição e instrumentos de controle. São Paulo: Quartier Latin, 2019. p. 167-180; SALLES, Alexandre Aroeira; FUNGHI, Luís Henrique

somente o parâmetro da legalidade poderia justificar, por exemplo, a aplicação de sanções, a exigência de correção de irregularidades ou a sustação de atos (art. 71, VIII, IX, X, CF/1988).[256]

Essa compreensão é um desdobramento inevitável dos direitos fundamentais elencados no art. 5º, que asseguram os princípios do devido processo legal, da legalidade, da anterioridade e da tipicidade da norma punitiva, os quais se espraiam por todas as esferas do *jus puniendi* estatal (art. 5º, II, XXXVII, XXXIX, XL, LIV, §2º, CF/1988). Sob um regime constitucional, dito democrático e de direito, parece-nos inadmissível abrir mão desses valores, mesmo a pretexto de se estimular melhorias na qualidade da gestão pública. Nas palavras de Luís Roberto Barroso, "o arbítrio não é legítimo, mesmo quando exercido sob o manto da moralidade".[257]

Lembremos, todavia, que nada impede – em verdade, é louvável que o faça – que o TCU, exercendo suas competências sob os parâmetros da legitimidade e da economicidade, especialmente na chamada fiscalização operacional por meio das auditorias e inspeções, expeça recomendações, orientações ou diretrizes para o aprimoramento da atividade administrativa, desde que esses atos não se revistam de qualquer caráter cogente, menos ainda sob a ameaça de aplicação de sanções.[258]

Isso posto, é preciso reconhecer com ainda mais força que o TCU não tem poderes constitutivos ou desconstitutivos, isto é, não anula, invalida tampouco substitui os atos ou contratos produzidos pela Administração.[259]

Baeta. Substituição do regulador pelo controlador? A fiscalização do Tribunal de Contas da União nos contratos de concessão rodoviária. *In*: SUNDFELD, Carlos Ari; ROSILHO, André (Org.). *Tribunal de Contas da União no direito e na realidade*. São Paulo: Almedina, 2020. p. 296.

[256] Mesmo a representação e a recomendação de sustação de contrato ao Congresso Nacional (art. 71, XI, §1º, CF/1988) somente teriam lugar se constatada violação à legalidade estrita, uma vez que, embora não se configurem como atos de comando, têm o potencial de desencadear a prática de atos dessa natureza em outras instituições.

[257] BARROSO, Luís Roberto. Tribunais de Contas: Algumas competências controvertidas. *In*: BARROSO, Luís Roberto. *Temas de direito constitucional*. 2. ed. t. I. Rio de Janeiro: Renovar, 2006. p. 237.

[258] SUNDFELD, Carlos Ari; CÂMARA, Jacintho Arruda. Competências de controle dos Tribunais de Contas: possibilidades e limites. *In*: SUNDFELD, Carlos Ari. *Contratações públicas e o seu controle*. São Paulo: Malheiros, 2013. p. 188; ROSILHO, André. *Tribunal de Contas da União*: competências, jurisdição e instrumentos de controle. São Paulo: Quartier Latin, 2019. p. 316-317.

[259] SUNDFELD, Carlos Ari; CÂMARA, Jacintho Arruda. Competências de controle dos Tribunais de Contas: possibilidades e limites. *In*: SUNDFELD, Carlos Ari. *Contratações públicas e o seu controle*. São Paulo: Malheiros, 2013. p. 195; BARROSO, Luís Roberto.

São valiosas as observações de Marçal Justen Filho, quando alerta que a discordância da Administração, diante de uma decisão do TCU, não pode ser confundida com o descumprimento de uma ordem judicial. Essa situação caracterizaria, a rigor, um conflito entre exercentes da função pública, solucionável pelo Congresso Nacional em determinados casos e pelo Poder Judiciário, não havendo que se falar em autoexecutoriedade das decisões da Corte de Contas,[260] conforme sustentamos no capítulo anterior.

Do que expusemos até aqui, verificamos a existência de um desenho institucional estabelecido na Constituição Federal que aponta para razoáveis limitações à prática de atos de comando por parte dos tribunais de contas – trata-se, portanto, de regras de preferência que delineiam a prevalência ou não (e com que intensidade) das opções do Administrador ou das decisões do controlador.

3.2 As competências do TCU e o momento do seu exercício

Por fim, outro aspecto geral a respeito das competências do TCU – de especial importância para a compreensão dos seus poderes acautelatórios – diz respeito ao momento em que estas devem ser exercidas. Na doutrina, costuma-se classificar o controle tomando-se como critério o momento do seu exercício, resultando nas seguintes categorias: (i) *controle prévio* (*a priori* ou *preventivo*), exercido antes do aperfeiçoamento do ato controlado, como condição para que este possa produzir efeitos; (ii) *controle concomitante* (*sucessivo* ou *simultâneo*), exercido sobre atos sucessivos, cuja eficácia é protraída no tempo; e (iii) *controle posterior* (subsequente, *corretivo* ou *a posteriori*), exercido sobre atos já aperfeiçoados, com plena eficácia.[261]

Tribunais de Contas: Algumas competências controvertidas. *In*: BARROSO, Luís Roberto. *Temas de direito constitucional*. 2. ed. t. I. Rio de Janeiro: Renovar, 2006. p. 237.

[260] JUSTEN FILHO, Marçal. *Comentários à Lei de Licitações e Contratos Administrativos*. 18. ed. São Paulo: Thomson Reuters Brasil, 2019. p. 1.598.

[261] MEIRELLES, Hely Lopes. *Direto administrativo brasileiro*. 44. ed. São Paulo: Malheiros, 2020. p. 678; MENDES, Gilmar Ferreira; BRANCO, Paulo Gustavo Gonet. *Curso de direito constitucional*. 15. ed. São Paulo: Saraiva Educação, 2020. p. 2301 (Kindle); MARQUES NETO, Floriano de Azevedo. Os grandes desafios do controle da Administração Pública. *In*: MODESTO, Paulo (Coord.). *Nova organização administrativa brasileira*. 2. ed. Belo Horizonte: Fórum, 2010. p. 213; GUERRA, Evandro Martins *apud* SCAPIN, Romano. *A expedição de provimentos provisórios pelos Tribunais de Contas*: das "medidas cautelares" à técnica antecipatória no controle externo brasileiro. Belo Horizonte: Fórum, 2019. p. 198-199.

CAPÍTULO 3
AS COMPETÊNCIAS DO TCU: ASPECTOS GERAIS

Sobre essa classificação, a doutrina nacional geralmente faz referências às diretrizes e aos princípios gerais editados pela INTOSAI, chamando atenção para um ou outro modelo de controle (quanto ao momento).[262]

Nesse aspecto, destacamos as diretrizes da Declaração de Lima, publicada originariamente pela INTOSAI em 1977. No documento, embora reconheça a indispensabilidade dos mecanismos de controle prévio, a INTOSAI aponta que esse modelo não necessariamente precisa ser exercido por uma EFS, podendo ser desempenhado por outras instituições. Demais disso, apesar de admitir que o controle prévio pode evitar danos ao erário, a INTOSAI reconhece também as desvantagens que podem ser ocasionadas por esse modelo, uma vez que tende a sobrecarregar a EFS e, ao mesmo tempo, ensejar certa confusão de responsabilidades entre controlador e controlado, apagando a fronteira entre as funções controladora e administrativa. Como consequência, as diretrizes da Declaração de Lima apontam que o controle prévio pode ou não ser incumbido às EFSs conforme as peculiaridades de cada país, mas que o controle posterior é imprescindível à plena efetividade da função de controle encarregada a essas instituições.[263]

---

[262] Romano Scapin, por exemplo, destaca as referências ao controle prévio na Declaração de Lima, enquanto André Rosilho, tratando do mesmo documento, ressalta que o controle *a posteriori* configuraria o "núcleo duro" da função de controle, sendo o controle prévio facultativo. Pedro Humberto Teixeira Barretto, por seu turno, lista os principais Congressos realizados pela INTOSAI, indicando quais deles resultaram em recomendações a respeito do controle prévio. SCAPIN, Romano. *A expedição de provimentos provisórios pelos Tribunais de Contas*: das "medidas cautelares" à técnica antecipatória no controle externo brasileiro. Belo Horizonte: Fórum, 2019. p. 199; ROSILHO, André. *Tribunal de Contas da União*: competências, jurisdição e instrumentos de controle. São Paulo: Quartier Latin, 2019. p. 76-78; BARRETTO, Pedro Humberto Teixeira. *O sistema Tribunais de Contas e instituições equivalentes*: um estudo comparativo entre o modelo brasileiro e o da União Europeia. Salvador: Renovar, 2004. p. 81-84.

[263] "Section 2. Pre-audit and post-audit: 1) Pre-audit represents a before the fact type of review of administrative or financial activities; post-audit is audit after the fact. 2) Effective pre-audit is indispensable for the sound management of public funds entrusted to the state. It may be carried out by a Supreme Audit Institution or by other audit institutions. 3) Pre-audit by a Supreme Audit Institution has the advantage of being able to prevent damage before it occurs, but has the disadvantage of creating an excessive amount of work and of blurring responsibilities under public law. Post-audit by a Supreme Audit Institution highlights the responsibility of those accountable; it may lead to compensation for the damage caused and may prevent breaches from recurring. 4) The legal situation and the conditions and requirements of each country determine whether a Supreme Audit Institution carries out pre-audit. Postaudit is an indispensable task of every Supreme Audit Institution regardless of whether or not it also carries out pre-audits. Tradução: "Seção 2. Controle prévio e controle posterior: 1) O controle prévio se dá antes da consumação do ato administrativo ou financeiro, sujeito a revisão; controle posterior se dá após. 2) Um controle prévio eficaz é indispensável para a boa gestão dos recursos públicos. Pode ser

Romano Scapin critica essa classificação. Além de indicar certa fragilidade científica, uma vez que a categoria de controle (prévio, concomitante ou posterior) pode variar em função do objeto tomado como referência (publicação do ato, produção de efeitos do ato, liquidação da despesa etc.), o autor propõe uma distinção terminológica entre *controle prévio* e *controle preventivo*, partindo da premissa de que teriam finalidades distintas. O primeiro se daria apenas em função do momento da medida adotada, enquanto o segundo se caracteriza pela finalidade perseguida, qual seja, a prevenção ou a mitigação do dano, podendo, no entanto, ser exercido antes ou depois da prática do ato controlado.[264]

Embora pertinentes, não nos parecem que tais observações sejam suficientes para infirmar a utilidade da classificação do controle quanto ao momento do seu exercício, especialmente porque tal classificação possibilita uma compreensão dos distintos modelos adotados ao longo do tempo e nos distintos países, como veremos a seguir.

De resto, ainda que o *controle* com finalidade *preventiva* possa ser exercido após a prática do ato controlado, *é* inegável que o *controle prévio é* motivado por esse propósito acautelatório. Nem todo controle preventivo *é* exercido previamente *à* prática do ato controlado, mas todo controle prévio tem caráter preventivo[265] – seja em função de uma opção legislativa (a exemplo da antiga obrigação de registro prévio de

---

realizado por uma Entidade Fiscalizadora Superior ou por outras instituições de controle. 3) O controle prévio exercido por uma Entidade Fiscalizadora Superior tem a vantagem de ser capaz de evitar danos antes que ocorram, mas tem a desvantagem de criar uma quantidade excessiva de trabalho e de confundir as responsabilidades entre controlador e controlado. O controle posterior por uma Entidade Fiscalizadora Superior destaca a responsabilidade dos agentes controlados; pode levar a uma compensação pelos danos causados e pode impedir a recorrência de violações. 4) O regime jurídico, as condições e requisitos de cada país determinam se uma Entidade Fiscalizadora Superior deve realizar o controle prévio. O controle posterior é uma tarefa indispensável de toda Entidade Fiscalizadora Superior, independentemente de ela também realizar ou não controle prévio". Disponível em: https://www.intosai.org/fileadmin/downloads/documents/open_access/INT_P_1_u_P_10/INTOSAI_P_1_en_2019.pdf. Acesso em: 20 set. 2021.

[264] SCAPIN, Romano. *A expedição de provimentos provisórios pelos Tribunais de Contas*: das "medidas cautelares" à técnica antecipatória no controle externo brasileiro. Belo Horizonte: Fórum, 2019. p. 199-200.

[265] Para ilustrar a afirmação, confira-se a exposição de motivos do Decreto nº 966-A, que instituiu o Tribunal de Contas no Brasil, sob o modelo do controle prévio. Nos argumentos postos por Rui Barbosa, fica inequívoca a finalidade preventiva daquele modelo – tanto no Brasil, quanto no exterior, especialmente nos regimes dos países tomados como referência (Bélgica e Itália). BARBOSA, Rui. Exposição de motivos de Rui Barbosa sobre a criação do TCU. *Revista do Tribunal de Contas da União*, n. 82, 1999. Disponível em: https://revista.tcu.gov.br/ojs/index.php/RTCU/article/view/1113. Acesso em: 13 set. 2021.

CAPÍTULO 3
AS COMPETÊNCIAS DO TCU: ASPECTOS GERAIS | 99

atos ou contratos), seja em função da apreciação casuística por parte do Tribunal de Contas (a exemplo das medidas cautelares, amparadas no *periculum in mora* e no *fumus boni iuris*).

No direito comparado, o modelo de controle prévio, com algumas variações, teve, originariamente, papel preponderante nos regimes belga[266] e italiano,[267] sendo encontrado também em Portugal e na Grécia.[268] De outro lado, a França é o país mais frequentemente referenciado como modelo de regime de controle *a posteriori*.[269]

Atualmente, o controle prévio é excepcional e minoritário entre os países da União Europeia.[270] Mesmo entre os países que tradicionalmente o adotaram, tem sofrido significativas mitigações, a exemplo do ocorrido na Itália, sobretudo a partir de reformas realizadas em 1994,[271] e em Portugal, onde essa modalidade de controle tem sido reduzida anualmente.[272]

---

[266] Naquele modelo, caso o Tribunal de Contas recuse o visto prévio, o Ministro responsável pelo ato ou despesa pode solicitar ao Conselho de Ministros a autorização com reserva, submetendo-se a eventual responsabilização política *a posteriori*. GIAMUNDO NETO, Giuseppe. *As garantias no processo no Tribunal de Contas da União*. São Paulo: Thomson Reuters Brasil, 2019. p. 35-36; JACOBY FERNANDES, Jorge Ulisses. *Coleção Jorge Ulisses Jacoby Fernandes de Direito Público*, v. 3 – Tribunais de Contas no Brasil. 4. ed. Belo Horizonte: Fórum, 2016. p. 161.

[267] Na Itália, o controle prévio era geral e com poder de veto absoluto. GIAMUNDO NETO, Giuseppe. *As garantias no processo no Tribunal de Contas da União*. São Paulo: Thomson Reuters Brasil, 2019. p. 35-36; MEDAUAR, Odete. *Controle da administração pública*. 3. ed. São Paulo: RT, 2014. p. 126-129; COSTA, Luiz Bernardo Dias. *Tribunal de Contas*: evolução e principais atribuições no Estado Democrático de Direito. Belo Horizonte: Fórum, 2006. p. 30-31.

[268] BARRETTO, Pedro Humberto Teixeira. *O sistema Tribunais de Contas e instituições equivalentes*: um estudo comparativo entre o modelo brasileiro e o da União Europeia. Salvador: Renovar, 2004. p. 100-102.

[269] GIAMUNDO NETO, Giuseppe. *As garantias no processo no Tribunal de Contas da União*. São Paulo: Thomson Reuters Brasil, 2019. p. 38; COSTA, Luiz Bernardo Dias. *Tribunal de Contas*: evolução e principais atribuições no Estado Democrático de Direito. Belo Horizonte: Fórum, 2006. p. 30-31.

[270] JACOBY FERNANDES, Jorge Ulisses. *Coleção Jorge Ulisses Jacoby Fernandes de Direito Público*, v. 3 – Tribunais de Contas no Brasil. 4. ed. Belo Horizonte: Fórum, 2016. p. 156-157; GIAMUNDO NETO, Giuseppe. *As garantias no processo no Tribunal de Contas da União*. São Paulo: Thomson Reuters Brasil, 2019. p. 36-37; BARRETTO, Pedro Humberto Teixeira. *O sistema Tribunais de Contas e instituições equivalentes*: um estudo comparativo entre o modelo brasileiro e o da União Europeia. Salvador: Renovar, 2004. p. 100-102.

[271] BARRETTO, Pedro Humberto Teixeira. *O sistema Tribunais de Contas e instituições equivalentes*: um estudo comparativo entre o modelo brasileiro e o da União Europeia. Salvador: Renovar, 2004. p. 102; MEDAUAR, Odete. *Controle da administração pública*. 3. ed. São Paulo: RT, 2014. p. 126-129; GIAMUNDO NETO, Giuseppe. *As garantias no processo no Tribunal de Contas da União*. São Paulo: Thomson Reuters Brasil, 2019. p. 36-37.

[272] BARRETTO, Pedro Humberto Teixeira. *O sistema Tribunais de Contas e instituições equivalentes*: um estudo comparativo entre o modelo brasileiro e o da União Europeia. Salvador: Renovar, 2004. p. 194.

No Brasil, o modelo inicialmente concebido por Rui Barbosa, inspirado nos regimes belga e italiano, preconizava a adoção do controle prévio.[273] Na prática, no entanto, observa Pedro Roberto Decomain, nem mesmo sob o regime da Constituição de 1891 o modelo italiano de controle prévio que inspirou Rui Barbosa foi integralmente implementado no Brasil.[274]

Às exceções do intervalo entre 1930 e a promulgação da Constituição de 1934 e do regime estabelecido pela Constituição de 1937, que, sob o Estado Novo, impôs reduções às competências do TCU, com preferência pelo controle posterior, podemos dizer que o modelo de controle prévio concebido em 1891 seguiu influenciando os regimes constitucionais subsequentes, sendo alçado, inclusive, ao *status* de norma constitucional na Constituição de 1934.[275]

O momento de ruptura com esse modelo ocorreu com a Constituição de 1967 e a Emenda Constitucional nº 1/1969, quando abandonado o mecanismo do registro prévio. Sua supressão foi compensada pela instituição das inspeções e auditorias, acrescida da competência para indicar prazo à Administração para corrigir eventual irregularidade, seguida da possibilidade de sustar o ato não saneado.[276]

---

[273] GIAMUNDO NETO, Giuseppe. *As garantias no processo no Tribunal de Contas da União*. São Paulo: Thomson Reuters Brasil, 2019. p. 38; COSTA, Luiz Bernardo Dias. *Tribunal de Contas*: evolução e principais atribuições no Estado Democrático de Direito. Belo Horizonte: Fórum, 2006. p. 35-36, 41-45; BUGARIN, Paulo Soares. *O princípio constitucional da economicidade na jurisprudência do Tribunal de Contas da União*. 2. ed. Belo Horizonte: Fórum, 2011. p. 55-57; DAL POZZO, Gabriela Tomaselli Bresser Pereira. *As funções do Tribunal de Contas e o Estado de Direito*. Belo Horizonte: Fórum, 2010. p. 81-83; ROSILHO, André. *Tribunal de Contas da União*: competências, jurisdição e instrumentos de controle. São Paulo: Quartier Latin, 2019. p. 238-244; JORDÃO, Eduardo. A intervenção do Tribunal de Contas da União sobre Editais de licitação não publicados: controlador ou administrador? *In*: SUNDFELD, Carlos Ari; ROSILHO, André (Org.). *Tribunal de Contas da União no direito e na realidade*. São Paulo: Almedina, 2020. p. 345-348; ZYMLER, Benjamin. *O controle externo das concessões e das parcerias público-privadas*. 2. ed. Belo Horizonte: Fórum, 2008. p. 133.

[274] DECOMAIN, Pedro Roberto. *Tribunais de Contas no Brasil*. São Paulo: Dialética, 2006. p. 19.

[275] ZYMLER, Benjamin. *O controle externo das concessões e das parcerias público-privadas*. 2. ed. Belo Horizonte: Fórum, 2008. p. 134; NETO, Giuseppe Giamundo. *As garantias no processo no Tribunal de Contas da União*. São Paulo: Thomson Reuters Brasil, 2019. p. 35-52; COSTA, Luiz Bernardo Dias. *Tribunal de Contas*: evolução e principais atribuições no Estado Democrático de Direito. Belo Horizonte: Fórum, 2006. p. 24-25; DAL POZZO, Gabriela Tomaselli Bresser Pereira. *As funções do Tribunal de Contas e o Estado de Direito*. Belo Horizonte: Fórum, 2010. p. 87-88; DECOMAIN, Pedro Roberto. *Tribunais de Contas no Brasil*. São Paulo: Dialética, 2006. p. 201-204; ROSILHO, André. *Tribunal de Contas da União*: competências, jurisdição e instrumentos de controle. São Paulo: Quartier Latin, 2019. p. 136-137.

[276] SUNDFELD, Carlos Ari; CÂMARA, Jacintho Arruda. Competências de controle dos Tribunais de Contas: possibilidades e limites. *In*: SUNDFELD, Carlos Ari. *Contratações*

CAPÍTULO 3
AS COMPETÊNCIAS DO TCU: ASPECTOS GERAIS | 101

Segundo a doutrina, essa mudança se deu principalmente em razão do crescimento significativo das atividades do Estado, com o aumento exponencial do volume de atos e de contratos celebrados pela Administração, sujeitos à fiscalização do TCU. Desde então, passou a prevalecer no Brasil o regramento geral do controle posterior, por meio de instrumentos corretivos e repressivos, o que teria sido mantido no regime estabelecido pela Constituição de 1988.[277]

Analisando o rol de competências do art. 71, Odete Medauar sustenta que todas elas caracterizam controle *a posteriori*, à exceção das inspeções e auditorias (art. 71, IV), que caracterizariam o *controle concomitante*;[278] em sentido semelhante, Hely Lopes Meirelles afirma que o TCU não deve exercer controle prévio (salvo no controle da gestão fiscal), ressalvando as inspeções e auditorias *in loco*, que poderiam ser realizadas a qualquer tempo.[279] Benjamin Zymler, por seu turno, embora reconheça o abandono do modelo geral do controle prévio, sustenta que ele ainda é utilizado esporadicamente, em especial nos processos de desestatização (privatizações e concessões de serviços públicos) cuja singularidade e relevância justifiquem a adoção dessa modalidade de controle.[280]

---

públicas e o seu controle. São Paulo: Malheiros, 2013. p. 193-195; ROSILHO, André. *Tribunal de Contas da União*: competências, jurisdição e instrumentos de controle. São Paulo: Quartier Latin, 2019. p. 76-78; COSTA, Luiz Bernardo Dias. *Tribunal de Contas*: evolução e principais atribuições no Estado Democrático de Direito. Belo Horizonte: Fórum, 2006. p. 24-25; BUGARIN, Paulo Soares. *O princípio constitucional da economicidade na jurisprudência do Tribunal de Contas da União*. 2. ed. Belo Horizonte: Fórum, 2011. p. 49-50; DECOMAIN, Pedro Roberto. *Tribunais de Contas no Brasil*. São Paulo: Dialética, 2006. p. 136-137; ZYMLER, Benjamin. *O controle externo das concessões e das parcerias público-privadas*. 2. ed. Belo Horizonte: Fórum, 2008. p. 134; DAL POZZO, Gabriela Tomaselli Bresser Pereira. *As funções do Tribunal de Contas e o Estado de Direito*. Belo Horizonte: Fórum, 2010. p. 90-91; GIAMUNDO NETO, Giuseppe. *As garantias no processo no Tribunal de Contas da União*. São Paulo: Thomson Reuters Brasil, 2019. p. 53-54.

[277] SUNDFELD, Carlos Ari; CÂMARA, Jacintho Arruda. Competências de controle dos Tribunais de Contas: possibilidades e limites. *In*: SUNDFELD, Carlos Ari. *Contratações públicas e o seu controle*. São Paulo: Malheiros, 2013. p. 192-193; ROSILHO, André. *Tribunal de Contas da União*: competências, jurisdição e instrumentos de controle. São Paulo: Quartier Latin, 2019. p. 76-78; 238-244; JORDÃO, Eduardo. A intervenção do Tribunal de Contas da União sobre editais de licitação não publicados: controlador ou administrador? *In*: SUNDFELD, Carlos Ari; ROSILHO, André (Org.). *Tribunal de Contas da União no direito e na realidade*. São Paulo: Almedina, 2020. p. 345-348.

[278] MEDAUAR, Odete. *Controle da administração pública*. 3. ed. São Paulo: RT. p. 143-150, 2014.

[279] MEIRELLES, Hely Lopes. *Direto administrativo brasileiro*. 44. ed. São Paulo: Malheiros, 2020. p. 713.

[280] ZYMLER, Benjamin. *O controle externo das concessões e das parcerias público-privadas*. 2. ed. Belo Horizonte: Fórum, 2008. p. 120-121.

Em sentido diverso, Luiz Bernardo Dias Costa defende que a CF/1988 ampliou sensivelmente as competências do TCU, admitindo-se plenamente o exercício do controle prévio a critério discricionário do TCU, da Câmara dos Deputados ou do Senado Federal,[281] especialmente por meio das auditorias e inspeções. No entanto, a posição do autor, a nosso ver, revela mais o problema conceitual da classificação do controle quanto ao momento, levantado por Romano Scapin, do que propriamente uma compreensão distinta relativa ao regramento geral das competências do TCU no texto constitucional.

Sobre a matéria, o Supremo Tribunal Federal já teve a oportunidade de se manifestar, no julgamento na Ação Declaratória de Inconstitucionalidade n° 916,[282] relatada inicialmente pelo Min. Moreira Alves e, posteriormente, pelo Min. Joaquim Barbosa. Naquele caso, discutia-se a constitucionalidade de regra que impunha o registro prévio de contratos administrativos junto ao Tribunal de Contas. A Corte reconheceu a inconstitucionalidade da norma, merecendo destaque o posicionamento do Min. Moreira Alves ao apreciar a medida liminar – posicionamento integral e unanimemente referendado pelo Plenário:

> Afigura-se-me relevante a alegação de que, embora tenha a atual Constituição ampliado as atribuições dos Tribunais de Contas quanto ao controle externo [...], não lhes outorgou o controle prévio sobre os contratos da Administração direta ou indireta, razão por que não pode a legislação infraconstitucional lhe conferir essa competência que é estritamente fixada na Constituição Federal, em face do princípio da Separação dos Poderes. Nessa linha sustenta Hely Lopes Meirelles (Direito Administrativo Brasileiro, 15ª edição, atualizada pela Constituição de 1988, pág. 600, Revista dos Tribunais, São Paulo, 1990), invocado na inicial: "Toda atuação dos Tribunais de Contas deve ser *a posteriori*, não tendo apoio constitucional qualquer controle prévio sobre atos ou contratos da Administração direta ou indireta, nem sobre a conduta de particulares que tenham gestão de bens ou valores públicos, salvo as inspeções e auditorias *in loco*, que podem ser realizadas a qualquer tempo".

Reconhece-se, portanto, que a regra geral estabelecida na CF/1888 é o modelo do controle *a posteriori*. O controle prévio é admitido

---

[281] COSTA, Luiz Bernardo Dias. *Tribunal de Contas*: evolução e principais atribuições no Estado Democrático de Direito. Belo Horizonte: Fórum, 2006. p. 24-25.

[282] BRASIL. *Supremo Tribunal Federal*. ADI 916, Rel. Min. Joaquim Barbosa, Tribunal Pleno, j. 02-02-2009, DJ 06-03-2009.

somente em hipóteses excepcionais expressamente previstas.[283] No mesmo sentido é a doutrina de Pedro Roberto Decomain, que reconhece, todavia, a ausência de um padrão muito claro quanto ao momento do controle no âmbito das inspeções e auditorias. Entre as exceções à regra geral, o autor cita o art. 113, §2º, da Lei nº 8.666/1993, que contempla a exigência, pelo Tribunal de Contas junto à Administração, do compartilhamento de edital de licitação já publicado, para exame do órgão controlador – tratar-se-ia de controle *concomitante* em relação ao procedimento licitatório e *prévio* à conclusão do certame, já que essa solicitação pode ser feita até o dia útil imediatamente anterior à data de entrega das propostas pelos licitantes.[284]

Sob esse prisma, sendo definido no texto constitucional um modelo que rechaça o controle *a priori* como regra geral, parece-nos evidente que o dispositivo do art. 169 da NLGL[285] deve ser interpretado em conformidade à Constituição, reconhecendo-se, quanto aos tribunais de contas, as limitações constitucionais ao controle preventivo e sua restrição a hipóteses excepcionais, especificadas na legislação.

Sobre o tema, vale a menção à doutrina de Marçal Justen Filho, que, tratando do art. 169, destacou a concepção dinâmica e articulada do controle na NLGL, nas quais as linhas de defesa elencadas em seus incisos revelam o percurso do controle interno ao controle externo, cabendo prioritariamente às duas primeiras (servidores e empregados públicos, agentes de licitação e autoridades que atuam na estrutura de governança do órgão ou entidade, unidades de assessoramento

---

[283] BARROSO, Luís Roberto. *Temas de direito constitucional*. 2. ed. t. I. Rio de Janeiro: Renovar, 2006. p. 235.

[284] DECOMAIN, Pedro Roberto. *Tribunais de Contas no Brasil*. São Paulo: Dialética, 2006. p. 112; 178-187.

[285] BRASIL. Lei nº 14.133/2020. "Art. 169. As contratações públicas deverão submeter-se a práticas contínuas e permanentes de gestão de riscos e de controle preventivo, inclusive mediante adoção de recursos de tecnologia da informação, e, além de estar subordinadas ao controle social, sujeitar-se-ão às seguintes linhas de defesa: I – primeira linha de defesa, integrada por servidores e empregados públicos, agentes de licitação e autoridades que atuam na estrutura de governança do órgão ou entidade; II – segunda linha de defesa, integrada pelas unidades de assessoramento jurídico e de controle interno do próprio órgão ou entidade; III – terceira linha de defesa, integrada pelo órgão central de controle interno da Administração e pelo tribunal de contas. [...] §3º Os integrantes das linhas de defesa a que se referem os incisos I, II e III do *caput* deste artigo observarão o seguinte: I – quando constatarem simples impropriedade formal, adotarão medidas para o seu saneamento e para a mitigação de riscos de sua nova ocorrência, preferencialmente com o aperfeiçoamento dos controles preventivos e com a capacitação dos agentes públicos responsáveis; [...]".

jurídico e de controle interno do próprio órgão ou entidade) a missão de identificar antecipadamente e prevenir eventuais irregularidades.[286]

A respeito do regramento referente ao momento do exercício do controle, sobretudo por meio de atos de comando, é importante observar, à parte de qualquer juízo de valor ou preferência por qualquer um dos modelos descritos, que quanto mais cedo for exercitável o controle, menor será o prestígio conferido pelo sistema jurídico aos atos praticados pela Administração, especialmente pelo enfraquecimento dos atributos das presunções de legitimidade (legalidade) e veracidade dos atos administrativos.

A doutrina nacional leciona que, pela presunção de legitimidade, os atos administrativos são reputados "verdadeiros e conformes ao Direito",[287] enquanto a presunção de veracidade toma como premissa a correspondência dos fatos veiculados no ato administrativo à realidade. Trata-se de presunções *juris tantum* que podem ser revertidas somente se houver prova em sentido contrário – produzida pela parte a quem interessa infirmar o ato.[288] Nesses termos, um modelo amplo e irrestrito de controle prévio implicaria a destruição, ao menos no plano normativo, desses atributos dos atos administrativos perante o órgão de controle.

E nesse aspecto há que se considerar, conforme lembra Hely Lopes Meirelles, que os atributos dos atos administrativos referidos decorrem de um imperativo de celeridade e de segurança nas atividades do Poder Público, mais especificamente no exercício da função administrativa, que poderia restar absolutamente paralisada com o esvaziamento desses atributos.[289]

Os modelos de controle quanto ao momento, portanto, antes até de serem valorados como bons ou ruins, eficientes ou não, devem ser enxergados por aquilo que eles representam no plano normativo. Essa constatação é fundamental para compreendermos que o modelo adotado na Constituição Federal de 1988 revela uma opção de desenho

---

[286] JUSTEN FILHO, Marçal. *Comentários à Lei de Licitações e Contratos Administrativos*. São Paulo: RT, 2021. p. 1.688-1.689.

[287] BANDEIRA DE MELLO, Celso Antônio. *Curso de direito administrativo*. 33. ed. São Paulo: Malheiros, 2015. p. 431.

[288] MEIRELLES, Hely Lopes. *Direto administrativo brasileiro*. 44. ed. São Paulo: Malheiros, 2020. p. 161; BANDEIRA DE MELLO, Celso Antônio. *Curso de direito administrativo*. 33. ed. São Paulo: Malheiros, 2015. p. 431.

[289] MEIRELLES, Hely Lopes. *Direto administrativo brasileiro*. 44. ed. São Paulo: Malheiros, 2020. p. 161.

institucional feita pelo constituinte que, a despeito de ter proporcionado uma notável ampliação nas competências do TCU, especialmente quanto ao objeto e aos parâmetros de controle, foi relativamente conservador quanto ao nível de interferência da Corte a respeito da Administração por meio de atos de comando e ao momento de seu exercício.

Em outras palavras, a partir do texto da CF/1988, consideramos que o constituinte fez uma "pré-ponderação" e optou por um modelo (o modelo de controle posterior) em detrimento de outro (o controle prévio). Isso não impede que sejam discutidas as desvantagens do modelo adotado ou que este seja até mesmo revisto ou substituído via emenda constitucional. Mas, fato é que, pela força normativa do texto da Constituição, impõe-se que essa preferência seja respeitada, sobretudo pelos Tribunais de Contas e pelo Poder Judiciário.

Esse é o alerta feito por Floriano de Azevedo Marques Neto, para quem o controle prévio não pode ser instrumento de uma cogestão entre controlador e controlado, observando que não existe uma correlação necessária ou apriorística entre ampliação dos poderes do controlador e maior realização do princípio da eficiência na Administração Pública, uma vez que "(i) a multiplicidade de controles pode levar à ineficiência do próprio controle; (ii) os procedimentos de controle têm custos; e (iii) o controle pelo controle pode levar a um "déficit de responsividade".[290]

Benjamin Zymler, por fim, sintetiza:

> Não é raro ler que o controle prévio é o ideal, por ser capaz de evitar o acontecimento de falhar e de minimizar eventuais danos. Entretanto, tais assertivas devem ser vistas com reservas. Do ponto de vista ontológico, a atividade controladora pressupõe o exame de algo que já foi feito. Controla-se, na verdade, determinada ação já realizada e que, em tese, deveria ter ocorrido em conformidade com determinado padrão estabelecido pelo direito positivo. Ao desviar-se do que as normas estabelecem como parâmetros, surge o erro e, por via de consequência, o controle. Vê-se, destarte, que o controle pressupõe o erro, que nada mais é senão a desconformidade de determinada conduta em relação a um padrão legalmente estabelecido.
>
> Sob essa perspectiva o controle prévio tende a se desnaturar, pois o controlador sente-se tentado a substituir o administrador, afrontando qualquer modelo de administração. Consequentemente, os órgãos de controle, mesmo dispondo de um robusto arcabouço jurídico, não

---

[290] MARQUES NETO, Floriano de Azevedo. Os grandes desafios do controle da Administração Pública. *In:* MODESTO, Paulo (Coord.). *Nova organização administrativa brasileira.* 2. ed. Belo Horizonte: Fórum, 2010. p. 208-209; 213.

devem pautar suas ações, a não ser em situações excepcionais, pelo controle prévio, sob pena de inibir, de tolher o administrador público. Com efeito, a legislação que rege a atuação desses órgãos não visa possibilitar a substituição anteriormente citada, mas sim viabilizar o acompanhamento das atividades dos gestores públicos e a adoção das medidas cabíveis e necessárias para assegurar a correta aplicação dos recursos públicos, no que concerne à legitimidade, à legalidade e à economicidade.[291]

---

[291] ZYMLER, Benjamin. *O controle externo das concessões e das parcerias público-privadas.* 2. ed. Belo Horizonte: Fórum, 2008. p. 121-122.

CAPÍTULO 4

COMPETÊNCIAS CAUTELARES DO TCU

Antes de serem examinadas as peculiaridades relativas às competências acautelatórias do TCU e as hipóteses nas quais se admite seu exercício, é preciso assentar o conceito de que se cuida.

Neste trabalho, tomaremos como sinônimos os adjetivos "cautelares", "acautelatórios", "provisionais", "precaucionais", "preventivas", "prudenciais" ou "de urgência" na qualificação do tipo de competência sob análise.[292] Igualmente, não adotaremos o purismo terminológico, comum na doutrina processualista, a respeito da distinção entre medidas provisórias cautelares ou satisfativas.[293]

Aqui serão consideradas como competências cautelares[294] as hipóteses nas quais o sistema jurídico admite a atuação do TCU por meio de atos de comando individuais e concretos, dotados de imperatividade e exigibilidade, que possibilitem a alteração de determinada situação jurídica em caráter precário, mediante cognição sumária – sem caráter exauriente no âmbito do regramento processual da Corte, portanto – sob o parâmetro da legalidade estrita,[295] visando garantir determinado

---

[292] Tal como o fez Flávio Garcia Cabral, em trabalho sobre as medidas cautelares administrativas. CABRAL, Flávio Garcia. *Medidas cautelares administrativas*: regime jurídico da cautelaridade administrativa. Belo Horizonte: Fórum, 2021. p. 33-36.

[293] DIDIER JR., Fredie; BRAGA, Paula Sarno; OLIVEIRA, Rafael Alexandria de. *Curso de direito processual civil*: teoria da prova, direito probatório, decisão, precedente, coisa julgada e tutela provisória. 12. ed. Salvador: JusPodivm, 2016. p. 645.

[294] Romano Scapin propõe que esse conjunto de medidas seja nominado como "provimentos provisórios", uma vez que pode se confundir, em diversos casos concretos, com as próprias medidas satisfativas. SCAPIN, Romano. *A expedição de provimentos provisórios pelos Tribunais de Contas*: das "medidas cautelares" à técnica antecipatória no controle externo brasileiro. Belo Horizonte: Fórum, 2019.

[295] Como já sustentamos, não se admite a prática de atos de comando do TCU sob os parâmetros da economicidade ou legitimidade.

resultado útil, notadamente a prevenção ou a mitigação de danos ou risco de danos ao erário.

Em termos mais amplos, espelhando-nos no conceito proposto por Flávio Garcia Cabral para a cautelaridade administrativa, podemos dizer que as medidas cautelares de contas são "provimentos concretos, adotados [...] no exercício da" *função de controle financeiro externo*, "em face, como regra, de sujeitos determinados, diante de situações de risco, visando, de maneira acautelatória e provisional, impedir e/ou minimizar danos a bens jurídicos tutelados".[296]

Nesse sentido, as competências do TCU que possibilitam a adoção de medidas cautelares (ou "provimentos provisórios") podem ser caracterizadas como competências meio, isto é, possuem natureza eminentemente instrumental ou acessória ao provimento final necessário à efetividade do exercício da função de controle, destinando-se à tutela do erário, seja para salvaguardar futura pretensão indenizatória do Estado, seja para evitar novos danos.[297]

Os mesmos fundamentos político-ideológicos – calcados em valores caros ao constitucionalismo democrático e republicano – que justificam a existência da função de controle na dinâmica do poder, justificam, de igual modo, as medidas cautelares, cabendo ao constituinte ou ao legislador precisar os limites e as hipóteses que desafiam o emprego dessas competências, dando à função de controle o desenho que lhe parecer mais adequado nesse ponto.

Nesse contexto, podemos dizer que a cautelaridade de contas é fundada em diversos princípios gerais de direito público, entre os quais destacamos o princípio da legalidade, desdobrado nos princípios da supremacia do interesse público, da indisponibilidade do interesse público e, ainda, no princípio da eficiência.[298]

Essas medidas não podem ser confundidas com as sanções aplicáveis pelo TCU, as quais têm natureza retributiva, não apresentam urgência como requisito para sua aplicação e pressupõem cognição

---

[296] CABRAL, Flávio Garcia. *Medidas cautelares administrativas*: regime jurídico da cautelaridade administrativa. Belo Horizonte: Fórum, 2021. p. 41-42.

[297] SCAPIN, Romano. *A expedição de provimentos provisórios pelos Tribunais de Contas*: das "medidas cautelares" à técnica antecipatória no controle externo brasileiro. Belo Horizonte: Fórum. p. 87-88; 107.

[298] Flávio Garcia Cabral indica a supremacia do interesse público e a eficiência como principais fundamentos teóricos das medidas cautelares administrativas, entre as quais inclui aquelas que podem ser adotadas pelo TCU. CABRAL, Flávio Garcia. *Medidas cautelares administrativas*: regime jurídico da cautelaridade administrativa. Belo Horizonte: Fórum, 2021. p. 72-87.

CAPÍTULO 4
COMPETÊNCIAS CAUTELARES DO TCU | 109

exauriente. Igualmente, há que se reconhecer a distinção entre as medidas cautelares e os "atos *ope legis*". Estes, embora possam ter um propósito acautelatório, visando salvaguardar direitos, representam, em verdade, efeitos imediatos decorrentes de imposição legal, que restringem a margem de valoração do caso concreto por parte do ente competente.[299]

Como consequência dessas distinções conceituais, faz-se necessária, como requisito inerente ao exercício das competências acautelatórias, a presença da situação de urgência (*periculum in mora*) e da aparente consistência do direito que se pretende proteger no caso concreto (*fumus boni iuris*). São requisitos que não podem ser sustentados por meio de presunções ou justificativas genéricas ou abstratas.

Não é demais recordarmos que a medida cautelar de contas interferirá sobre a atividade administrativa, cujos atos, regra geral, gozam dos atributos da presunção de legitimidade e de veracidade, o que somente deve ser infirmado em casos realmente graves. O dever de motivação da decisão, portanto, ganha especial importância no âmbito do exercício das competências cautelares.[300]

Afora os requisitos acima, já conhecidos na Teoria Geral do Processo, nada obsta que a legislação acrescente outros como condição para a adoção de determinada medida cautelar.[301]

Nesse ponto, destacamos que, para além das restrições constitucionais e legais e da exigência do *periculum in mora* e do *fumus boni iuris*, a delimitação da extensão e a intensidade com que a medida cautelar de contas interferirá sobre a atividade administrativa deve sopesar a proporcionalidade da medida adotada, considerando-se sua

---

[299] CABRAL, Flávio Garcia. *Medidas cautelares administrativas*: regime jurídico da cautelaridade administrativa. Belo Horizonte: Fórum, 2021. p. 43-47.

[300] Tal exigência está de acordo, inclusive, com os princípios gerais sugeridos pela INTOSAI, a respeito da atividade judicante das EFSs (INTOSAI-P 50 – *Principles of Jurisdictional Activities of SAIs*): "Every accountable person especially has the right to [...] have an explicit ground for the decision rendered. The reasoning of a judgement must be clearly and precisely expressed in the decision itself. It will be compliant with the principle of intelligibility of justice and allow the exercise of the appeals". Disponível em: https://www.intosai.org/. Acesso em 20 set. 2021. No mesmo sentido: CABRAL, Flávio Garcia. *Medidas cautelares administrativas*: regime jurídico da cautelaridade administrativa. Belo Horizonte: Fórum, 2021. p. 98-102. Tradução: (Princípios de Atuação Jurisdicional das EFS "Todo responsável, em especial, tem direito a uma decisão explicitamente fundamentada. A fundamentação em um julgamento deve ser expresso de forma clara e precisa na própria decisão. Assim, a decisão será conforme ao princípio da inteligibilidade da Justiça e possibilitará o exercício do direito à interposição de recursos".

[301] CABRAL, Flávio Garcia. *Medidas cautelares administrativas*: regime jurídico da cautelaridade administrativa. Belo Horizonte: Fórum, 2021. p. 94-97.

eventual irreversibilidade[302] e, de forma ampla, suas consequências para a sociedade e para a Administração – em linha com o que expusemos no capítulo anterior, tratando das regras dos arts. 20, 21 e 22 da LINDB.

Embora tenham regramento expresso e específico em nosso ordenamento jurídico, dado o caráter excepcional do controle preventivo no regime da CF/1988, o TCU tem ampliado sua atuação por meio da adoção das medidas cautelares, sob a premissa nem sempre explícita de que o controle prévio seria mais eficiente que o controle posterior – e, nesse aspecto, a Corte tem contado com certa conivência do Poder Judiciário, especialmente com a jurisprudência errática do Supremo Tribunal Federal sobre os limites das competências cautelares nos processos de contas.[303]

Essas questões serão analisadas a seguir, no exame das competências cautelares em espécie, conferidas ao TCU.

4.1 Afastamento temporário do responsável

Reza o art. 44 da LOTCU:

> Art. 44. No início ou no curso de qualquer apuração, o Tribunal, de ofício ou a requerimento do Ministério Público, determinará, cautelarmente, o afastamento temporário do responsável, se existirem indícios suficientes de que, prosseguindo no exercício de suas funções, possa retardar ou dificultar a realização de auditoria ou inspeção, causar novos danos ao Erário ou inviabilizar o seu ressarcimento.
>
> §1º Estará solidariamente responsável a autoridade superior competente que, no prazo determinado pelo Tribunal, deixar de atender à determinação prevista no *caput* deste artigo.

Como se vê, tal competência cautelar se sujeita a rigorosos requisitos, que densificam o significado de *periculum in mora* e *fumus boni iuris*, destacando-se a exigência de indícios que caracterizem riscos de (i) prejuízo à instrução do processo de contas, notadamente auditoria ou inspeção; (ii) reiteração de conduta danosa ao erário; (iii) adoção de condutas que inviabilizem o ressarcimento do Estado.

---

[302] CABRAL, Flávio Garcia. *Medidas cautelares administrativas*: regime jurídico da cautelaridade administrativa. Belo Horizonte: Fórum, 2021. p. 102-111.

[303] ROSILHO, André. Limites dos poderes cautelares do Tribunal de Contas da União e indisponibilidade de bens de particulares. *In*: SUNDFELD, Carlos Ari; ROSILHO, André (Org.). *Tribunal de Contas da União no direito e na realidade*. São Paulo: Almedina, 2020. p. 79-93.

Como observa Jorge Ulisses Jacoby Fernandes, trata-se de medida pouco usual, uma vez que é rara a "continuidade delitiva" após a deflagração do processo de contas. O autor acrescenta ainda entre os requisitos legitimadores da medida, (iv) a "observância do princípio da continuidade do serviço público", devendo a Corte atentar para as consequências práticas de sua decisão, especialmente seu impacto na atividade administrativa prestacional executada no interesse da sociedade, (v) a existência de uma autoridade superior, destinatária do ato de comando proferido pelo TCU, a quem caberá dar efetivo cumprimento à medida, sob pena de tornar-se solidariamente responsável, e (vi) a fixação de prazo para sua vigência, uma vez que se trata de medida instrumental e precária, portanto, temporária.[304]

Embora seja um tanto evidente, até mesmo em função da natureza da medida, é importante destacar que a competência cautelar somente é aplicável aos agentes públicos ou a quem lhe faça as vezes, investido na função pública. Em outras palavras, o "responsável" referido no texto legal reproduz o conceito do art. 70, parágrafo único, da Constituição, sendo, portanto, o *gestor público*.[305]

4.2 Indisponibilidade de bens

Mais espinhosa é a análise sobre a competência para a decretação da indisponibilidade de bens, medida prevista no art. 44, §2º, condicionada aos requisitos já apontados na seção anterior, referentes ao afastamento temporário de agente público:

> Art. 44. No início ou no curso de qualquer apuração, o Tribunal, de ofício ou a requerimento do Ministério Público, determinará, cautelarmente, o afastamento temporário do responsável, se existirem indícios suficientes de que, prosseguindo no exercício de suas funções, possa retardar ou dificultar a realização de auditoria ou inspeção, causar novos danos ao Erário ou inviabilizar o seu ressarcimento.
>
> [...]
>
> §2º Nas mesmas circunstâncias do *caput* deste artigo e do parágrafo anterior, poderá o Tribunal, sem prejuízo das medidas previstas nos arts. 60 e 61 desta Lei, decretar, por prazo não superior a um ano, a

---

[304] JACOBY FERNANDES, Jorge Ulisses. *Coleção Jorge Ulisses Jacoby Fernandes de Direito Público*, v. 3 – Tribunais de Contas no Brasil. 4. ed. Belo Horizonte: Fórum, 2016. p. 421-422.

[305] ROSILHO, André. *Tribunal de Contas da União*: competências, jurisdição e instrumentos de controle. São Paulo: Quartier Latin, 2019. p. 262.

indisponibilidade de bens do responsável, tantos quantos considerados bastantes para garantir o ressarcimento dos danos em apuração.

[...]

Art. 60. Sem prejuízo das sanções previstas na seção anterior e das penalidades administrativas, aplicáveis pelas autoridades competentes, por irregularidades constatadas pelo Tribunal de Contas da União, sempre que este, por maioria absoluta de seus membros, considerar grave a infração cometida, o responsável ficará inabilitado, por um período que variará de cinco a oito anos, para o exercício de cargo em comissão ou função de confiança no âmbito da Administração Pública.

Art. 61. O Tribunal poderá, por intermédio do Ministério Público, solicitar à Advocacia-Geral da União ou, conforme o caso, aos dirigentes das entidades que lhe sejam jurisdicionadas, as medidas necessárias ao arresto dos bens dos responsáveis julgados em débito, devendo ser ouvido quanto à liberação dos bens arrestados e sua restituição.

O primeiro ponto destacado do texto legal a respeito dessa medida cautelar específica é a restrição no universo de pessoas a ela sujeitas. Fica claro, pela mera leitura do dispositivo transcrito, que a medida é limitada, por lei, aos gestores públicos, àqueles que estejam investidos na função pública.[306] Tanto assim que no próprio §2º há referência a outra medida tipicamente aplicável aos agentes públicos, qual seja, a inabilitação para exercício de cargo em comissão ou função de confiança na Administração Pública (art. 60).

A despeito dessa clara delimitação imposta pelo legislador, a jurisprudência do TCU tem expandido a órbita de aplicação dessa competência acautelatória, atingindo particulares contratados pela Administração, tudo isso sob o fundamento da existência de um suposto poder geral de cautela, que teria sido reconhecido à Corte de Contas pela própria jurisprudência do Supremo Tribunal Federal[307] – tema a ser examinado em capítulo próprio.

Sobre os posicionamentos adotados pelo Supremo Tribunal Federal, é interessante observar que o plenário da Corte Suprema ainda

---

[306] ROSILHO, André. *Tribunal de Contas da União*: competências, jurisdição e instrumentos de controle. São Paulo: Quartier Latin, 2019. p. 261-264; ROSILHO, André. Limites dos poderes cautelares do Tribunal de Contas da União e indisponibilidade de bens de particulares. *In:* SUNDFELD, Carlos Ari; ROSILHO, André (Org.). *Tribunal de Contas da União no direito e na realidade*. São Paulo: Almedina, 2020. p. 86-90.

[307] ROSILHO, André. Limites dos poderes cautelares do Tribunal de Contas da União e indisponibilidade de bens de particulares. *In:* SUNDFELD, Carlos Ari; ROSILHO, André (Org.). *Tribunal de Contas da União no direito e na realidade*. São Paulo: Almedina, 2020. p. 81-82; 90.

não se pronunciou em definitivo sobre a possibilidade da decretação da indisponibilidade de bens de particulares que tenham contratado com a Administração, o que possivelmente ocorrerá no julgamento do Mandado de Segurança n° 35.506, relatado pelo então Min. Marco Aurélio.

Iniciado o julgamento do caso, o relator votou pela concessão da ordem,[308] reconhecendo a impossibilidade da decretação, pelo TCU, da indisponibilidade de bens de particulares. No entanto, até o momento da conclusão desse trabalho, os ministros Ricardo Lewandowski, Luiz Fux, Edson Fachin,[309] Gilmar Mendes, Carmen Lúcia e Alexandre de Moraes apresentaram votos divergentes, formando maioria em favor do reconhecimento dessa competência cautelar do TCU – em linhas gerais, sustentaram a existência de um poder geral de cautela do TCU, amparado pela teoria dos poderes implícitos (entendimento formado a partir do MS 24.510), defendendo que o TCU possuiria jurisdição direta sobre particulares contratados pela Administração, o que permitiria presumir a submissão desses particulares às competências cautelares do TCU, inclusive para decretar a indisponibilidade de bens. O Min. Nunes Marques pediu vista dos autos, suspendendo o julgamento.

A Min. Rosa Weber, por seu turno, dá indicações de que acompanhará a divergência, tendo em vista as decisões liminares proferidas no MS 34.446, no MS 35.404, e no MS 35.529 (extintos sem julgamento do mérito por perda superveniente do objeto), nas quais defendeu enfaticamente a possibilidade de essa competência cautelar recair sobre o patrimônio de particulares. Já o Min. Luís Roberto Barroso tem sido mais contido na fundamentação de suas decisões liminares, a despeito de ressalvar seu entendimento, em sede de cognição sumária, pela possibilidade de o TCU adotar medidas constritivas sobre o patrimônio dos particulares.[310]

Para além da interpretação do art. 70, CF/1988, e do art. 44, LOTCU, voltada à compreensão da eventual existência de jurisdição

---

[308] O ex-Ministro Marco Aurélio já vinha reiterando esse seu entendimento em outros casos, ao apreciar a deferir medidas liminares para suspender cautelares de indisponibilidade deferidas pelo TCU. Exemplos: MS 34.392, MS 34.357, MS 34.410, MS 34.421 (todos esses casos foram extintos sem julgamento do mérito por perda superveniente do objeto).

[309] O Min. Fachin tem assentado, por meio de decisões liminares, o entendimento de que o TCU tem jurisdição sobre particulares e que a Corte de Contas dispõe de um poder geral de cautela implicitamente estabelecido na Constituição, o que autorizaria a decretação da indisponibilidade de bens de particulares. Nesse sentido, as decisões liminares proferidas no MS 34.793 e no MS 35.158.

[310] Por exemplo, as decisões proferidas no MS 34.754, MS 34.755, MS 34.757, MS 34.758, MS 34.870 e no MS 34.738 (todos esses casos, à exceção do último, foram extintos sem julgamento do mérito por perda superveniente do objeto).

direta do TCU sobre terceiros contratados pela Administração para decretar a indisponibilidade de bens, um ponto discutido em relação a essa espécie de medida cautelar é a necessidade ou não de o TCU incitar a atuação do Poder Judiciário para implementá-la, especialmente em razão do que dispõe o art. 61, LOTCU, que impõe à Corte de Contas, por intermédio do Ministério Público, requisitar à AGU as medidas judiciais necessárias ao arresto de bens dos responsáveis apontados pelo TCU.

A esse respeito, importante recordarmos que é pacífico que as decisões terminativas do TCU que apontem débitos são títulos executivos extrajudiciais, demandando a atuação do Poder Judiciário para a satisfação dos créditos nelas veiculadas, em favor do erário. Portanto, não são dotadas de autoexecutoriedade.[311] De outro lado, também não se discute que o TCU não tem poderes para quebrar sigilo bancário ou fiscal sem obter, para tanto, autorização judicial.[312]

Nesse sentido, se o TCU não pode adotar diretamente, sem acionar o Poder Judiciário, medidas destinadas a obter informações patrimoniais sigilosas, tampouco medidas constritivas sobre o patrimônio alheio fundado em suas decisões terminativas, com mais razão não poderia fazê-lo fundado em uma decisão acautelatória, de natureza precária, sob cognição sumária.[313]

Parece-nos, portanto, que o art. 44, §2º, da LOTCU padece de flagrante inconstitucionalidade, eis que incompatível com o modelo adotado pela CF/1988. A previsão de adoção de medidas constritivas diretamente pela Corte de Contas é uma relíquia de regimes constitucionais anteriores, inadequadamente inserida na LOTCU – e a questão se reveste de maior gravidade quando, por construção jurisprudencial, ultrapassa o limite do próprio texto legal (inconstitucional na origem) para estender sua aplicação a qualquer pessoa física ou jurídica contratada pela Administração.

Críticas à parte, o TCU tem se valido com frequência dessa competência acautelatória, expedindo comunicações a órgãos oficiais com o

---

[311] Recordemos aqui o RE 223.037, julgado pelo STF, ao fixar o entendimento de que os Tribunais de Contas nem sequer detêm legitimidade processual para figurarem como titulares da execução judicial de suas decisões que imputem débitos a serem satisfeitos em favor do erário.

[312] BRASIL. *Supremo Tribunal Federal*, MS 22.801, Rel. Min. Menezes Direito, Tribunal Pleno, j. 17-12-2007, DJ 14-03-2008; BRASIL. *Supremo Tribunal Federal*, MS 22.934, Rel. Min. Joaquim Barbosa, Segunda Turma, j. 17-04-2012, DJ 09-05-2012; BRASIL. *Supremo Tribunal Federal*, MS 33.340, Rel. Min. Luiz Fux, Primeira Turma, j. 26-05-2015, Public. 03-08-2015.

[313] Essa, inclusive, foi a linha de raciocínio exposta pelo Min. Marco Aurélio em seu voto no MS 35.506.

propósito de dar cumprimento à indisponibilidade de bens decretada.[314] Exceção a esse modelo foi reconhecida pelo Min. Edson Fachin que, em decisões liminares no MS 34.793 e no MS 35.158, impôs ao TCU a obrigatoriedade de se socorrer da atuação da advocacia pública nos casos em que a empresa contra quem a medida for dirigida estiver em recuperação judicial, devendo a decretação de indisponibilidade de bens ser submetida ao juízo universal da recuperação judicial.

Outro aspecto relevante diz respeito à aferição, *in concreto*, da presença do *periculum in mora* para a decretação da indisponibilidade de bens. Conforme dissemos, trata-se de requisito imprescindível para legitimar a adoção das medidas acautelatórias. Em diversos casos concretos, o TCU, todavia, tem se furtado a apreciá-lo de forma individualizada, especialmente para identificar a presença de movimentação patrimonial atípica que possa servir como indício de uma tentativa de esvaziamento patrimonial com o propósito de frustrar eventual e futura reparação do erário, a ser confirmada e quantificada em definitivo ao fim do processo de contas.

Em outras palavras, a Corte de Contas tem presumido o *periculum in mora*, calcado em razões estranhas à situação patrimonial concreta do responsável, a exemplo da gravidade dos ilícitos apontados, reprovabilidade da conduta em apuração ou a relevância do montante envolvido.[315]

No Supremo Tribunal Federal, a Min. Rosa Weber[316] tem referendado essa posição do TCU por meio de decisões liminares, no que tem sido seguida pelo Min. Edson Fachin.[317]

Já o Min. Luís Roberto Barroso[318] sinaliza maior cuidado na apreciação dos casos concretos, e tem deferido pedidos liminares para

---

[314] Jorge Ulisses Jacoby Fernandes cita o DETRAN e outros órgãos de registros públicos. JACOBY FERNANDES, Jorge Ulisses. *Coleção Jorge Ulisses Jacoby Fernandes de Direito Público*, v. 3 – Tribunais de Contas no Brasil. 4. ed. Belo Horizonte: Fórum, 2016. p. 423.

[315] André Rosilho tece críticas a respeito da jurisprudência do TCU sobre a matéria, apontando a ausência de critérios claros para a decretação da indisponibilidade de bens, sobretudo em relação a particulares contratados pela Administração. ROSILHO, André. Limites dos poderes cautelares do Tribunal de Contas da União e indisponibilidade de bens de particulares. *In:* SUNDFELD, Carlos Ari; ROSILHO, André (Org.). *Tribunal de Contas da União no direito e na realidade.* São Paulo: Almedina, 2020. p. 94-95.

[316] MS 34.446, MS 35.404 e MS 35.529 (todos esses casos foram extintos sem julgamento do mérito por perda superveniente do objeto).

[317] MS 34.793 e MS 35.158.

[318] MS 34.754, MS 34.755, MS 34.757, MS 34.758, MS 34.870 e MS 34.738 (todos esses casos, à exceção do último, foram extintos sem julgamento do mérito por perda superveniente do objeto).

suspender a indisponibilidade de bens, considerando a complexidade do caso *vis-à-vis* a incipiência da apuração dos fatos no processo de contas – especialmente quando não tiver havido prévia oitiva da parte alvejada pela medida (ausência do *fumus boni iuris*). O Min. tem levado em conta também a presença do chamado *periculum in mora reverso*, considerando o impacto da medida constritiva nas atividades do responsável, associada à ausência, *a priori*, de evidências de dilapidação patrimonial (ausência do *periculum in mora*) – nesses cenários, o Min. ressalva que a comprovação superveniente de movimentação patrimonial atípica pode ensejar a revisão de sua decisão.

Por fim, destacamos a limitação temporal (um ano) para a vigência da referida medida cautelar – restrição essa que se amolda às diretrizes da INTOSAI para o exercício de competências judicantes por parte das EFSs.[319] O Supremo Tribunal Federal tem flexibilizado essa restrição legal para admitir a renovação ou a reiteração da decretação da indisponibilidade de bens após o decurso do prazo, exigindo-se, para tanto, que exista fundamentação específica e atualizada a demonstrar a superveniência de fatos novos, justificando o prolongamento da medida.[320]

4.3 Indicação de prazo para correção de irregularidades e sustação de atos

Essas competências são definidas nos seguintes termos, pela Constituição:

> Art. 71. O controle externo, a cargo do Congresso Nacional, será exercido com o auxílio do Tribunal de Contas da União, ao qual compete:
>
> [...]
>
> IX – assinar prazo para que o órgão ou entidade adote as providências necessárias ao exato cumprimento da lei, se verificada ilegalidade;
>
> X – sustar, se não atendido, a execução do ato impugnado, comunicando a decisão à Câmara dos Deputados e ao Senado Federal [...].

---

[319] Nas diretrizes para a competência judicante (INTOSAI-P 50 – *Principles of Jurisdictional Activities of SAIs*), a INTOSAI destaca a importância da duração razoável do processo de contas e da limitação temporal à situação de sujeição dos potenciais responsáveis. Disponível em: https://www.intosai.org. Acesso em: 20 set. 2021.

[320] BRASIL. Supremo Tribunal Federal. AgR MS 34.233, Rel. Min. Gilmar Mendes, Segunda Turma, j. 25-05-2018, DJ 21-06-2018.

A doutrina amplamente as tem reconhecido como medidas acautelatórias, de propósito instrumental, não definitivo.[321]

Do exame do texto da Constituição transcrito, extraímos que os incisos tratam de medidas sucessivas: primeiro, assinala-se prazo para corrigir irregularidades identificadas e, somente se não houver essa correção, pode ser determinada a sustação do ato.[322] Todavia, essa medida não será admissível se o TCU não houver fixado prazo razoável para seu saneamento – a Administração deverá ter sido devida e previamente intimada a fazê-lo. A prévia oitiva da Administração, por ocasião da indicação do prazo para corrigir irregularidade apontada, é, portanto, indispensável à caracterização da hipótese que habilita o TCU a determinar a sustação do ato impugnado.[323]

Quanto a esse ponto, André Rosilho alerta sobre a tentativa de supressão dessa exigência ou desse requisito para a sustação do ato, por meio do art. 276 do Regimento Interno do TCU (RITCU), que sugere a possibilidade de adoção de medida cautelar sem a oitiva da parte. Parece-nos claro que, no caso da sustação de atos, que pressupõe a não correção da irregularidade no prazo assinalado, a prévia instalação do contraditório é inafastável, por exigência lógica decorrente do regramento constitucional.[324]

---

[321] GIAMUNDO NETO, Giuseppe. *As garantias no processo no Tribunal de Contas da União.* São Paulo: Thomson Reuters Brasil, 2019. p. 150-152; CABRAL, Flávio Garcia. *Medidas cautelares administrativas*: regime jurídico da cautelaridade administrativa. Belo Horizonte: Fórum, 2021. p. 161-162; DECOMAIN, Pedro Roberto. *Tribunais de Contas no Brasil*. São Paulo: Dialética, 2006. p. 127; JUSTEN FILHO, Marçal. *Comentários à Lei de Licitações e Contratos Administrativos.* 18. ed. São Paulo: Thomson Reuters Brasil, 2019. p. 1.598; SUNDFELD, Carlos Ari; CÂMARA, Jacintho Arruda. Competências de controle dos Tribunais de Contas: possibilidades e limites. *In:* SUNDFELD, Carlos Ari. *Contratações públicas e o seu controle.* São Paulo: Malheiros, 2013. p. 197; JORDÃO, Eduardo. A intervenção do Tribunal de Contas da União sobre editais de licitação não publicados: controlador ou administrador? *In:* SUNDFELD, Carlos Ari; ROSILHO, André (Org.). *Tribunal de Contas da União no direito e na realidade.* São Paulo: Almedina, 2020. p. 343.

[322] ROSILHO, André. *Tribunal de Contas da União*: competências, jurisdição e instrumentos de controle. São Paulo: Quartier Latin, 2019. p. 264-274; JORDÃO, Eduardo. A intervenção do Tribunal de Contas da União sobre editais de licitação não publicados: controlador ou administrador? *In:* SUNDFELD, Carlos Ari; ROSILHO, André (Org.). *Tribunal de Contas da União no direito e na realidade.* São Paulo: Almedina, 2020. p. 343. CARVALHO FILHO, José dos Santos. *Manual de direito administrativo.* 34. ed. São Paulo: Atlas, 2020 (Kindle). p. 1.090. PASCOAL, Valdecir Fernandes *Direito financeiro e controle externo.* 10. ed. Rio de Janeiro: Forense; São Paulo: Método, 2019 (Kindle). p. 184.

[323] BARROSO, Luís Roberto. Tribunais de Contas: algumas competências controvertidas. *In:* BARROSO, Luís Roberto. *Temas de direito constitucional.* 2. ed. t. I. Rio de Janeiro: Renovar, 2006. p. 237.

[324] ROSILHO, André. *Tribunal de Contas da União*: competências, jurisdição e instrumentos de controle. São Paulo: Quartier Latin, 2019. p. 267-270.

Destacamos, ademais, que, por disposição explícita do texto normativo, tanto a indicação de prazo para o saneamento de irregularidade quanto a subsequente sustação do ato devem ser pautadas exclusivamente sob o parâmetro da legalidade; é inadmissível a adoção dessas medidas sob os critérios da economicidade ou da legitimidade.[325]

A sustação, por outro lado, não pode ser confundida com a invalidação ou a anulação do ato impugnado[326] – conforme defendemos, o TCU não tem poderes anulatórios. Tratando-se de competência acautelatória, sem pretensões de definitividade, a sustação se limita a suspender os efeitos do ato alvejado, e devolve à Administração o ônus de avaliar e adotar a medida que lhe parecer mais adequada, podendo, inclusive, invalidar o ato, no exercício da autotutela administrativa.

Diante disso, alguns autores afirmam que a Administração poderia, legitimamente, discordar da compreensão do TCU sobre a ilegalidade do ato, defendendo sua manutenção frente aos comandos de correção de ilegalidade ou de sustação do ato, até mesmo em função do atributo da presunção de legitimidade de que gozam os atos administrativos. O Supremo Tribunal Federal, inclusive, já se manifestou em sentido semelhante, ao julgar o MS nº 24.785, sustentando que eventual determinação do TCU, no exercício da competência prevista no art. 71, IX, CF/1988, não tem o condão de restringir as competências discricionárias da Administração.[327]

---

[325] ROSILHO, André. *Tribunal de Contas da União*: competências, jurisdição e instrumentos de controle. São Paulo: Quartier Latin, 2019. p. 264-274; SALLES, Alexandre Aroeira; FUNGHI, Luís Henrique Baeta. Substituição do regulador pelo controlador? A fiscalização do Tribunal de Contas da União nos contratos de concessão rodoviária. *In:* SUNDFELD, Carlos Ari; ROSILHO, André (Org.). *Tribunal de Contas da União no direito e na realidade.* São Paulo: Almedina, 2020. p. 296.

[326] SUNDFELD, Carlos Ari; CÂMARA, Jacintho Arruda. Competências de controle dos Tribunais de Contas: possibilidades e limites. *In:* SUNDFELD, Carlos Ari. *Contratações públicas e o seu controle.* São Paulo: Malheiros, 2013. p. 197; JORDÃO, Eduardo. A intervenção do Tribunal de Contas da União sobre editais de licitação não publicados: controlador ou administrador? *In:* SUNDFELD, Carlos Ari; ROSILHO, André (Org.). *Tribunal de Contas da União no direito e na realidade.* São Paulo: Almedina, 2020. p. 343; BARROSO, Luís Roberto. Tribunais de Contas: algumas competências controvertidas. *In:* BARROSO, Luís Roberto. *Temas de direito constitucional.* 2. ed. t. I. Rio de Janeiro: Renovar, 2006. p. 237; GIAMUNDO, Giuseppe Neto. *As garantias no processo no Tribunal de Contas da União.* São Paulo: Thomson Reuters Brasil, 2019. p. 145-146; JUSTEN FILHO, Marçal. *Comentários à Lei de Licitações e Contratos Administrativos.* 18. ed. São Paulo: Thomson Reuters Brasil, 2019. p. 1.598-1.599.

[327] Tratava-se de discussão que envolvia o prazo de prorrogação de um contrato administrativo. A fundamentação da posição que prevaleceu no caso, no entanto, é perfeitamente aplicável também aos atos administrativos de competência discricionária. BRASIL. *Supremo Tribunal Federal.* MS 24.785, Rel. Min. Joaquim Barbosa, Tribunal Pleno, j. 08-09-2004, DJe 03-02-2006.

CAPÍTULO 4
COMPETÊNCIAS CAUTELARES DO TCU | **119**

Nesses casos, caberia à Administração levar o conflito à apreciação do Poder Judiciário, assumindo o agente público competente o risco de se sujeitar a eventuais e futuras sanções aplicáveis pela Corte de Contas,[328] a exemplo da multa prevista no art. 45, §1º, III c/c art. 58, II, LOTCU.[329]

Por fim, destacamos que o "ato" referido no art. 71, X, deve ser compreendido restritivamente, a partir de uma leitura sistemática do regramento constitucional, em especial quanto à vedação à sustação de contratos diretamente pelo TCU (art. 71, §1º).

Nesse sentido, as eventuais irregularidades relativas a atos administrativos praticáveis no âmbito da execução de contratos administrativos, inerentes ao regular cumprimento das disposições convencionais, cuja falta poderá ensejar a suspensão normativa e material do escopo contratado, devem ser compreendidas à luz do regramento do art. 71, §1º, e não do inciso X. Entendimento diverso implicaria a criação, por via transversa, de verdadeira competência para sustar contratos, que, a rigor, não apenas não foi concebida pelo constituinte, como foi por ele explicitamente vedada – questão a ser aprofundada na próxima seção.

4.4 A vedação à sustação de contratos administrativos

Ao tratar desse tema, a doutrina costuma recordar a evolução do ordenamento jurídico brasileiro de um modelo de controle prévio, no qual era impositivo o prévio registro do contrato junto ao TCU, para um modelo de controle *a posteriori*, adotado na Emenda Constitucional nº 1/1969 e mantido pela Constituição Federal de 1988.[330]

---

[328] JUSTEN FILHO, Marçal. *Comentários à Lei de Licitações e Contratos Administrativos*. 18. ed. São Paulo: Thomson Reuters Brasil, 2019. p. 1.598; SUNDFELD, Carlos Ari; CÂMARA, Jacintho Arruda. Competências de Controle dos Tribunais de Contas: possibilidades e limites. *In*: SUNDFELD, Carlos Ari. *Contratações públicas e o seu controle*. São Paulo: Malheiros, 2013. p. 201-202; ROSILHO, André. *Tribunal de Contas da União*: competências, jurisdição e instrumentos de controle. São Paulo: Quartier Latin, 2019. p. 228-229.

[329] BRASIL. Lei nº 8.443/1992. "Art. 45. Verificada a ilegalidade de ato ou contrato, o Tribunal, na forma estabelecida no Regimento Interno, assinará prazo para que o responsável adote as providências necessárias ao exato cumprimento da lei, fazendo indicação expressa dos dispositivos a serem observados. §1º No caso de ato administrativo, o Tribunal, se não atendido: [...] III – aplicará ao responsável a multa prevista no inciso II do art. 58 desta Lei. [...]" "Art. 58. O Tribunal poderá aplicar multa de Cr$ 42.000.000,00 (quarenta e dois milhões de cruzeiros), ou valor equivalente em outra moeda que venha a ser adotada como moeda nacional, aos responsáveis por: [...] II – ato praticado com grave infração à norma legal ou regulamentar de natureza contábil, financeira, orçamentária, operacional e patrimonial [...]".

[330] DECOMAIN, Pedro Roberto. *Tribunais de Contas no Brasil*. São Paulo: Dialética, 2006. p. 136-137.

Sob a regência da Constituição de 1946,[331] seguida da Lei nº 830/1949[332] (Lei Orgânica do TCU àquela época), somente seriam válidos os contratos previamente registrados perante a Corte de Contas; em caso de recusa ao registro, a execução do contrato seria suspensa até ulterior deliberação do Congresso Nacional. Tamanha era a relevância da matéria que o Supremo Tribunal Federal chegou a aprovar, em 1963, o enunciado 7 de sua Súmula: "Sem prejuízo de recurso para o Congresso, não é exequível contrato administrativo a que o Tribunal de Contas houver negado registro".

O cenário no modelo constitucional e na LOTCU, atualmente, é bastante diverso:

CF/1988

Art. 71. O controle externo, a cargo do Congresso Nacional, será exercido com o auxílio do Tribunal de Contas da União, ao qual compete: [...]

§1º No caso de contrato, o ato de sustação será adotado diretamente pelo Congresso Nacional, que solicitará, de imediato, ao Poder Executivo as medidas cabíveis.

§2º Se o Congresso Nacional ou o Poder Executivo, no prazo de noventa dias, não efetivar as medidas previstas no parágrafo anterior, o Tribunal decidirá a respeito.

LOTCU

Art. 45. Verificada a ilegalidade de ato ou contrato, o Tribunal, na forma estabelecida no Regimento Interno, assinará prazo para que o responsável adote as providências necessárias ao exato cumprimento da lei, fazendo indicação expressa dos dispositivos a serem observados. [...]

§2º No caso de contrato, o Tribunal, se não atendido, comunicará o fato ao Congresso Nacional, a quem compete adotar o ato de sustação e solicitar, de imediato, ao Poder Executivo, as medidas cabíveis.

§3º Se o Congresso Nacional ou o Poder Executivo, no prazo de noventa dias, não efetivar as medidas previstas no parágrafo anterior, o Tribunal decidirá a respeito da sustação do contrato.

---

[331] BRASIL. Constituição Federal (1946). "Art. 77. Compete ao Tribunal de Contas: [...] III – julgar da legalidade dos contratos e das aposentadorias, reformas e pensões. [...] §1º – Os contratos que, por qualquer modo, interessarem à receita ou à despesa só se reputarão perfeitos depois de registrados pelo Tribunal de Contas. A recusa do registro suspenderá a execução do contrato até que se pronuncie o Congresso Nacional".

[332] BRASIL. Lei nº 830/1949. "Art. 35. Os contratos que, por qualquer modo, interessarem à receita ou à despesa, só se reputarão perfeitos depois de registrados pelo Tribunal de Contas. A recusa do registro suspenderá a execução do contrato, até que se pronuncie o Congresso Nacional".

Dos dispositivos acima, extraímos, de plano, que as competências para assinar prazo para corrigir irregularidade (art. 71, IX, CF/1988), e para comunicar irregularidade ao Congresso Nacional (art. 45, §2º, LOTCU) devem ser pautadas exclusivamente pelo parâmetro da legalidade estrita – é inadmissível o exercício dessas competências sob os parâmetros da legitimidade ou da economicidade.[333]

Regra geral, assim como na sustação de atos, há certo consenso na doutrina a respeito do significado da sustação dos contratos, que consistiria na suspensão, em caráter acautelatório, dos efeitos da avença. Jorge Ulisses Jacoby sustenta, no entanto, que tal medida teria natureza definitiva quando recomendada ou imposta após cognição exauriente ou quando pressupuser exigências que necessariamente impliquem a extinção do contrato, o que, a rigor, configuraria a determinação da rescisão ou anulação do contrato.[334]

Ademais, dos textos normativos, inferimos que o TCU não detém, na origem, poderes para sustar contratos diretamente, cabendo-lhe tão somente comunicar a ilegalidade identificada e não sanada ao Congresso Nacional, a quem caberá, sob o embasamento técnico fornecido pela Corte de Contas, o exercício do juízo político sobre a conveniência da sustação do contrato.[335]

A distinção no tratamento dado pelo Constituinte à sustação de atos e à sustação de contratos tem razão de ser, como expõem Carlos Ari Sundfeld e Jacintho Arruda Câmara:

> Existem peculiaridades dos contratos que os diferenciam de outros atos gerados de despesas. Uma primeira, mais evidente, diz respeito à sua formação; o ato administrativo é editado unilateralmente, pela Administração, enquanto o contrato decorre de acordo de vontades entre ela e a pessoa contratada. Outro ponto é o do "princípio do respeito aos contratos", decorrente do tratamento constitucional especial ao chamado "ato jurídico perfeito", que merece proteção mesmo em face de lei posterior. Ademais, é por meio de contratos que, atualmente, são realizados os principais investimentos estatais e implantadas várias políticas públicas. Tudo isso justifica, em tese, a proteção qualificada do pacto celebrado, evitando que ele fique em situação de instabilidade frente aos órgãos de controle.

---

[333] GIAMUNDO NETO, Giuseppe. *As garantias no processo no Tribunal de Contas da União*. São Paulo: Thomson Reuters Brasil, 2019. p. 148-150.

[334] JACOBY FERNANDES, Jorge Ulisses. *Coleção Jorge Ulisses Jacoby Fernandes de Direito Público*, v. 3 – Tribunais de Contas no Brasil. 4. ed. Belo Horizonte: Fórum, 2016. p. 470-471.

[335] SILVA, José Afonso da. *Curso de direito constitucional positivo*. 43. ed. São Paulo: Malheiros, 2020. p. 770-771.

Nesse contexto, o constituinte decidiu expressamente que, na esfera extrajudicial, apenas o Legislativo teria competência cautelar para sustar a execução dos contratos. Havendo divergência, expressa ou tácita, entre órgão técnico e a Administração, caberá ao Legislativo resolver, politicamente, se a despesa contratual deve, ou não, ser interrompida. Fora disso, apenas o Judiciário, quando devidamente acionado, poderá discutir a respeito da matéria. É o que se vê no §1º do art. 71 da CF.[336]

Em sentido semelhante, Maria Sylvia Zanella Di Pietro:

O Tribunal de Contas, por força das normas constitucionais, somente tem competência para sustar atos administrativos, mas não a possui para sustar contratos administrativos. Tal competência foi outorgada ao Congresso Nacional, o que significa que o constituinte quis tirar tal atribuição de um órgão técnico — o Tribunal de Contas — para outorgá-la a um órgão político — o Congresso Nacional. Por outras palavras, a decisão sobre sustação dos contratos administrativos não obedece a critérios jurídico-formais, mas a critérios políticos. E isto tem sua razão de ser. Não se pode conceber fosse inteiramente aleatória e arbitrária a decisão do constituinte ao adotar procedimento diverso para a sustação dos contratos administrativos. Não se quis que a decisão fosse baseada em critérios de estrita legalidade, já que grande parte dos contratos administrativos tem por objeto o fornecimento de bens ou serviços, a execução de obras públicas, a prestação de serviços públicos, muitas vezes de alta complexidade e envolvendo a consecução de interesses essenciais da coletividade, que restariam lesados pela paralisação determinada por critérios estritamente técnico-formais.[337]

A conjugação da atuação técnica do TCU em subsídio à decisão do Congresso Nacional, revestida de considerações de ordem sociopolíticas, fica clara em diversas disposições das leis orçamentárias, entre as quais se destacam, ilustrativamente, as seguintes, da Lei nº 14.194/2021:

Art. 138. O Congresso Nacional considerará, na sua deliberação pelo bloqueio ou desbloqueio da execução física, orçamentária e financeira de empreendimentos, contratos, convênios, etapas, parcelas ou

---

[336] SUNDFELD, Carlos Ari; CÂMARA, Jacintho Arruda. Competências de Controle dos Tribunais de Contas: possibilidades e limites. *In*: SUNDFELD, Carlos Ari. *Contratações públicas e o seu controle*. São Paulo: Malheiros, 2013. p. 201.

[337] DI PIETRO, Maria Sylvia Zanella. O papel dos Tribunais de Contas no controle dos contratos administrativos. *Revista Interesse Público*, Belo Horizonte, ano 15, n. 82, nov.-dez. 2013. Disponível em: https://www.editoraforum.com.br/noticias/o-papel-dos-tribunais-de-contas-no-controle-dos-contratos-administrativos/. Acesso em: 22 set. 2021.

subtrechos relativos aos subtítulos de obras e serviços com indícios de irregularidades graves: [...]

II – as razões apresentadas pelos órgãos e entidades responsáveis pela execução, que devem abordar, em especial:

a) os impactos sociais, econômicos e financeiros decorrentes do atraso na fruição dos benefícios do empreendimento pela população;

b) os riscos sociais, ambientais e à segurança da população local, decorrentes do atraso na fruição dos benefícios do empreendimento;

c) a motivação social e ambiental do empreendimento; [...]

i) empregos diretos e indiretos perdidos em razão da paralisação; [...]

§4º Para fins deste artigo, o Tribunal de Contas da União subsidiará a deliberação do Congresso Nacional, com o envio de informações e avaliações acerca de potenciais prejuízos econômicos e sociais advindos da paralisação.

A violação à limitação constitucional imposta ao TCU quanto à sustação de contratos, no entanto, é uma constante no ordenamento, tanto por meio de afrontas diretas e explícitas, quanto por meio de subterfúgios indiretos.

Nesse sentido, embora nem mesmo a LOTCU ou o RITCU[338] façam referência a qualquer autorização para o TCU, *sponte proria*, sustar contrato antes de qualquer comunicação ao Congresso Nacional,[339] as próprias leis orçamentárias mais recentes (Lei nº 14.194/2021, art. 142, §10;[340] Lei nº 14.116/2020, art. 143, §10;[341] e Lei nº 13.898/2019, art. 123,

---

[338] Na observação de Celso Antônio Bandeira de Mello, o art. 276 do RITCU refere-se tão somente à suspensão de ato ou procedimento: "Art. 276. O Plenário, o relator, ou, na hipótese do art. 28, inciso XVI, o Presidente, em caso de urgência, de fundado receio de grave lesão ao erário, ao interesse público, ou de risco de ineficácia da decisão de mérito, poderá, de ofício ou mediante provocação, adotar medida cautelar, com ou sem a prévia oitiva da parte, determinando, entre outras providências, a suspensão do ato ou do procedimento impugnado, até que o Tribunal decida sobre o mérito da questão suscitada, nos termos do art. 45 da Lei nº 8.443, de 1992". BANDEIRA DE MELLO, Celso Antônio. Competência dos Tribunais de Contas – impossibilidade de suspenderem a execução financeira de contratos administrativos e de fixarem valores máximos para pagamento de execução de obras públicas. *In:* BANDEIRA DE MELLO, Celso Antônio. *Pareceres de direito administrativo*. São Paulo: Malheiros, 2011. p. 433.

[339] SUNDFELD, Carlos Ari; CÂMARA, Jacintho Arruda. Competências de controle dos Tribunais de Contas: possibilidades e limites. *In:* SUNDFELD, Carlos Ari. *Contratações públicas e o seu controle*. São Paulo: Malheiros, 2013. p. 204-207.

[340] BRASIL. Lei nº 14.194/2021. "Art. 142. [...] §10. O Tribunal de Contas da União remeterá ao Congresso Nacional, no prazo de até trinta dias, contado da data do despacho ou do acórdão que adotar ou referendar medida cautelar fundamentada no art. 276 do Regimento Interno daquele Tribunal, cópia da decisão relativa à suspensão de execução de obra ou serviço de engenharia, acompanhada da oitiva do órgão ou da entidade responsável".

[341] BRASIL. Lei nº 14.116/2020. "Art. 143. [...] §10. O Tribunal de Contas da União remeterá ao Congresso Nacional, no prazo de até trinta dias, contado da data do despacho ou do

§10[342]) trazem, contraditoriamente, duvidosa previsão sobre a suspensão cautelar da execução de obra ou serviço de engenharia por decisão do TCU – competência que, por força da limitação constitucional, deve ser rejeitada.

Esses dispositivos parecem ter sido impulsionados pela jurisprudência do Supremo Tribunal Federal que, paulatinamente, tem fulminado a restrição constitucional à sustação de contratos pelo TCU. Inicialmente, a Corte Suprema, a partir do julgamento do Mandado de Segurança nº 23.550,[343] firmou o entendimento de que, embora não possa sustar tampouco anular diretamente os contratos administrativos, caberia ao TCU determinar que a Administração o faça, assinalando prazo para tanto, nos termos do art. 71, IX, CF/1988.[344]

Boa parte da doutrina nacional tende a endossar esse entendimento, ainda que com reservas quanto ao caráter vinculante dessa determinação, sustentando-se sua natureza "colaborativa",[345] porém, na prática, a questão não é tão simples. Ainda que se diga que a determinação relativa aos contratos, amparada no art. 71, IX, não obrigue o administrador, é inegável que há significativos incentivos jurídicos a que este se renda à posição do TCU. A determinação do TCU tende a constranger o administrador, ainda que se possa defender, no plano normativo, a ausência de força cogente desse ato e sua inaptidão para limitar as competências discricionárias da Administração.

---

acórdão que adotar ou referendar medida cautelar fundamentada no art. 276 do Regimento Interno daquele Tribunal, cópia da decisão relativa à suspensão de execução de obra ou serviço de engenharia, acompanhada da oitiva do órgão ou da entidade responsável".

[342] BRASIL. Lei nº 13.898/2019. "Art. 123. [...] §10. O Tribunal de Contas da União remeterá ao Congresso Nacional, no prazo de até trinta dias contados do despacho ou acórdão que adotar ou referendar medida cautelar fundamentada no art. 276 do Regimento Interno daquele Tribunal, cópia da decisão relativa à suspensão de execução de obra ou serviço de engenharia, acompanhada da oitiva do órgão ou da entidade responsável".

[343] BRASIL. *Supremo Tribunal Federal*, MS 23.550, Rel. Min. Sepúlveda Pertence, Tribunal Pleno, j. 04- 04-2001, DJ 31-10-2001.

[344] No mesmo sentido: BRASIL. *Supremo Tribunal Federal*, MS 26.000, Rel. Min. Dias Toffoli, Tribunal Pleno, j. 16-10-2012, DJ 14-11-2012; BRASIL. *Supremo Tribunal Federal*, MS 26.547 MC-AgR, Rel. Min. Celso de Mello, Tribunal Pleno, j. 06-06-2007, DJ 25-09-2009; BRASIL. *Supremo Tribunal Federal*, MS 27.992, Rel. Min. Ricardo Lewandowski, decisão monocrática, j. 17-12-2009, DJ 01-02-2010.

[345] JACOBY FERNANDES, Jorge Ulisses. *Coleção Jorge Ulisses Jacoby Fernandes de Direito Público*, v. 3 – Tribunais de Contas no Brasil. 4. ed. Belo Horizonte: Fórum, 2016. p. 471-476; SUNDFELD, Carlos Ari; CÂMARA, Jacintho Arruda. Competências de Controle dos Tribunais de Contas: possibilidades e limites. *In*: SUNDFELD, Carlos Ari. *Contratações públicas e o seu controle*. São Paulo: Malheiros, 2013. p. 200-201.

CAPÍTULO 4
COMPETÊNCIAS CAUTELARES DO TCU | 125

Veja-se, a esse propósito, o acirrado debate havido do julgamento do Mandado de Segurança n° 24.785.[346] No caso, a Administração prorrogou um contrato administrativo em prazo inferior àquele autorizado em cláusula contratual, sob a justificativa de que estaria dando cumprimento à decisão do TCU, quando à época tramitavam perante a Corte de Contas processos sancionadores contra os gestores públicos responsáveis pela contratação. Mesmo sob estas circunstâncias, a maioria do Supremo Tribunal Federal entendeu que o prazo da prorrogação contratual definido pela Administração foi fixado no exercício de competência discricionária da Administração, uma vez que o ato apontado como coator, praticado pelo TCU, não teria caráter vinculante.

Fato é, contudo, que, no plano legal, a resistência da Administração perante determinação do TCU relativa ao saneamento de irregularidades em contratos não pode ser considerada uma "recusa ilegal", tampouco pode desafiar, por si, a aplicação de sanção – a LOTCU, por exemplo, somente prevê sanção para a hipótese de não atendimento à correção de irregularidade relativa a ato, não a contrato (art. 45, §1º, III, §2º, c/c art. 58, II). Nessa linha se posicionam Carlos Ari Sundfeld e Jacintho Arruda Câmara:

> Vale ressaltar que não se trata de embate maniqueísta entre o cumprimento da lei, que seria supostamente representado pela sustação do contrato, e sua desobediência, pela continuidade da execução do contrato. O fato de o Tribunal de Contas apontar uma irregularidade, e definir prazo para o responsável corrigi-la, e de este não aceitar a recomendação não pode ser juridicamente qualificado como recusa ilegal. O Direito não dá mais valor à opinião do fiscal que à opinião do fiscalizado. O que se tem é um conflito de visões sobre o que é certo ou errado.[347]

Para além – e em função – da autorização ao exercício da competência prevista no art. 71, IX, CF/1988, quanto aos contratos administrativos, o STF, em reiteradas oportunidades, tem validado decisões do TCU que impuseram a suspensão da prática de atos inerentes à execução

---

[346] BRASIL. *Supremo Tribunal Federal*, MS 24.785, Rel. Min. Joaquim Barbosa, Tribunal Pleno, j. 08-09-2004, DJ 03-02-2006.

[347] SUNDFELD, Carlos Ari; CÂMARA, Jacintho Arruda. Competências de Controle dos Tribunais de Contas: possibilidades e limites. *In*: SUNDFELD, Carlos Ari. *Contratações públicas e o seu controle*. São Paulo: Malheiros, 2013. p. 201.

dos contratos administrativos, o que, a rigor, representa a suspensão do contrato em si, ainda que parcial – isto sob o fundamento da suposta existência de um poder geral de cautela implicitamente conferido ao TCU pela CF/1988, invocando-se, como precedente, o MS 24.510.[348]

Nesse sentido, trazemos a decisão monocrática da Min. Cármen Lúcia na Suspensão de Segurança nº 5.182:

> No exercício do poder geral de cautela, o Tribunal de Contas pode determinar medidas, em caráter precário, que assegurem o resultado final dos processos administrativos. Isso inclui, dadas as peculiaridades da espécie vertente, a possibilidade de sustação de alguns dos efeitos decorrentes de contratos potencialmente danosos ao interesse público e aos princípios dispostos no art. 37 da Constituição da República.[349]

Semelhante entendimento foi referendado pela Primeira Turma mais recentemente, no Agravo Interno em Mandado de Segurança nº 35.038, sob a relatoria da Min. Rosa Weber, cujo voto se deu nos seguintes termos:

> A articulação dessas duas compreensões, a saber, de que o TCU tem poder geral de cautela e de que pode determinar a ente fiscalizado a adoção de medidas para anular contrato, conduz, reitero, ao reconhecimento da legitimidade do ato impugnado e afasta, na espécie, configuração de ilegalidade ou de abuso de poder.
>
> Com efeito, se a autoridade impetrada pode vir a determinar que BNDES, BNDESPAR e FINAME, patrocinadores da FAPES, anulem os contratos de confissão de dívida, não há dúvida de que, atrelado a essa possível determinação futura, está o poder geral de cautela de impor a suspensão dos repasses mensais decorrentes dessas avenças, como forma de assegurar o próprio resultado útil da futura manifestação da Corte de Contas.
>
> A possibilidade de o TCU impor a indisponibilidade de bens, agasalhada pela jurisprudência desta Suprema Corte, contempla a prerrogativa de decretar a indisponibilidade de créditos devidos, como decorrência do contrato de confissão de dívida, pelos patrocinadores à FAPES.[350]

---

[348] É o que se verifica, por exemplo, no caso do Acórdão nº 593/2009 – TCU – Plenário, Rel. Min. Aroldo Cedraz.

[349] BRASIL. *Supremo Tribunal Federal*. SS 5.182, Rel. Min. Cármen Lúcia, decisão monocrática, j. 27-06-2017, DJ 02-08-2017.

[350] BRASIL. *Supremo Tribunal Federal*, MS 35.038 AgR, Rel. Min. Rosa Weber, Primeira Turma, j. 12-11-2019, DJ 05-03-2020.

O problema desse entendimento não tem sido ignorado pela doutrina, que tem alertado sobre a impossibilidade da sustação de "atos contratuais", isto é, atos exercitáveis pela Administração, unilateralmente ou não, mas no contexto da execução de contratos, repercutindo diretamente na esfera de direitos e interesses do terceiro contratado – a exemplo da realização de medições, pagamentos e suas eventuais retenções ou glosas, celebração de aditivos, reconhecimento e implementação de medidas destinadas ao reequilíbrio econômico-financeiro etc.

Em outras palavras, qualquer medida de comando do TCU que implique a interrupção física ou financeira do contrato, parcial ou total, configura a própria sustação do contrato, em clara violação à Constituição.[351]

Mais frágil fica a fundamentação adotada na jurisprudência do Supremo Tribunal Federal, com supedâneo em um poder geral de cautela implícito supostamente conferido ao TCU, quando se constata que, ao contrário, a sustação de contratos é medida acautelatória explicitamente tratada no texto constitucional, com regramento próprio e claro.[352]

Como se observa, a jurisprudência do STF ainda é muito tímida quanto à garantia da força normativa dessa limitação constitucional. Citamos a decisão do Min. Dias Toffoli, que, ao apreciar pedido liminar no Mandado de Segurança nº 35.192 (posteriormente extinto por perda de objeto), destacou a importância de se interpretar o RITCU sob o enquadramento e os limites da própria CF/1988:

> Tais dispositivos constam, no RITCU, do título VIII, nominado "Medidas Cautelares", e, desse modo, como instrumentos processuais que são, devem ser necessariamente lidos em conjunto com as atribuições

---

[351] GIAMUNDO NETO, Giuseppe. *As garantias no processo no Tribunal de Contas da União*. São Paulo: Thomson Reuters Brasil, 2019. p. 152-155; DI PIETRO, Maria Sylvia Zanella. O papel dos Tribunais de Contas no controle dos contratos administrativos. *Revista Interesse Público*, Belo Horizonte, ano 15, n. 82, nov.-dez. 2013. Disponível em: https://www.editoraforum.com.br/noticias/o-papel-dos-tribunais-de-contas-no-controle-dos-contratos-administrativos/. Acesso em: 22 set. 2021; ROSILHO, André. *Tribunal de Contas da União*: competências, jurisdição e instrumentos de controle. São Paulo: Quartier Latin, 2019. p. 274-285. GIAMUNDO NETO, Giuseppe. O Tribunal de Contas e a ausência de competência para determinar retenção de pagamentos em contratos administrativos. *Revista de Direito Administrativo e Infraestrutura*, v. 14. p. 341-358, jul.-set. 2020. WILLEMAN, Marianna Montebello. *Accountability democrática e o desenho institucional dos Tribunais de Contas no Brasil*. Belo Horizonte: Fórum, 2020 (Kindle), posição 7519-7532.

[352] GIAMUNDO NETO, Giuseppe. *As garantias no processo no Tribunal de Contas da União*. São Paulo: Thomson Reuters Brasil, 2019. p. 154.

materiais da Corte de Contas. São, destarte, as disposições constitucionais atinentes às atribuições do Tribunal de Contas da União [...].

O campo de atuação cautelar delineado ao TCU, portanto, é parametrizado por constatações ou apontamentos de ilegalidades sendo então, diante deles, autorizado à Corte de Contas a adoção das providências a ela reservadas pela Constituição, lei e mesmo seu regimento interno. Importa, ainda, consignar que essas competências não se sobrepõem às competências (seja no aspecto administrativo, seja no aspecto político) dos gestores públicos e dos órgãos de representação do respectivo ente político, que permanecem com suas atribuições e responsabilidades constitucionais e legais igualmente preservados. [...]

Ao deliberar no sentido de que a continuidade das tratativas fica condicionada à posição do TCU sobre a viabilidade de eventual acordo, que sequer tem seus termos delimitados, tenho que o Tribunal de Contas procedeu a uma substituição da esfera de atuação administrativa e política da União e, de outro lado, interferiu na discricionariedade das partes judiciais quanto ao interesse em conciliar e mesmo quanto aos termos em que eventualmente pretendam fazer o ajuste.[353]

É importante destacarmos que, mesmo no caso da execução de contratos fiscalizados pelas agências reguladoras, o TCU não tem se furtado a intervir diretamente sobre a gestão contratual, inclusive por meio de medidas cautelares que atacam, ainda que parcialmente, a eficácia dos contratos e a própria competência das agências[354] – a despeito de a doutrina defender, corretamente, que, no controle das concessões de serviço público, o TCU deve exercer fiscalização de segunda ordem, monitorando a atuação das agências sem substituir o seu papel na condução dos contratos.[355]

Ultrapassada a hipótese inicial em que cabe ao TCU somente informar ao Congresso Nacional sobre os indícios de ilegalidade, cumpre examinar se, omissos o Poder Executivo e o Poder Legislativo quanto à deliberação sobre a sustação ou não, teria o TCU, finalmente, competência para efetivamente decidir sobre a suspensão da eficácia dos contratos. Nesse ponto, há certa divergência doutrinária sobre o significado da expressão "decidirá a respeito", constante do art. 71, §2º, CF/1988.

---

[353] BRASIL. Supremo Tribunal Federal, MS 35.192-MC, Rel. Min. Dias Toffoli, decisão monocrática, j. 20-09-2017, DJ 25-09-2017.

[354] Como exemplo, ver os seguintes julgados da Corte de Contas: Acórdão 2.611/2020 e Acórdão 2.957/2020.

[355] ZYMLER, Benjamin. *O controle externo das concessões e das parcerias público-privadas*. 2. ed. Belo Horizonte: Fórum, 2008. p. 164-165.

CAPÍTULO 4
COMPETÊNCIAS CAUTELARES DO TCU | **129**

No regime constitucional anterior,[356] o prazo para a deliberação do Congresso Nacional era inferior (30 dias) ao estipulado atualmente na CF/1988 (90 dias). Fixou-se que o silêncio do Poder Legislativo implicaria a insubsistência da impugnação do TCU (art. 72, §5º, *c*, §6º, Emenda Constitucional nº 1/1969).[357]

André Rosilho resgata que a prevalência da recomendação do TCU sobre a sustação dos contratos, na hipótese de omissão da Administração e do Congresso, foi discutida e rejeitada na ANC, de modo que a LOTCU teria avançado a delimitação da CF/1988, ao dispor de forma mais explícita, no art. 45, §3º, que "o Tribunal decidirá a respeito da sustação do contrato".[358]

Parte da doutrina, embora reconheça a vagueza do texto constitucional, sustenta que o §2º do art. 71 conferiu ao TCU o poder de "dar a última palavra" sobre a sustação do contrato, no silêncio do Poder Executivo e do Poder Legislativo.[359]

Por outro lado, respeitáveis vozes sustentam que, nessa hipótese, caberia ao TCU decidir somente sobre a legalidade do contrato – alguns desses autores defendem que o TCU poderia declarar a nulidade do contrato – e imputar eventuais débitos aos responsáveis, ou mesmo aplicar as sanções cabíveis,[360] sem, no entanto, determinar a suspensão do contrato.[361] Para esses autores, não haveria sentido

---

[356] DECOMAIN, Pedro Roberto. *Tribunais de Contas no Brasil*. São Paulo: Dialética, 2006. p. 136-137; ROSILHO, André. *Tribunal de Contas da União*: competências, jurisdição e instrumentos de controle. São Paulo: Quartier Latin, 2019. p. 79-83.

[357] BRASIL. Emenda Constitucional n. 1/1969. "Art. 72 [...] §5º O Tribunal, de ofício ou mediante provocação do Ministério Público ou das auditorias financeiras e orçamentárias e demais órgãos auxiliares, se verificar a ilegalidade de qualquer despesa, inclusive as decorrentes de contratos, deverá: [...] c) solicitar ao Congresso Nacional, em caso de contrato, que determine a medida prevista na alínea anterior ou outras necessárias ao resguardo dos objetivos legais; §6º O Congresso Nacional deliberará sôbre a solicitação de que cogita a alínea *c* do parágrafo anterior, no prazo de trinta dias, findo a qual, sem pronunciamento do Poder Legislativo, será considerada insubsistente a impugnação".

[358] ROSILHO, André. *Tribunal de Contas da União*: competências, jurisdição e instrumentos de controle. São Paulo: Quartier Latin, 2019. p. 79-83; 98-103.

[359] JACOBY FERNANDES, Jorge Ulisses. *Coleção Jorge Ulisses Jacoby Fernandes de Direito Público*, v. 3 – Tribunais de Contas no Brasil. 4. ed. Belo Horizonte: Fórum, 2016. p. 471-476; GIAMUNDO NETO, Giuseppe. *As garantias no processo no Tribunal de Contas da União*. São Paulo: Thomson Reuters Brasil, 2019. p. 148-150.

[360] SUNDFELD, Carlos Ari; CÂMARA, Jacintho Arruda. Competências de Controle dos Tribunais de Contas: possibilidades e limites. *In*: SUNDFELD, Carlos Ari. *Contratações públicas e o seu controle*. São Paulo: Malheiros, 2013. p. 213.

[361] SILVA, José Afonso da. *Curso de direito constitucional positivo*. 43. ed. São Paulo: Malheiros, 2020. p. 770-771; DI PIETRO, Maria Sylvia Zanella. O papel dos Tribunais de Contas no controle dos contratos administrativos. *Revista Interesse Público*. Belo Horizonte, ano 15, n. 82, nov.-dez. 2013. Disponível em: https://www.editoraforum.com.br/noticias/o-

no estabelecimento de uma regra de postergação da decisão sobre a sustação do contrato – fosse essa a intenção do constituinte, teria ele habilitado o TCU a adotar referida medida cautelar na origem, sem depender da apreciação e eventual omissão do Congresso Nacional.

Em nosso entendimento, o fato de o texto constitucional ser reticente quanto ao conteúdo da decisão a ser adotada pelo TCU nas situações de inércia do Poder Legislativo e do Poder Executivo, não pode ser tomado como sinônimo de uma vedação a que tal decisão verse sobre a própria sustação do contrato. Nesse sentido, parece-nos que a LOTCU, de fato, avançou sobre o texto constitucional não para afrontá-lo, mas para conferir-lhe maior precisão.[362]

E o texto do art. 45, §3º, da LOCTU, a nosso ver, não configura qualquer usurpação de competência do Congresso Nacional até porque, na hipótese de que se cuida, é franqueado prazo razoável para seu exercício. Ademais, não parece haver impedimento legal à revisão, por parte do Congresso Nacional, a qualquer tempo, da decisão que venha a ser adotada pelo TCU nessas situações, de maneira que sua competência para sustação de contratos permaneceria hígida mesmo na hipótese de omissão por prazo superior a 90 dias.

De resto, esse regramento não nos parece ilógico. Isso porque, em oposição ao modelo do regime constitucional anterior, estabelece-se certo incentivo a que o Congresso delibere efetivamente sobre a sustação do contrato (ainda que seja para rejeitá-la, em definitivo), exercendo o juízo político de conveniência e oportunidade da medida, sob a pena de ter sua omissão suprida por outro órgão de controle, ainda que temporariamente.

O que, a nosso ver, mostrar-se-ia ilógico seria a perpetuação automática da situação supostamente ilegal apontada pela Corte de Contas em função da inércia do Poder Legislativo e do Poder Executivo. A dinâmica estabelecida pela CF/1988 e pela LOTCU, portanto, reforça, junto ao Congresso Nacional, seu ônus político de decidir (ou se omitir, delegando tacitamente a deliberação ao TCU[363]) sobre

---

papel-dos-tribunais-de-contas-no-controle-dos-contratos-administrativos/. Acesso em: 22 set. 2021; BARROSO, Luís Roberto. Tribunais de Contas: algumas competências controvertidas. *In*: BARROSO, Luís Roberto. *Temas de direito constitucional*. 2. ed. t. I. Rio de Janeiro: Renovar, 2006. p. 238.

[362] No mesmo sentido: WILLEMAN, Marianna Montebello. *Accountability democrática e o desenho institucional dos Tribunais de Contas no Brasil*. Belo Horizonte: Fórum, 2020 (Kindle), posição 7409-7495

[363] Como noticiado por João Pedro Accioly, ao menos até 2017, raras foram as oportunidades em que o Congresso se dispôs a efetivamente deliberar sobre a sustação de contratos: "Em

CAPÍTULO 4
COMPETÊNCIAS CAUTELARES DO TCU | **131**

a sustação do contrato, em homenagem ao princípio republicano, à legitimação democrática do Poder Legislativo e à busca pela efetividade dos mecanismos próprios à função de controle.

Por fim, não se pode esquecer que a sustação cautelar do contrato não afasta do particular contratado pela Administração (i) a proteção constitucional ao equilíbrio econômico-financeiro do contrato (art. 37, XXI, CF/1988), devendo o contratado ser ressarcido por todos os ônus que o provimento acautelatório lhe causar; e (ii) o direito à suspensão da execução ou à rescisão do contrato (art. 78, XIV, XV, XI, Lei nº 8.666/1993; art. 96, §2º, art. 137, §2º e §3º, Lei nº 14.133/2021) – ressalvadas situações excepcionais de comprovada má-fé, em que a própria conduta dolosa do particular tenha motivado a cautelar.[364]

A esse respeito, Celso Antônio Bandeira de Mello destaca que, para além da vedação constitucional expressa à sustação de contratos pelo TCU, a retenção de pagamentos implica claro desequilíbrio econômico-financeiro dos contratos administrativos, violando princípios constitucionais elementares:

> Dessarte, a retenção, por determinação do Tribunal de Contas, de parte dos pagamentos devidos à Consulente não pode deixar de ser qualificada como *comportamento clarissimamente agressivo aos princípios da segurança jurídica, da lealdade e da boa-fé*. Nele se retrata uma violação à própria palavra empenhada pelo Estado, e nisto se desdiz outro importante princípio, o da presunção da legalidade dos atos administrativos agravando quem cumpria rigorosamente os termos de edital de licitação

---

quase três décadas de vigência da Constituição Federal de 1988, apenas oito Projetos de Decreto Legislativo foram apresentados com vistas a sustar contratações administrativas antijurídicas. Desses, sete foram arquivados, sem deliberação final, e apenas um foi aprovado. O Dec. Legislativo 106/1995, publicado na página 13469 do Diário Oficial da União de 01.09.1995, foi o único expediente parlamentar a sustar um contrato público de que se tem notícia". ACCIOLY, João Pedro. A competência subsidiária dos Tribunais de Contas para a sustação de contratos públicos antijurídicos. *Revista dos Tribunais*. v. 975, jan. 2017. p. 107.

[364] JACOBY FERNANDES, Jorge Ulisses. *Coleção Jorge Ulisses Jacoby Fernandes de Direito Público*, v. 3 – Tribunais de Contas no Brasil. 4. ed. Belo Horizonte: Fórum, 2016. p. 477; GIAMUNDO NETO, Giuseppe. *As garantias no processo no Tribunal de Contas da União*. São Paulo: Thomson Reuters Brasil, 2019. p. 152-155; DI PIETRO, Maria Sylvia Zanella. O papel dos Tribunais de Contas no controle dos contratos administrativos. *Revista Interesse Público*. Belo Horizonte, ano 15, n. 82, nov.-dez. 2013. Disponível em: https://www.editoraforum.com.br/noticias/o-papel-dos-tribunais-de-contas-no-controle-dos-contratos-administrativos/. Acesso em: 22 set. 2021; ROSILHO, André. *Tribunal de Contas da União*: competências, jurisdição e instrumentos de controle. São Paulo: Quartier Latin, 2019. p. 274-285; SUNDFELD, Carlos Ari; CÂMARA, Jacintho Arruda. Competências de Controle dos Tribunais de Contas: possibilidades e limites. *In*: SUNDFELD, Carlos Ari. *Contratações públicas e o seu controle*. São Paulo: Malheiros, 2013. p. 204-207.

e de contrato travado na estrita conformidade do que o próprio Poder Público havia unilateralmente estabelecido.

Aliás, importa ressaltar que, na teoria do contrato administrativo, a manutenção do equilíbrio econômico-financeiro *é* aceita como verdadeiro "artigo de fé". Doutrina e jurisprudência brasileiras, em sintonia com o pensamento alienígena, assentaram-se pacificamente em que neste tipo de avença o contratado goza de sólida proteção no que concerne ao *ângulo* patrimonial do vínculo, até mesmo como contrapartida das prerrogativas reconhecíveis ao contratante governamental. Este indiscutido direito, como *é óbvio* – mas importa dizê-lo –, corresponde a uma garantia verdadeira, *real*, substancial, e não a uma garantia *fictícia, simulada, nominal.*[365]

Essa medida, portanto, não pode ser adotada de forma açodada, pois pode causar significativos impactos na gestão pública, tanto sob o aspecto social, da prestação material a que se destina o escopo contratado, quanto sob o aspecto financeiro, ante o risco da legítima formação de pretensões indenizatórias por parte do contratado.

4.5 Medidas cautelares em procedimentos licitatórios

A Lei nº 8.666/1993 habilita a atuação dos tribunais de contas durante os procedimentos licitatórios nos seguintes termos:

> Art. 113. O controle das despesas decorrentes dos contratos e demais instrumentos regidos por esta Lei será feito pelo Tribunal de Contas competente, na forma da legislação pertinente, ficando os órgãos interessados da Administração responsáveis pela demonstração da legalidade e regularidade da despesa e execução, nos termos da Constituição e sem prejuízo do sistema de controle interno nela previsto.
>
> §1º Qualquer licitante, contratado ou pessoa física ou jurídica poderá representar ao Tribunal de Contas ou aos órgãos integrantes do sistema de controle interno contra irregularidades na aplicação desta Lei, para os fins do disposto neste artigo.
>
> §2º Os Tribunais de Contas e os órgãos integrantes do sistema de controle interno poderão solicitar para exame, até o dia útil imediatamente

---

[365] BANDEIRA DE MELLO, Celso Antônio. Competência dos Tribunais de Contas – impossibilidade de suspenderem a execução financeira de contratos administrativos e de fixarem valores máximos para pagamento de execução de obras públicas. *In:* BANDEIRA DE MELLO, Celso Antônio. *Pareceres de direito administrativo.* São Paulo: Malheiros, 2011. p. 424.

anterior à data de recebimento das propostas, cópia de edital de licitação já publicado, obrigando-se os órgãos ou entidades da Administração interessada à adoção de medidas corretivas pertinentes que, em função desse exame, lhes forem determinadas.

Da leitura dos dispositivos, em especial o §2º, fica nítida a competência conferida ao Tribunal de Contas para fiscalizar e controlar qualquer procedimento licitatório a partir da publicação do edital, podendo, após analisá-lo, determinar medidas corretivas a serem adotadas pela Administração.

Tal atribuição representa um delineamento da competência prevista, em termos amplos, no art. 71, IX, CF/1988.[366] Trata-se de controle concomitante ao procedimento licitatório e prévio a sua conclusão ou à realização da despesa. Não pode ser confundido, no entanto, com o modelo de registro prévio e compulsório dos contratos administrativos, abandonado já no regime anterior à CF/1988 e, sob a regência desta, rejeitado pelo Supremo Tribunal Federal.[367] A previsão encerra tão somente uma faculdade conferida aos tribunais de contas e não um modelo de controle prévio obrigatório e generalizado sobre todas as licitações empreendidas pela Administração.[368]

De igual modo, se não atendida pela Administração a determinação do Tribunal de Contas, este poderá optar pela sustação do ato reputado ilegal, em aplicação direta do art. 71, X, CF/1988, uma vez que a Lei nº 8.666/1993 não apresenta dispositivos voltados ao regramento específico dessa competência no âmbito da fiscalização das licitações.

Nesse ponto, cabem algumas observações. Há certo consenso de que, por força de suas competências constitucionais, a Corte de Contas

---

[366] Marçal Justen Filho sustenta a inconstitucionalidade do art. 113, §2º, ao apontar que a Administração estaria obrigada a dar cumprimento à determinação do Tribunal de Contas, uma vez que este não teria competência para declarar, diretamente, a invalidade de contrato administrativo, até mesmo porque o Poder Judiciário pode reformar a decisão da Corte de Contas, superando seu entendimento. Não concordamos com esse entendimento, especialmente porque o dispositivo diz respeito aos procedimentos licitatórios e não aos contratos administrativos já aperfeiçoados. A nosso ver, o regramento estabelecido na Lei nº 8.666/1993 revela uma opção legítima do legislador. JUSTEN FILHO, Marçal. *Comentários à Lei de Licitações e Contratos Administrativos*. 18. ed. São Paulo: Thomson Reuters Brasil, 2019. p. 1.598-1.599.

[367] BRASIL. *Supremo Tribunal Federal*, RE 547.063, Rel. Min. Menezes Direito, Primeira Turma, j. 07-10-2008, DJ 12-12-2008; BRASIL. *Supremo Tribunal Federal*, ADI 916, Rel. Min. Joaquim Barbosa, Tribunal Pleno, j. 02-02-2009, DJ 06-03-2009.

[368] FERRAZ, Luciano. Controle externo das licitações e contratos administrativos. *In*: FREITAS, Ney José (Org.). *Tribunais de Contas*: aspectos polêmicos. Estudos em homenagem ao conselheiro João Feder. Belo Horizonte: Fórum, 2010. p. 141-142.

pode requisitar e examinar editais a qualquer tempo.[369] Por essa razão, o prazo indicado no §2º do art. 113 ("dia útil imediatamente anterior à data de recebimento das propostas") deve ser interpretado como uma referência para definir se o certame e o recebimento das propostas poderão ser suspensos ou não pela Administração, conforme sugere Luciano Ferraz:

> O sentido que se extrai do prazo fixado no §2º do art. 113 tem a ver com a necessidade de suspensão do recebimento das propostas pela Administração até ulterior deliberação do Tribunal: se a solicitação vier dentro do prazo, é necessário suspender a licitação; do contrário, ou seja, se a cópia for requerida posteriormente pelo Tribunal, desnecessário suspender o procedimento.

> É óbvio que a administração não poderá ficar entravada em face de eventual mora do Tribunal de Contas em apreciar o edital da licitação. A apreciação deverá ser realizada em prazo razoável, levando-se em conta o objeto e a complexidade do procedimento licitatório, devendo normas internas das Cortes disporem a respeito [...].[370]

Discordamos do autor, todavia, quando, fundado no precedente do Mandado de Segurança nº 24.510 julgado pelo Supremo Tribunal Federal (em que se sustentou a existência de um poder geral de cautela implícito do TCU), defende a possibilidade de a Corte de Contas sustar diretamente o certame nos casos em que, em razão da exiguidade do tempo, a indicação de prazo para sanear irregularidades for insuficiente ou inviável.[371]

Em nosso entendimento, cabe à Corte de Contas zelar pela celeridade e oportunidade de sua fiscalização, evitando que sua própria morosidade enseje a paralisação da atividade administrativa.

Esse é justamente o mote que orienta o regramento proposto no art. 171, §1º e §2º, da Lei nº 14.133/2021, a NLGL, especificamente quanto

---

[369] FERRAZ, Luciano. Controle externo das licitações e contratos administrativos. *In:* FREITAS, Ney José (Org.). *Tribunais de Contas*: aspectos polêmicos. Estudos em homenagem ao conselheiro João Feder. Belo Horizonte: Fórum, 2010. p. 141-142; JUSTEN FILHO, Marçal. *Comentários à Lei de Licitações e Contratos Administrativos*. 18. ed. São Paulo: Thomson Reuters Brasil, 2019. p. 1.598-1.599.

[370] FERRAZ, Luciano. Controle externo das licitações e contratos administrativos. *In:* FREITAS, Ney José (Org.). *Tribunais de Contas*: aspectos polêmicos. Estudos em homenagem ao conselheiro João Feder. Belo Horizonte: Fórum, 2010. p. 141-142.

[371] FERRAZ, Luciano. Controle externo das licitações e contratos administrativos. *In:* FREITAS, Ney José (Org.). *Tribunais de Contas*: aspectos polêmicos. Estudos em homenagem ao conselheiro João Feder. Belo Horizonte: Fórum, 2010. p. 143.

ao estabelecimento de prazo para o órgão de controle se pronunciar sobre o mérito da irregularidade apontada para justificar a suspensão cautelar do certame:

> Art. 171. [...] §1º Ao suspender cautelarmente o processo licitatório, o tribunal de contas deverá pronunciar-se definitivamente sobre o mérito da irregularidade que tenha dado causa à suspensão no prazo de 25 (vinte e cinco) dias úteis, contado da data do recebimento das informações a que se refere o §2º deste artigo, prorrogável por igual período uma única vez, e definirá objetivamente:
>
> I – as causas da ordem de suspensão;
>
> II – o modo como será garantido o atendimento do interesse público obstado pela suspensão da licitação, no caso de objetos essenciais ou de contratação por emergência.
>
> §2º Ao ser intimado da ordem de suspensão do processo licitatório, o órgão ou entidade deverá, no prazo de 10 (dez) dias úteis, admitida a prorrogação:
>
> I – informar as medidas adotadas para cumprimento da decisão;
>
> II – prestar todas as informações cabíveis;
>
> III – proceder à apuração de responsabilidade, se for o caso.

Da leitura dos dispositivos acima fica claro, portanto, que, uma vez exaurido o prazo de 25 dias (prorrogável por igual período) sem que tenha havido apreciação do mérito da irregularidade apontada como fundamento para a suspensão do certame, tal medida cautelar perde sua eficácia, retomando-se o regular prosseguimento da licitação – sendo vedado ao Tribunal de Contas renovar ou restabelecer o provimento acautelatório sob o mesmo fundamento.

O regramento tem o nítido propósito de desestimular a banalização da suspensão cautelar de procedimentos licitatórios, reservando essa medida para hipóteses verdadeiramente graves, cuja ilegalidade seja flagrante e não demande instrução aprofundada, com o exame de matérias de maior complexidade.

Trata-se, portanto, de iniciativa louvável porque tende a induzir o TCU a ser mais criterioso e prudente ao lançar mão de medida tão agressiva e, ao mesmo tempo, prestigia a atuação da Administração e o atributo da presunção de legalidade e de legitimidade de seus atos. Mitiga-se, assim, o risco de que decisões superficiais e açodadas dos órgãos de controle, sobretudo em matérias técnicas de maior complexidade previamente exploradas pela Administração, travem o pleno exercício da função administrativa.

Nesse ponto, são sintomáticas as críticas que esse regramento tem recebido por respeitáveis integrantes dos órgãos de controle externo[372] – além da própria deliberação da Corte de Contas pela representação junto à Procuradoria-Geral da República, com vistas ao ajuizamento de ação direta de inconstitucionalidade em face do referido art. 171, §1º.[373]

O ponto comum a essas críticas seria um suposto vício material decorrente da exiguidade do prazo estabelecido no art. 171, §1º, especialmente para os casos mais complexos, que demandem uma análise cuidadosa do mérito da irregularidade apontada.

Sobre esse ponto, ficam sem respostas, no entanto, as seguintes perguntas: se questões complexas demandam um exame aprofundado e, por conseguinte, demorado por parte dos tribunais de contas, por que deveriam elas incitar a adoção de medidas cautelares, em caráter precário e de urgência, sob um juízo perfunctório em cognição sumária, em detrimento da análise já realizada pela própria Administração? Há justificativa legítima em nosso direito positivo que sustente uma regra de preferência apriorística que faça prevalecer um juízo de cognição sumária da Corte de Contas em detrimento da análise exauriente da Administração em matérias de maior complexidade?

Questão que causa controvérsia, ademais, diz respeito à possibilidade de o TCU exercer controle, por meio de atos de comando

---

[372] "No que se refere aos aspectos materiais da legislação, cabe mencionar o prazo extremamente exíguo, de apenas 25 dias úteis, prorrogável por igual período, para que o tribunal de contas competente se pronuncie definitivamente sobre o mérito da irregularidade que deu causa à suspensão cautelar do certame licitatório, nos termos do artigo 171, §1º. [...] Sob o ponto de vista substantivo, entende-se que o prazo estipulado poderá ser inexequível para a apreciação de processos que envolvam questões de elevada complexidade [...]. A proposta também parece colidir com o princípio da razoabilidade, na sua vertente que impõe a razoável duração do processo. Por evidente, não se toleram trâmites processuais demorados, que prejudicam a administração pública e os contratados. Todavia, a busca pela rápida solução de controvérsias não pode atropelar a realidade fática dos processos, tampouco o rigor técnico que se exige na apreciação de questões muitas vezes complexas, que demandam uma extensa dilação probatória". ZYMLER, Benjamin; ALVES, Francisco Sérgio Maia. A nova Lei de Licitações como sedimentação da jurisprudência do TCU. *Consultor Jurídico*. Publicado em: 5 abr. 2021. Disponível em: https://www.conjur.com.br/2021-abr-05/opiniao-lei-licitacoes-jurisprudencia-tcu. Acesso em: 6 abr. 2021. "Veja-se também que procedimentos licitatórios envolvem muitas vezes objetos complexos, como obras e serviços de engenharia, sistemas de gerenciamento e informática, o que enseja análise mesmo que em cognição sumária própria de cautelares uma apreciação de várias nuances com a oferta de contraditório e ampla defesa". BELO, Alcindo Antonio Amorim B. *É irrazoável limitar a atuação dos Tribunais de Contas na nova Lei de Licitações*. *Consultor Jurídico*, Publicado em: 10 abr. 2021. Disponível em: https://www.conjur.com.br/2021-abr-10/alcindo-belo-tribunais-contas-lei-licitacoes. Acesso em: 12 abr. 2021.

[373] Acórdão 2463/2021 – Plenário.

sobre a fase interna do procedimento licitatório, antes, portanto, da publicação do edital.

André Rosilho lembra que, durante a tramitação do projeto de lei que resultou na aprovação da LOTCU, tal competência chegou a ser suscitada pelo senador Pedro Simon, por meio de emenda CCJ-5, que foi rejeitada na Câmara dos Deputados. Posteriormente, a Lei nº 8.666/1993, em seu art. 113, §2º, bem delimitou o controle exercitável pelos tribunais de contas, restringindo sua atuação nos certames cujos editais já tenham sido publicados.[374] A NLGL, por seu turno, é silente a respeito.

A esse respeito, entendemos que nada obsta que o TCU requisite e a Administração efetivamente compartilhe informações e documentos relativos a procedimentos licitatórios ainda em fase interna, antes da publicação de editais – e a esse respeito o TCU também não está proibido de expedir recomendações.

O que é vedado pela Constituição é a prática de atos de comando, por parte da Corte de Contas, especialmente medidas de natureza cautelar nesse momento incipiente da licitação. Igualmente, parece-nos eivada de inconstitucionalidade regra infraconstitucional que condicione o prosseguimento do certame à prévia disponibilização de documentos e informações ao TCU, ou mesmo à prévia chancela desse órgão de controle.

Como o modelo de controle prévio foi rejeitado pelo atual regime constitucional, tal atuação, seja por meio de medidas acautelatórias, seja por força de condicionamentos *ope legis* ao prosseguimento do certame, somente teria lugar nas excepcionais hipóteses eventualmente previstas na legislação infraconstitucional, observados os limites impostos pela Constituição. Inexistindo regra constitucional e legal que autorize expressamente a prática de atos de comando relativos ao exame de minutas de editais, não pode este ser admitido.

A própria Corte de Contas já decidiu nesse sentido:

ANÁLISE DA MINUTA DO EDITAL DE CONCORRÊNCIA VISANDO À CONTRATAÇÃO DAS OBRAS DE CONSTRUÇÃO DO PRÉDIO ANEXO III DO SENADO FEDERAL. RECOMENDAÇÕES. 1. Não compete ao TCU deliberar a respeito da licitude do conteúdo de minuta de edital ainda não publicada e que, por isso, não consubstancia ato

---

[374] ROSILHO, André. *Tribunal de Contas da União*: competências, jurisdição e instrumentos de controle. São Paulo: Quartier Latin, 2019. p. 98-102; 244-251.

administrativo, por extrapolar o conjunto de competências conferido a esta Corte. 2. A limitação acima enunciada não impede a expedição de sugestões que visem à correção de prováveis vícios em procedimento licitatório a ser futuramente deflagrado pelo órgão interessado. 3. A expedição dessas sugestões não vincula, relativamente a seu conteúdo, futura atuação controladora deste Tribunal.[375]

Endossamos, nesses termos, certas críticas feitas ao exercício desses atos de comando ou condicionamentos no âmbito dos processos de desestatização (art. 18, VIII, Lei nº 9.491), por meio de instruções normativas editadas pelo próprio TCU,[376] condicionando a fase interna dos procedimentos licitatórios relativos às privatizações, concessões e parcerias público-privadas.[377]

4.6 Outras competências de natureza preventiva

Convém recordar, por fim, que, a despeito de ter suas competências cautelares bem-delimitadas na Constituição e na legislação infraconstitucional, o TCU dispõe de outros instrumentos que lhe permitem agir para salvaguardar o interesse público, especialmente o erário, nas situações em que não tiver sido habilitado a praticar atos de comando sobre a Administração.

Observamos, nesse sentido, o ato de alerta conferido ao TCU no âmbito da Lei Complementar nº 101/2000 ("Lei de Responsabilidade Fiscal" ou "LRF"),[378] conforme recorda Jorge Ulisses Jacoby Fernan-

---

[375] Acórdão 597/2008 – Plenário.

[376] A mais recente delas é a Instrução Normativa no 81/2018.

[377] ROSILHO, André. *Tribunal de Contas da União*: competências, jurisdição e instrumentos de controle. São Paulo: Quartier Latin, 2019. p. 251-260; JORDÃO, Eduardo. A intervenção do Tribunal de Contas da União sobre editais de licitação não publicados: controlador ou administrador? *In:* SUNDFELD, Carlos Ari; ROSILHO, André (Org.). *Tribunal de Contas da União no direito e na realidade.* São Paulo: Almedina, 2020. p. 340-356; GIAMUNDO NETO, Giuseppe; LEONI, Fernanda. O procedimento de manifestação de interesse na visão do Tribunal de Contas da União – uma análise casuística. *In:* TAFUR, Diego Jacome Valois; JURKSAITIS, Guilherme Jardim; ISSA, Rafael Hamze (Coord.). *Experiências práticas em concessões e PPP*: estudos em homenagem aos 25 anos da Lei de Concessões. v. II – Execução, controle e exercício de funções públicas por concessionário. São Paulo: Quartier Latin, 2021. p. 140-146.

[378] BRASIL. Lei Complementar nº 101/2000. "Art. 59. [...] §1º Os Tribunais de Contas alertarão os Poderes ou órgãos referidos no art. 20 quando constatarem: I – a possibilidade de ocorrência das situações previstas no inciso II do art. 4º e no art. 9º; II – que o montante da despesa total com pessoal ultrapassou 90% (noventa por cento) do limite; III – que os montantes das dívidas consolidada e mobiliária, das operações de crédito e da concessão de garantia se encontram acima de 90% (noventa por cento) dos respectivos limites;

CAPÍTULO 4
COMPETÊNCIAS CAUTELARES DO TCU | 139

des,[379] e a competência para representar outras autoridades a respeito das irregularidades identificadas (art. 71, XI, CF/1988;[380] art. 1º, VIII, LOTCU[381]), desafiando, inclusive, a atuação da Advocacia Geral da União ou do Ministério Público na esfera judicial.[382]

Fica evidente, portanto, que a delimitação das competências cautelares do TCU é uma opção de desenho institucional exercida pelo constituinte e pelo legislador que não deixa desguarnecido o interesse público, o que afasta o argumento *ad terrorem* no sentido de que o reconhecimento de um poder geral de cautela implicitamente atribuído à Corte seria imprescindível para evitar uma catástrofe administrativa decorrente da perpetuação das mais diversas ilegalidades.

IV – que os gastos com inativos e pensionistas se encontram acima do limite definido em lei; V – fatos que comprometam os custos ou os resultados dos programas ou indícios de irregularidades na gestão orçamentária".

[379] JACOBY FERNANDES, Jorge Ulisses. *Coleção Jorge Ulisses Jacoby Fernandes de Direito Público*, v. 3 – Tribunais de Contas no Brasil. 4. ed. Belo Horizonte: Fórum, 2016. p. 425-427.

[380] BRASIL. Constituição Federal (1988). "Art. 71. O controle externo, a cargo do Congresso Nacional, será exercido com o auxílio do Tribunal de Contas da União, ao qual compete: [...] XI – representar ao Poder competente sobre irregularidades ou abusos apurados [...]".

[381] BRASIL. Lei nº 8.443/1992. "Art. 1º Ao Tribunal de Contas da União, órgão de controle externo, compete, nos termos da Constituição Federal e na forma estabelecida nesta Lei: [...] VIII – representar ao poder competente sobre irregularidades ou abusos apurados, indicando o ato inquinado e definindo responsabilidades, inclusive as de Ministro de Estado ou autoridade de nível hierárquico equivalente [...]".

[382] ROSILHO, André. *Tribunal de Contas da União*: competências, jurisdição e instrumentos de controle. São Paulo: Quartier Latin, 2019. p. 347-349; DECOMAIN, Pedro Roberto. *Tribunais de Contas no Brasil*. São Paulo: Dialética, 2006. p. 138.

CAPÍTULO 5

PODER GERAL DE CAUTELA: ANÁLISE CRÍTICA

A tese da existência de um poder geral de cautela do TCU tem como marco o julgamento do Mandado de Segurança nº 24.510.[383] A partir deste caso, a tese cresceu e passou a ser amplamente difundida na doutrina e na jurisprudência. A seguir, analisaremos seus fundamentos.

5.1 Os fundamentos suscitados para sustentar o poder geral de cautela do TCU

O Mandado de Segurança nº 24.510 foi impetrado por um licitante interessado contra decisão da Corte de Contas que havia determinado a suspensão de um procedimento licitatório (já em sua fase externa). A ordem foi denegada, nos termos do voto da Relatora, Min. Ellen Gracie, sob o fundamento de que o ato apontado como coator, praticado pelo TCU, estava sustentado na previsão do art. 113 da Lei nº 8.666/1993.

O Min. Carlos Ayres Britto suscitou divergência, concedendo a ordem, sob o fundamento de que o TCU, antes de ter determinado a suspensão do certame, deveria ter assinado prazo para a correção da irregularidade, nos termos do art. 71, IX. No entendimento do Ministro, somente após eventual resistência da Administração é que poderia a Corte determinar a sustação do ato administrativo questionado (art. 71, X), uma vez que o dispositivo da Lei nº 8.666/1993 não teria suplantado

---

[383] BRASIL. *Supremo Tribunal Federal*, MS 24.510, Rel. Min. Ellen Gracie, Tribunal Pleno, j. 19-11-2003, DJ 19-03-2004.

a previsão constitucional. Em situações excepcionais, que demandem uma atuação mais célere, disporia o TCU da competência para representar as demais autoridades, mas não poderia adotar medidas fora dos limites estabelecidos no art. 71, cujo rol de competências seria taxativo.

Esta posição, no entanto, foi rejeitada pela Corte. O Min. Cezar Peluso, invocando os princípios da legalidade e da moralidade, e uma analogia com o poder jurisdicional, sustentou que, se foi conferido ao TCU o poder para atuar *a posteriori*, ter-lhe-ia sido garantido também o poder para agir preventivamente – atuação esta que, na visão do Ministro, seria preferível. Também preocupado com a garantia da eficácia das decisões do TCU, o Min. Sepúlveda Pertence defendeu: "nenhum poder decisório constitucional é dado para tornar-se ineficaz". Para o Ministro, o poder geral de cautela da Corte de Contas estaria implícito na Constituição, uma vez que seria instrumento garantidor da eficácia das decisões da Corte – até porque, na avaliação do Ministro, há situações urgentes nas quais a prévia indicação de prazo para correção de irregularidades (art. 71, IX, CF/1988) não seria suficiente.

Foi, no entanto, o voto do Min. Celso de Mello, que se destacou no julgamento do caso – e seus fundamentos têm sido reiteradamente invocados na doutrina e na jurisprudência na tentativa de justificar a existência de um poder geral de cautela do TCU. Em linhas gerais, o Ministro argumentou que o poder cautelar tem natureza instrumental e, como tal, compõe as competências do TCU, ainda que implicitamente. Nesse sentido, o Ministro invocou a teoria dos poderes implícitos ("TPI"), originada no ordenamento jurídico dos EUA a partir do precedente *McCulloch x Maryland*.[384] Com base nesta teoria, o Ministro propõe que a Constituição seja interpretada de modo a expandir os poderes do TCU que tenham natureza instrumental – a tutela cautelar seria, em sua visão, um instrumento necessário e compatível com o sistema de controle externo.

---

[384] O precedente americano era tradicionalmente invocado pelo Supremo Tribunal Federal apenas em *obiter dictum* em temas relacionados às imunidades tributárias recíprocas e às limitações ao poder de tributar. Ganhou destaque, no entanto, no julgamento do Recurso Extraordinário no 593.727, que reconheceu a existência de poderes investigatórios ao Ministério Público, ainda que não explicitamente referidos no texto constitucional. CASAGRANDE, Cássio Luís; BARREIRA, Jônatas Henriques. O caso McCulloch *v.* Maryland e sua utilização na jurisprudência do Supremo Tribunal Federal. *Revista de Informação Legislativa*, Brasília, DF, v. 56, n. 221. p. 247-270, jan.-mar. 2019. Disponível em: https://www12.senado.leg.br/ril/edicoes/56/221/ril_v56_n221_p247. Acesso em: 4 jun. 2021. p. 260-261.

O julgado do Mandado de Segurança nº 24.510, especialmente a tese do poder geral de cautela do TCU construída naquele caso, tem sido sucessivamente referido em diversos julgamentos do Supremo Tribunal Federal – mesmo em casos relativos a competências cautelares expressamente estabelecidas no direito positivo.[385] Exemplo desse cenário é o julgamento do Mandado de Segurança 35.715, originariamente relatado pelo então Min. Marco Aurélio Mello. Os Ministros integrantes da Primeira Turma que participaram do julgamento – em especial Rosa Weber, Alexandre de Moraes, Luís Roberto Barroso e Dias Toffoli –, em um caso de flagrante violação ao contraditório e à ampla defesa (negativa de acesso a documentos constantes dos autos do processo no TCU), e que ensejou a adoção de medida cautelar prevista no art. 71, IX, reconheceram a afronta ao enunciado nº 3 da Súmula Vinculante do STF,[386] mas, ainda assim, pontuaram, em *obter dictum*, o reconhecimento do poder geral de cautela do TCU, para ressalvar que este não seria ilimitado.[387]

Para além disso, a Corte Suprema tem usado o precedente do Mandado de Segurança nº 24.510 como verdadeiro trunfo a legitimar medidas acautelatórias adotadas pelo TCU fora da moldura constitucional e legal, a exemplo de medidas que implicam suspensão parcial de contratos administrativos[388] ou de decretação de indisponibilidade de bens de particulares.[389]

Adicionalmente aos fundamentos deduzidos nos votos apresentados no MS 24.510, alguns doutrinadores sustentam que o poder

---

[385] BRASIL. *Supremo Tribunal Federal*, MS 26.547 MC-AgR, Rel. Min. Celso de Mello, Tribunal Pleno, j. 06-06-2007, DJ 25-09-2009; BRASIL. *Supremo Tribunal Federal*, MS 27.992, Rel. Min. Ricardo Lewandowski, decisão monocrática, j. 17-12-2009, DJ 01-02-2010; BRASIL. *Supremo Tribunal Federal*, MS 33.092, Rel. Min. Gilmar Mendes, Segunda Turma, j. 24-03-2015, DJ 17-08-2015.

[386] "Nos processos perante o Tribunal de Contas da União asseguram-se o contraditório e a ampla defesa quando da decisão puder resultar anulação ou revogação de ato administrativo que beneficie o interessado, excetuada a apreciação da legalidade do ato de concessão inicial de aposentadoria, reforma e pensão." BRASIL. *Supremo Tribunal Federal*, Súmula Vinculante, Enunciado n. 3.

[387] BRASIL. *Supremo Tribunal Federal*, MS 35.715, Rel. Min. Marco Aurélio Mello, Primeira Turma, j. 03-08-2021, DJ 25-11-2021.

[388] BRASIL. *Supremo Tribunal Federal*, SS 5.182, Rel. Min. Cármen Lúcia, decisão monocrática, j. 27-06-2017, DJ 02-08-2017; BRASIL. *Supremo Tribunal Federal*, MS 35.038 AgR, Rel. Min. Rosa Weber, Primeira Turma, j. 12-11-2019, DJ 05-03-2020.

[389] Liminares concedidas pela Min. Rosa Weber (MS 34.446, MS 35.404, MS 35.529), pelo Min. Luís Roberto Barroso (MS 34.738), pelo Min. Edson Fachin (MS 34.793 e 34.158) e pelo Min. Gilmar Mendes (MS 35.623 e MS 35.555).

geral de cautela do TCU estaria normativamente baseado no próprio poder geral de cautela conferido à Administração,[390] por meio da Lei nº 9.784/1999, que se aplicaria subsidiariamente aos processos de contas.[391]

De outro lado, há corrente doutrinária que sustenta uma analogia com o poder cautelar jurisdicional,[392] defendendo a aplicação subsidiária ou supletiva das normas processuais civis para esse tipo de competência (art. 15 do Código de Processo Civil).[393] Romano Scapin afirma que haveria uma aproximação entre a função de controle e a função jurisdicional, uma vez que ambas se dedicariam à "tutela de direitos".[394] Benjamin Zymler, por seu turno, invocando normas e doutrina processualistas, sustenta que o poder geral de cautela seria inerente à competência judicante, de forma que o art. 267, RITCU, apenas teria explicitado esse poder.[395]

Em síntese, portanto, a tese do poder geral de cautela do TCU tem se baseado nos seguintes fundamentos: (i) trata-se de poder instrumental necessário à garantia da eficácia das decisões da Corte de Contas; (ii) enquanto poder instrumental, ele teria sido implicitamente estabelecido pela Constituição, como meio para a consecução dos fins para os quais o TCU foi instituído; (iii) aos processos de contas seriam subsidiariamente aplicáveis as regras que estabelecem o poder geral de cautela para as funções administrativa e jurisdicional.

---

[390] ZYMLER, Benjamin. *O controle externo das concessões e das parcerias público-privadas.* 2. ed. Belo Horizonte: Fórum, 2008. p. 157-158.

[391] BRASIL. Lei nº 9.784/1999. "Art. 45. Em caso de risco iminente, a Administração Pública poderá motivadamente adotar providências acauteladoras sem a prévia manifestação do interessado [...]". Art. 69. Os processos administrativos específicos continuarão a reger-se por lei própria, aplicando-se-lhes apenas subsidiariamente os preceitos desta Lei".

[392] DECOMAIN, Pedro Roberto. *Tribunais de Contas no Brasil.* São Paulo: Dialética, 2006. p. 112.

[393] BRASIL. Código de Processo Civil (2015). "Art. 15. Na ausência de normas que regulem processos eleitorais, trabalhistas ou administrativos, as disposições deste Código lhes serão aplicadas supletiva e subsidiariamente".

[394] SCAPIN, Romano. *A expedição de provimentos provisórios pelos Tribunais de Contas:* das "medidas cautelares" à técnica antecipatória no controle externo brasileiro. Belo Horizonte: Fórum, 2019. p. 115-116.

[395] ZYMLER, Benjamin. *O controle externo das concessões e das parcerias público-privadas.* 2. ed. Belo horizonte: Fórum, 2008. p. 154-157.

5.2 Não cabimento, nessa matéria, da aplicação subsidiária ou supletiva da Lei nº 9.784 e do CPC/2015

Conforme sustentado nesse trabalho, o TCU não exerce função administrativa, tampouco função jurisdicional, de maneira que a aplicação subsidiária da Lei nº 9.784/1999 ou mesmo do Código de Processo Civil deve ocorrer somente para viabilizar a garantia direta de direitos fundamentais estatuídos na Constituição, em favor daqueles em estado de sujeição perante a Corte de Contas. Não cabe a importação, pela via hermenêutica, de mecanismos que impliquem a ampliação de poderes e competências, ainda que qualificáveis como instrumentais, não conferidos pelo constituinte nem pelo legislador, distorcendo o desenho institucional por estes estabelecido.

Nesse sentido, Flávio Cabral Garcia tece interessante observação à usual transposição acrítica dos atributos da cautelaridade jurisdicional para o âmbito da função administrativa, remetendo-se genericamente à legislação processual civil como se este fosse o regime aplicável, mesmo diante das inerentes distinções funcionais.[396] A mesma crítica caberia à analogia que costuma ser feita para legitimar um poder geral de cautela no âmbito do TCU em moldes assemelhados ao jurisdicional.[397] Como observa André Rosilho, nem mesmo o Poder Judiciário dispõe de um poder geral de cautela "implícito", uma vez que esta competência é expressamente delineada na Constituição (art. 5º, XXXV) e no Código de Processo Civil[398] (arts. 300 a 310).

Adicionalmente, é oportuno resgatar a jurisprudência do próprio TCU, que reconhece a inaplicabilidade subsidiária do Código de Processo Civil em matéria já regulada pelos diplomas que tratam especificamente dos processos de contas,[399] como é o caso da Constituição Federal e o regramento das competências cautelares aqui examinadas.

De outro lado, mesmo inserindo o TCU no microssistema cautelar administrativo, Flávio Cabral Garcia sustenta que, no caso da Corte de

---

[396] CABRAL, Flávio Garcia. *Medidas cautelares administrativas*: regime jurídico da cautelaridade administrativa. Belo Horizonte: Fórum, 2021. p. 31-32; 44-45.

[397] SUNDFELD, Carlos Ari; CÂMARA, Jacintho Arruda. Competências de Controle dos Tribunais de Contas: possibilidades e limites. *In*: SUNDFELD, Carlos Ari. *Contratações públicas e o seu controle*. São Paulo: Malheiros, 2013. p. 209.

[398] ROSILHO, André. Limites dos poderes cautelares do Tribunal de Contas da União e indisponibilidade de bens de particulares. *In*: SUNDFELD, Carlos Ari; ROSILHO, André (Org.). *Tribunal de Contas da União no direito e na realidade*. São Paulo: Almedina, 2020. p. 92.

[399] Acórdão nº 212/2020; Acórdão 556/2022.

Contas, suas competências cautelares são mais limitadas por imposição da Constituição; assim, não seria possível invocar um poder cautelar implícito.[400]

Notamos que o Supremo Tribunal Federal tem jurisprudência formada quanto à rejeição da aplicação subsidiária da Lei nº 9.784/1993, ante a especialidade da LOTCU.[401] Exceção a esse entendimento consta no julgamento do Mandado de Segurança nº 23.550.[402] Naquele caso, notadamente nos fundamentos sustentados no voto do Min. Sepúlveda Pertence, redator do acórdão, foi defendido que a aplicação subsidiária das regras gerais da Lei nº 9.784/1993 é desnecessária, porém admissível apenas para tutelar os direitos fundamentais daqueles que se sujeitam a processos administrativos ou ao processo de contas, a exemplo dos direitos ao devido processo legal. Nesse ponto, apresentamos trecho do voto referido:

> A Constituição, no art. 5º, LV, processualizou a atuação administrativa, sempre que se cuide de decidir conflito atual ou potencial de interesses, de modo a assegurar "aos litigantes [...] o contraditório e a ampla defesa".
>
> Os mais elementares corolários da garantia constitucional do contraditório e da ampla defesa são a ciência dada ao interessado da instauração do processo e oportunidade de manifestar e produzir ou requerer a produção de provas de seu interesse. [...]
>
> De outro lado, se se impõe a garantia do devido processo legal aos procedimentos administrativos comuns, *a fortiori*, é irrecusável que a ela há de submeter-se o desempenho de todas as funções de controle do Tribunal de Contas, de colorido quase jurisdicional.
>
> De todo irrelevante a circunstância – a que se apegam as informações – de não haver previsão expressa da audiência dos interessados na Lei Orgânica do TCU, salvo nos processos de tomada ou prestação de contas, dada a incidência direta, na hipótese, das garantias constitucionais do devido processo.

---

[400] CABRAL, Flávio Garcia. *Medidas cautelares administrativas*: regime jurídico da cautelaridade administrativa. Belo Horizonte: Fórum, 2021. p. 168.

[401] BRASIL. *Supremo Tribunal Federal*, MS 25.641, Rel. Min. Eros Grau, Tribunal Pleno, j. 22-11-2007, DJ 22-02-2008; BRASIL. *Supremo Tribunal Federal*, MS 33.414, AgR, Rel. Min. Luiz Fux, Primeira Turma, j. 02-08-2016, DJ 16-09-2016; BRASIL. *Supremo Tribunal Federal*, MS 26.297, AgR, Rel. Min. Edson Fachin, Segunda Turma, j. 17-03-2017, DJ 03-05-2017; BRASIL. *Supremo Tribunal Federal*, MS 35.038 AgR, Rel. Min. Rosa Weber, Primeira Turma, j. 12-11-2019, DJ 05-03-2020.

[402] BRASIL. *Supremo Tribunal Federal*, MS 23.550, Rel. Min. Sepúlveda Pertence, Tribunal Pleno, j. 04-04-2001, DJ 31-10-2001.

De qualquer modo, se se pretende insistir no mau vezo das autoridades brasileiras de inversão da pirâmide normativa do ordenamento, de modo a acreditar menos na Constituição do que na lei ordinária, nem aí teria salvação o processo: nada exclui os procedimentos do Tribunal de Contas da União da aplicação subsidiária da lei geral do processo administrativo federal, Lei nº 9.784/1993, já em vigor ao tempo dos fatos.

Portanto, inexiste um critério normativo a justificar a aplicação subsidiária do Código de Processo Civil ou da Lei nº 9.784/1999 para conferir poderes e competências ao TCU sobre seus "jurisdicionados" que não foram estabelecidas nem pelo constituinte, nem pelo legislador infraconstitucional.

5.3 Ilegítima presunção de eficiência na prevalência das decisões do TCU

Entre os fundamentos suscitados pelos defensores do poder geral de cautela do TCU se encontra, ainda, a ideia de que o reconhecimento dessa competência seria necessário à garantia da utilidade e da eficácia das decisões da Corte de Contas, de maneira que essa atuação preventiva seria mais eficiente.

A esse respeito, precisamos lembrar, em primeiro lugar, como já defendemos nesse trabalho, que a função de controle não é uma atividade ensimesmada, alheia às finalidades públicas perseguidas pela função administrativa, sobre a qual o controle é exercido.

Nesse sentido, duas observações correlatas chamam atenção: (i) nem o constituinte nem o legislador estabeleceram regramento que autorize a presunção generalizada de que sempre as decisões da Corte de Contas estarão certas e os atos administrativos controlados estarão viciados, menos ainda no que diz respeito às competências cautelares do órgão de controle,[403] sendo pacificamente reconhecido aos atos administrativos e seu conteúdo os atributos das presunções de legalidade, legitimidade e veracidade; (ii) a garantia de eficácia às futuras decisões do TCU não significa garantia de maior eficiência na função administrativa.

---

[403] JORDÃO, Eduardo. A intervenção do Tribunal de Contas da União sobre editais de licitação não publicados: controlador ou administrador? *In:* SUNDFELD, Carlos Ari; ROSILHO, André (Org.). *Tribunal de Contas da União no direito e na realidade.* São Paulo: Almedina, 2020. p. 360.

Nesse sentido, Floriano de Azevedo Marques Neto alerta que se deve buscar um controle eficiente, isto é, um controle eficaz, mas que não engesse a atividade administrativa:

> Qualquer controle que, sob o pálio de coibir o desvio ou o desperdício impede a consecução de uma ação administrativa acaba por produzir um efeito contrário àquele que justifica a existência do controle. Para impedir que a Administração gaste mais que o devido numa ou obra ou numa compra, não se deve predicar que ela seja impedida de executar a obra ou adquirir o insumo. O entrave da Administração pelo controle acaba por causar malefício comparável àquele gerado pelas condutas ímprobas. Uma Administração pia, proba e impródiga não é necessariamente uma Boa Administração. Será se conciliar lisura e economicidade com eficiência e efetividade. Do mesmo modo, um sistema de controle que só pune, invalida e impede não será um controle conforme aos cânones do Estado Democrático de Direito.[404]

Mesmo a aferição da eficiência ou da utilidade no reconhecimento de um poder geral de cautela ao TCU deveria ser precedida da análise de dados concretos – são inadmissíveis pressuposições ou ilações abstratas a partir de impressões ou preferências sobre o modelo de controle adotado quanto ao momento (prévio ou posterior).

Para que se pudesse chegar a uma conclusão a respeito dessa matéria, seriam necessárias, por exemplo, (i) uma avaliação técnica global que demonstrasse o grau de acerto e a frequência com que as decisões cautelares proferidas pelo TCU são mantidas ou reformadas pela própria Corte de Contas ou mesmo pelo Poder Judiciário; (ii) uma avaliação igualmente aprofundada e sistêmica sobre o impacto socioeconômico dessas decisões sobre a atividade administrativa e o interesse público por ela perseguido; e, ainda, (iii) a insuficiência ou ineficácia dos demais instrumentos e instituições de controle, que, ao menos no plano normativo, suprem as limitações estabelecidas para as competências cautelares do TCU, a exemplo da competência que tem a Corte de Contas para representar outras autoridades e das competências de que dispõe o Ministério Público no impulsionamento do controle jurisdicional sobre a Administração.

---

[404] MARQUES NETO, Floriano de Azevedo. Os grandes desafios do controle da Administração Pública. *In*: MODESTO, Paulo (Coord.). *Nova organização administrativa brasileira*. 2. ed. Belo Horizonte: Fórum, 2010. p. 201-207.

CAPÍTULO 5
PODER GERAL DE CAUTELA: ANÁLISE CRÍTICA | 149

Certo é que nenhuma dessas avaliações foi feita no julgamento do Mandado de Segurança 24.510 ou nos julgados que o sucederam, mas que o invocaram como precedente. E nem seria natural que o fizessem, até mesmo em função das limitações próprias da *capacidade institucional* do Supremo Tribunal Federal, especialmente quanto à realização de avaliações sistêmicas e prognoses. Nesse ponto, vale o alerta de Luís Roberto Barroso a respeito da expansão da intervenção judicial:

> Ninguém deseja o Judiciário como instância hegemônica e a interpretação constitucional não pode se transformar em usurpação da função legislativa. Aqui, como em quase tudo mais, impõem-se as virtudes da prudência e da moderação. [...]
>
> Para evitar que o Judiciário se transforme em uma indesejável instância hegemônica, a doutrina constitucional tem explorado duas ideias destinadas a limitar a ingerência judicial: a de capacidade institucional e a de efeitos sistêmicos. Capacidade institucional envolve a determinação de qual Poder está mais habilitado a produzir a melhor decisão em determinada matéria. Temas envolvendo aspectos técnicos ou científicos de grande complexidade podem não ter no juiz de direito o árbitro mais qualificado, por falta de informação ou de conhecimento específico. Também o risco de efeitos sistêmicos imprevisíveis e indesejáveis podem recomendar uma posição de cautela e de deferência por parte do Judiciário. O juiz, por vocação e treinamento, normalmente estará preparado para realizar a justiça do caso concreto, a microjustiça, sem condições, muitas vezes, de avaliar o impacto de suas decisões sobre um segmento econômico ou sobre a prestação de um serviço público.[405]

Parece-nos, portanto, que o poder geral de cautela também não se sustenta sob a invocação da busca pela eficácia ou eficiência. Essa tese, em nosso entendimento, resultou de um excesso na interpretação da Constituição, que expandiu competências delimitadas, em clara usurpação da função legislativa.

Diante disso, ainda que se pudesse considerar que o reconhecimento de amplos poderes acautelatórios ao TCU implicaria necessariamente uma maior eficiência na atividade administrativa, isso não seria bastante para superar, pela via judicial, o desenho constitucional e legal estabelecido para a sua atuação. Em termos mais claros, a ideia

---

[405] BARROSO, Luís Roberto. *Curso de direito constitucional contemporâneo*: os conceitos fundamentais e a construção do novo modelo. 9. ed. São Paulo: Saraiva Educação, 2020. p. 463-464 (Kindle).

de eficiência não pode fazer sucumbir a própria legalidade,[406] sobretudo em matéria delineada pelo constituinte e pelo legislador.

5.4 Inadequada invocação da teoria dos poderes implícitos

Como dito no início deste capítulo, um dos elementos utilizados na tentativa de justificação da existência de um poder geral de cautela do TCU é a invocação da chamada teoria dos poderes implícitos,[407] que possibilitaria uma interpretação extensiva do rol de competências definidas na Constituição para a Corte de Contas. Sob esse critério, e considerando que as competências cautelares teriam caráter meramente instrumental, seria possível afirmar que o poder geral de cautela do TCU estaria pressuposto ou implícito no texto constitucional.

Esta linha argumentativa merece um exame mais atento, especialmente para que sejam compreendidos as origens desta teoria, seu contexto sociopolítico e o sistema normativo sob o qual foi erigida.[408]

---

[406] BANDEIRA DE MELLO, Celso Antônio. *Curso de direito administrativo*. 33. ed. São Paulo: Malheiros, 2015. p. 126.

[407] A abordagem desse tema nos julgados citados não se confunde com a figura dos "princípios implícitos" – já há muito tempo aventada na doutrina nacional. Por certo, há princípios não explicitados ou nominados diretamente no texto normativo, mas que integram o *telos* de toda um sistema normativo ou mesmo um diploma legal, dado o conjunto de regras voltadas a uma mesma finalidade a ser perseguida. Exemplo maior é o chamado princípio da segurança jurídica, não explicitado no texto constitucional. Tal entendimento, no entanto, não se aplica, a nosso ver, ao chamado poder geral de cautela do TCU, especialmente porque inexiste na Constituição um conjunto de regras constitucionais que habilitem o TCU a atuar de forma ampla e ilimitada por meio de decisões acautelatórias. Ao contrário, o texto constitucional estabelece hipóteses claras de limitação a esse tipo de competência, a exemplo do que ocorre quanto à vedação à sustação de contratos. Nesse sentido, não se pode cogitar erigir o inexistente "poder geral de cautela do TCU" ao *status* de princípio constitucional. A respeito dos chamados princípios implícitos: BORGES, José Souto Maior. O princípio da segurança jurídica na criação e aplicação do tributo. *Revista Diálogo Jurídico*, Salvador, Centro de Atualização Jurídica (CAJ), n. 11, fev. 2002. Disponível em: http://www.direitopublico.com.br. Acesso em: 27 out. 2021.

[408] José Afonso da Silva, ao tratar da importância da compreensão ampla do contexto no qual se insere determinado instituto jurídico estrangeiro, argumenta: "Há que se buscar no contexto os elementos que completem e esclareçam o sentido de cada norma e instituto. Destaque-se a importância do contexto na compreensão das normas constitucionais. Daí se poder falar em *hermenêutica contextual*, que se refere à exploração da influência do contexto sobre o sentido da Constituição e, reciprocamente, desta sobre o contexto em que ela se situa". SILVA, José Afonso da. *Um pouco de direito constitucional comparado*. São Paulo: Malheiros, 2009. p. 41.

CAPÍTULO 5
PODER GERAL DE CAUTELA: ANÁLISE CRÍTICA | 151

Estes aspectos são abordados por todos os autores que se debruçam sobre a chamada *implied powers doctrine* e não podem ser ignorados.[409]

O primeiro deles reside no fato de que a TPI foi delineada a partir de um precedente específico da Suprema Corte americana, o multicitado caso *McCulloch v. Maryland*, de 1819, no qual foram discutidos os limites sobre as competências legislativas do Poder Legislativo federal – o estado de Maryland havia instituído tributação agressiva, com aplicação de multas severas em caso de descumprimentos das obrigações tributárias, contra um banco federal criado por meio de lei pelo Congresso americano, com atuação em diversos estados, entre os quais Maryland.

No julgamento, foi enfrentada a discussão sobre a possibilidade de o Poder Legislativo federal instituir um banco público em detrimento de eventuais interesses dos estados. Ao apreciar a matéria, a Corte entendeu que, embora tal competência legislativa não estivesse explicitamente apontada no rol constitucional, estaria ela implícita, uma vez que se trataria de competência instrumental "necessária e adequada" às finalidades expressamente atribuídas ao poder central. O debate travado envolvia, portanto, a concepção do modelo de federalismo que deveria prevalecer nos EUA – questão extremamente delicada para aquele país, sobretudo no período incipiente de sua Constituição.

Demais disso, destacamos que esta construção jurisprudencial não se deu por mera elaboração retórica dos julgadores, mas, especialmente, em função da necessidade de se interpretar um dispositivo específico da Constituição americana, no elenco das competências legislativas do Congresso (*Article I, Section 8*), conhecido como *Necessary and Proper Clause* ("NPC"):[410]

---

[409] CASAGRANDE, Cássio Luís; BARREIRA, Jônatas Henriques. O caso McCulloch *v. Maryland* e sua utilização na jurisprudência do STF. *Revista de Informação Legislativa*, Brasília, DF, v. 56, n. 221. p. 247-270, jan.-mar. 2019. Disponível em: https://www12.senado.leg.br/ril/edicoes/56/221/ril_v56_n221_p247. Acesso em: 4 jun. 2021; DODD, W. F. Implied powers and implied limitations in constitutional law. *The Yale Law Journal*, v. 29, n. 2. p. 137, dec. 1919; HODUN, Milozs. *Doctrine of implied powers as a judicial tool to build federal polities*: comparative study on the doctrine of implied powers in the European Union and the United States of America. Tese (Doutorado em Direito). School of Law, Reykjavík University. Reykjavík: Islândia, 2015. Disponível em: https://skemman.is/bitstream/1946/20824/1/Doctrine%20of%20implied%20powers%20as%20a%20judicial....pdf. Acesso em: 20 abr. 2019.

[410] UNITED STATES SENATE. Disponível em: https://www.senate.gov/civics/constitution_item/constitution.htm#a1_sec8. Acesso em: 9 out. 2021.

To make all Laws which shall be necessary and proper for carrying into Execution the foregoing Powers, and all other Powers vested by this Constitution in the Government of the United States, or in any Department or Officer thereof.[411]

Desse brevíssimo resumo sobressaem três elementos cruciais: (i) a TPI tem por base dispositivo vago da Constituição estadunidense que demandava interpretação; (ii) a TPI está centrada na definição de limites às competências legislativas do Poder Legislativo federal, órgão de soberania nacional; (iii) a TPI e todo seu desenvolvimento estão intrinsecamente atrelados à discussão sobre o modelo de federalismo que deveria ser adotado nos EUA (maior ou menor influência do governo central frente aos estados).

Quanto ao primeiro aspecto, é preciso rememorar que a TPI resultou da interpretação de um texto normativo específico da Constituição daquele país, de significativa abertura semântica – como recorda Hodun, em *McCulloch v. Maryland*, o *justice* Marshall, que redigiu a opinião da Corte, dedicou-se especialmente a analisar e interpretar o adjetivo "necessário" na chamada *Necessary and Proper Clause*.[412]

Desde o nascedouro da Constituição, a ambiguidade ou vagueza semântica da NPC causou significativa controvérsia mesmo entre os *founding fathers*[413] e, sobretudo, entre estes e os chamados antifederalistas, que defendiam maior autonomia aos estados. E *McCulloch v. Maryland* ganha importância justamente nesse contexto, uma vez que, se não encerrou a discussão sobre a interpretação da NPC, ao menos a arrefeceu.[414]

---

[411] Tradução: "Congresso tem o poder de elaborar todas as leis que sejam necessárias e adequadas para levar à execução os poderes anteriores e todos os outros poderes conferidos por esta Constituição ao Governo dos Estados Unidos, a seus órgãos e agentes públicos que deles fizerem parte".

[412] HODUN, Milozs. *Doctrine of implied powers as a judicial tool to build federal polities*: Comparative study on the doctrine of implied powers in the European Union and the United States of America. Tese (Doutorado em Direito). School of Law, Reykjavík University. Reykjavík: Islândia, 2015. Disponível em: https://skemman.is/bitstream/1946/20824/1/Doctrine%20 of%20implied%20powers%20as%20a%20judicial....pdf. Acesso em: 20 de abr. 2019.

[413] Veja-se o debate havido entre Alexander Hamilton e James Madison, conforme relatado por Milozs Hodun. HODUN, Milozs. *Doctrine of implied powers as a judicial tool to build federal polities*: Comparative study on the doctrine of implied powers in the European Union and the United States of America. Tese (Doutorado em Direito) – School of Law, Reykjavík University. Reykjavík: Islândia, 2015. Disponível em: https://skemman.is/ bitstream/1946/20824/1/Doctrine%20of%20implied%20powers%20as%20a%20judicial.... pdf. Acesso em: 20 de abr. 2019. p. 64.

[414] HODUN, Milozs. *Doctrine of implied powers as a judicial tool to build federal polities*: Comparative study on the doctrine of implied powers in the European Union and the United States of

A TPI, portanto, tem na NPC sua "justificação textual" e é fruto desta, razão pela qual Hodun sustenta que nem mesmo seria adequado afirmar que *McCulloch v. Maryland* configuraria um caso de "ativismo judicial" da Suprema Corte.[415]

O segundo elemento distintivo da TPI consiste na constatação de que ela foi construída a partir da interpretação de dispositivo que versava sobre as competências legislativas do próprio Poder Legislativo federal, ente representativo do povo americano e dotado de soberania – a TPI e o dispositivo do qual ela resultou, portanto, não tratavam de todo e qualquer órgão ou poder dentro do sistema constitucional americano.

Por fim, mas igualmente importante, a TPI foi edificada como um instrumento de pacificação da tensão sobre o modelo de federalismo que se pretendia estabelecer nos EUA. Toda a doutrina que se debruça sobre a matéria e a própria evolução da TPI no ordenamento americano examinam e refletem a evolução e a variação dos modelos de federalismo que se estabeleceram ao longo da história americana e a relação dinâmica entre poder central e estados federados ao longo do tempo.[416]

Delineadas as características que compõem o "DNA" da TPI, resta investigar em que medida caberia uma importação dessa teoria ao sistema constitucional brasileiro, inclusive para justificar o reconhecimento de um poder geral de cautela do Tribunal de Contas da União.

America. Tese (Doutorado em Direito). School of Law, Reykjavík University. Reykjavík: Islândia, 2015. Disponível em: https://skemman.is/bitstream/1946/20824/1/Doctrine%20of%20implied%20powers%20as%20a%20judicial....pdf. Acesso em: 20 de abr. 2019. p. 82.

[415] HODUN, Milozs. *Doctrine of implied powers as a judicial tool to build federal polities*: Comparative study on the doctrine of implied powers in the European Union and the United States of America. Tese (Doutorado em Direito) – School of Law, Reykjavík University. Reykjavík: Islândia, 2015. Disponível em: https://skemman.is/bitstream/1946/20824/1/Doctrine%20of%20implied%20powers%20as%20a%20judicial....pdf. Acesso em: 20 de abr. 2019. p. 61-64; 134.

[416] Milozs Hodun divide a história do federalismo americano em três períodos principais, que refletiram uma maior ou menor amplitude da TPI, inclusive na jurisprudência da Suprema Corte: (i) *dual federalism* até 1937, período durante o qual a TPI e a interpretação da NPC eram mais restritas e moderadas, e os estados ainda tinham significativo peso diante do poder central; (ii) *cooperative federalism* iniciado a partir 1937, com o governo de Franklin Delano Roosevelt e a instituição do *New Deal*, momento em que houve uma exacerbação da TPI e da amplitude da NPC; e (iii) *new federalism* estabelecido em meados dos anos 1980, com a eleição de Ronald Reagan e início de um período de predominância política e doutrinária do Partido Republicano, ensejando significativa contenção à expansão do governo central, o que repercutiu na interpretação da NPC e a própria TPI. HODUN, Milozs. *Doctrine of implied powers as a judicial tool to build federal polities*: Comparative study on the doctrine of implied powers in the European Union and the United States of America. Tese (Doutorado em Direito). School of Law, Reykjavík University. Reykjavík: Islândia, 2015. Disponível em: https://skemman.is/bitstream/1946/20824/1/Doctrine%20of%20implied%20powers%20as%20a%20judicial....pdf. Acesso em: 20 abr. 2019. p. 88-134.

Uma primeira reflexão a esse respeito decorre da constatação de que EUA e Brasil apresentam sistemas jurídicos ainda bastante distintos (*common law* e *civil law*[417]) e, mais importante, são regidos por tipos constitucionais absolutamente díspares. Como é unanimemente reconhecido na doutrina nacional, a Constituição brasileira pode ser considerada analítica, prolixa, programática ou dirigente, enquanto a americana é adjetivada como sintética ou concisa.[418]

Isso significa dizer, conforme ressalta Luís Roberto Barroso, que a experiência constitucional americana é peculiar, uma vez que aquele diploma normativo apresenta um conjunto de dispositivos amplos, com textos abertos, caracterizando cláusulas gerais, sem grande adensamento semântico ou detalhamento. Nesse sentido, o caráter sintético daquela Constituição terminou por conferir maior plasticidade e poder criativo à Suprema Corte, o que se exemplifica pela própria construção da TPI.[419] O constitucionalista adverte, nesse ponto, que, a despeito de sua notoriedade e influência no estudo do direito constitucional, o sistema e a história constitucional dos EUA não podem ser tomados necessariamente como um modelo ou paradigma de forma acrítica.[420]

Ainda que se reconheça a utilidade da comparação como técnica destinada a formular reflexões críticas sobre o direito nacional, a advertência mencionada representa um cuidado elementar e necessário ao lidar com o direito comparado. Nesse sentido, explana José Afonso da Silva:

> Em qualquer caso, seja na micro, seja na macrocomparação, a escolha [do objeto a ser comparado] há de se fundamentar em critérios racionais, pois envolve a ideia da *comparabilidade* e depende do fim que o comparatista se propõe e de suas possibilidades pessoais. A *comparabilidade* é um pressuposto básico da comparação jurídico-constitucional, porque

---

[417] Ainda que se reconheça atualmente certa tendência de aproximação entre os dois sistemas. DANTAS, Ivo. *Novo direito constitucional comparado*. 3. ed. Curitiba: Juruá, 2010. p. 145.

[418] BONAVIDES, Paulo. *Curso de direito constitucional*. 35. ed. São Paulo: Malheiros, 2020. p. 91-92; MENDES, Gilmar Ferreira; BRANCO, Paulo Gustavo Gonet. *Curso de direito constitucional*. 15. ed. São Paulo: Saraiva Educação, 2020. p. 95 (Kindle); BARROSO, Luís Roberto. *Curso de direito constitucional contemporâneo*: os conceitos fundamentais e a construção do novo modelo. 9. ed. São Paulo: Saraiva Educação, 2020. p. 104 (Kindle).

[419] BARROSO, Luís Roberto. *Curso de direito constitucional contemporâneo*: os conceitos fundamentais e a construção do novo modelo. 9. ed. São Paulo: Saraiva Educação, 2020. p. 133; 148-149 (Kindle).

[420] BARROSO, Luís Roberto. *Curso de direito constitucional contemporâneo*: os conceitos fundamentais e a construção do novo modelo. 9. ed. São Paulo: Saraiva Educação, 2020. p. 48-50 (Kindle).

sem ela esta não tem cabimento. Ela se fundamenta na existência de elementos comuns relativamente às instituições, às funções, aos resultados, pertencentes aos ordenamentos objeto da comparação. [...] Além dessas limitações, é ainda necessário que os elementos comuns, a identidade ou equivalência se verifiquem no plano jurídico. "A regra metodológica importante nessa matéria – observa Constantinesco – é a de que o paralelismo não existe nem pode existir quando se manifeste unicamente no plano linguístico", a saber: "não se deve jamais partir de uma identidade ou equivalência no plano linguístico para concluir por uma identidade no plano jurídico", pois, com efeito, numerosas diferenças de natureza técnica, estrutural, conceptual ou de efeito jurídico e até semânticas intervêm para separar entre si as funções equivalentes. [...] Daí outro importante pressuposto do direito constitucional comparado, o da *necessidade da localização*, ou seja, a "necessidade de raciocinar dentro dos quadros conceituais e técnicos do direito constitucional donde se isolam os institutos objecto da comparação, e necessidade de contemplar as condições de aplicação das normas no ambiente e no estágio social em causa".[421]

Reconhecendo-se que a TPI foi formulada a partir da interpretação de texto normativo peculiar à Constituição americana – no caso, a *Necessary and Proper Clause* – que não possui qualquer paralelo ou equivalente na Constituição Federal de 1988, especialmente no que diz respeito ao Tribunal de Contas da União, parece-nos extremamente equivocada a invocação e aplicação dessa teoria para se atribuir um poder geral de cautela ao TCU. A TPI não representa uma categoria lógico-jurídica inerente a todo e qualquer ordenamento jurídico. Ela tem data e local de nascimento e um contexto muito peculiar, além do amparo no próprio direito positivo americano.

A importação acrítica dessa teoria ao ordenamento jurídico brasileiro, por meio das decisões proferidas pelo Supremo Tribunal Federal, representa, a rigor, a importação indireta ou transversa de um dispositivo (NPC) que simplesmente não encontra equivalência no direito positivo brasileiro a respeito do TCU – uma recepção legislativa do direito positivo estrangeiro por meio da retórica judicial.

Adicionalmente, é preciso destacar que a TPI surgiu e se desenvolveu como fruto de uma interpretação extensiva de competências legislativas do Congresso americano, frente à resistência dos estados federados. Trata-se, portanto, de contexto extremamente peculiar que

---

[421] SILVA, José Afonso da. *Um pouco de direito constitucional comparado*. São Paulo: Malheiros, 2009. p. 39-40.

terminou por ser relegado a segundo plano na interpretação de alguns doutrinadores nacionais e principalmente em nossa jurisprudência,[422] derivando-se para uma compreensão ampla e vaga de que todos os poderes e competências de caráter instrumental são implicitamente instituídos em favor de qualquer ente.

Mais que isso, conforme argumentado nos julgados que invocaram um suposto poder geral de cautela do TCU, a TPI configura um verdadeiro "cheque em branco" hermenêutico, sob uma simplista justificação dos meios pelos fins – nesse sentido é o alerta de Flávio Garcia Cabral.[423]

Esse raciocínio é de duvidosa compatibilidade com nosso regime constitucional – não custa lembrar que o controle legal dos meios empregados pelo Estado representa uma das conquistas mais elementares do Estado Democrático de Direito, especialmente quando esses meios representam medidas restritivas a direitos fundamentais e a competências constitucionais do Poder Executivo, como é o caso das medidas cautelares aplicáveis pelo TCU.

De resto, recordemos que, no tema examinado, cuida-se das competências de um órgão de controle interinstitucional ou "corpo de magistratura intermediário", nos dizeres de Rui Barbosa, cujo delineamento decorre de um modelo escolhido pelo constituinte e pelo legislador, com menor ou maior sobreposição do controlador sobre o controlado.

No nosso caso, constituinte e legislador houveram por bem delimitar as competências cautelares em hipóteses específicas. Por essa razão, também não prospera, a nosso ver, a reflexão de Romano

---

[422] Na jurisprudência do Supremo Tribunal Federal, a TPI era tradicionalmente invocada para tratar das limitações ao poder de tributar. Posteriormente, foi utilizada para fundamentar os poderes investigatórios do Ministério Público (RE n. 593.727) e, finalmente, para reconhecer um suposto poder geral de cautela em favor do TCU, no MS n. 24.510. CASAGRANDE, Cássio Luís; BARREIRA, Jônatas Henriques. O caso McCulloch *v.* Maryland e sua utilização na jurisprudência do STF. *Revista de Informação Legislativa*, Brasília, DF, v. 56, n. 221. p. 247-270, jan.-mar. 2019. Disponível em: https://www12.senado.leg.br/ril/edicoes/56/221/ril_v56_n221_p247. Acesso em: 4 jun. 2021. Como exemplo, trazemos trecho do voto do então Min. Celso de Mello, no MS n. 24.510, no qual observa que a TPI se aplicaria a qualquer ente: "Impende considerar, no ponto, em ordem a legitimar esse entendimento, a formulação que se fez em torno dos poderes implícitos, cuja doutrina, construída pela Suprema Corte dos Estados Unidos da América, no célebre caso *McCulloch v. Maryland* (1819), enfatiza que a outorga de competência expressa a determinado órgão estatal importa em deferimento implícito, a esse mesmo órgão, dos meios necessários à integral realização dos fins que lhe foram atribuídos".

[423] CABRAL, Flávio Garcia *Medidas cautelares administrativas*: regime jurídico da cautelaridade administrativa. Belo Horizonte: Fórum, 2021. p. 76-81.

Scapin que, embora reconheça a dificuldade na importação da TPI para o regime nacional, sustenta que nenhuma constituição é capaz de exaurir o rol de competências de todos os entes públicos, tomando como exemplos o fato de que nem o poder geral de cautela jurisdicional, nem o poder geral de cautela administrativo teriam previsão na CF/1988.[424] Conforme tratamos nesta pesquisa, estas competências cautelares amplas, ainda que não detalhadas na Constituição, foram delineadas com clareza pelo legislador infraconstitucional – diversamente do que ocorre no que diz respeito ao TCU.[425]

Por essas razões, entendemos que a TPI, indissociavelmente ligada ao direito positivo e ao contexto sociopolítico estadunidense, não pode ser um elemento de justificação para o poder geral de cautela do TCU sob o regime da Constituição Federal de 1988.

5.5 Inexistência do poder geral de cautela do TCU

Vimos ao longo da pesquisa que o Supremo Tribunal Federal tem invocado um suposto poder geral de cautela do TCU para sustentar as decisões concretas da Corte de Contas que, no âmbito das competências cautelares típicas, extrapolaram, nos últimos anos, os limites da Constituição e da legislação infraconstitucional.

Essa tendência da jurisprudência do Supremo Tribunal Federal, no entanto, parece estar em desacordo com o direito positivo brasileiro. E o recurso retórico ao poder geral de cautela nas decisões da Suprema Corte adia o debate necessário sobre os limites das competências cautelares do TCU – e os critérios para defini-los.

---

[424] SCAPIN, Romano. *A expedição de provimentos provisórios pelos Tribunais de Contas*: das "medidas cautelares" à técnica antecipatória no controle externo brasileiro. Belo Horizonte: Fórum, 2019. p. 163-164.

[425] Ao justificar o poder geral de cautela do TCU, o Min. Alexandre de Moraes tem suscitado a doutrina dos *"inherent powers"*, refletida, segundo o Ministro, a partir do precedente *Myers* v. *United States*, da Suprema Corte dos EUA – vide o RE nº 1.236.731, julgado pela Primeira Turma. O mencionado caso versava sobre a possibilidade de o Presidente da República exonerar agente público dos serviços de correios independentemente de anuência do Poder Legislativo. Tratava-se, portanto, de um debate sobre a legitimidade de determinadas limitações legislativas ao Poder Executivo, sendo que a resolução do caso não apenas foi amparada em uma profunda investigação do histórico de precedentes judiciais dos EUA, como também da evolução do direito positivo daquele país, com a análise dos textos normativos da Constituição e da legislação infraconstitucional locais. Sobre a fundamentação do Ministro, portanto, cabem, *mutatis mutandis*, as mesmas críticas feitas nesse trabalho à invocação da TPI e do precedente *McCulloch* v. *Maryland*.

Podemos afirmar, inclusive, que, por meio dessa fundamentação evasiva, o Supremo Tribunal Federal, de um lado, tem se furtado a enfrentar diretamente a discussão sobre a constitucionalidade (ou ao menos sobre a interpretação conforme) do art. 276 do RITCU e, de outro, tem endossado de forma colateral o uso desse dispositivo, pelo TCU, para o transbordamento de suas competências.

Múltiplas podem ter sido as razões para a Corte Suprema adotar essa postura em sua agenda jurisprudencial. Uma delas é a crescente pressão da opinião pública sobre as instituições, na busca por medidas que reforcem a moralidade no âmbito das funções administrativas – contexto que tende a fortalecer as instituições de controle (TCU e Ministério Público, por exemplo), em detrimento dos Poderes Executivo e Legislativo. É preciso, contudo, que a questão volte à arena da jurisdição constitucional para que seja afastado o atual cenário de insegurança jurídica que se instalou com a ausência de limites e condições claros para o exercício de poderes acautelatórios.

Fosse a intenção do constituinte e do legislador conferir amplos e atípicos poderes cautelares ao TCU, não haveria razão para estas competências serem delineadas e tipificadas na CF/1988 e na legislação infraconstitucional, nem para a dinâmica do seu exercício ser igualmente delimitada[426] (prazos, momento do exercício, extensão e destinatários da competência cautelar).[427]

Embora se reconheça vagamente a existência de limites[428] ao chamado poder geral de cautela do TCU entre aqueles que o defendem, fica nebulosa a definição dos parâmetros que norteariam esses limites, uma vez que o direito positivo expressamente disposto não mais serviria como uma referência delimitadora para aferir estas competências cautelares.

---

[426] Esta delimitação, inclusive, parece estar alinhada às diretrizes da INTOSAI, que, ao tratar da competência judicante das EFSs (*INTOSAI-P 50 – Principles of Jurisdictional Activities of SAIs*), destaca a importância da especificação em lei dos poderes conferidos a essas entidades. Disponível em: https://www.intosai.org. Acesso em: 20 set. 2021.

[427] JORDÃO, Eduardo. A intervenção do Tribunal de Contas da União sobre editais de licitação não publicados: controlador ou administrador? *In:* SUNDFELD, Carlos Ari; ROSILHO, André (Org.). *Tribunal de Contas da União no direito e na realidade.* São Paulo: Almedina, 2020. p. 357-359.

[428] O Supremo Tribunal Federal tem jurisprudência firme, por exemplo, no sentido da impossibilidade de o TCU determinar a quebra de sigilo fiscal e bancário. BRASIL. *Supremo Tribunal Federal*, MS 22.801, Rel. Min. Menezes Direito, Tribunal Pleno, j. 17-12-2007, DJe 4-03-2008; BRASIL. *Supremo Tribunal Federal*, MS 22.934, Rel. Min. Joaquim Barbosa, Segunda Turma, j. 17-04-2012, DJ 09-05-2012; BRASIL. *Supremo Tribunal Federal*, MS 33.340, Rel. Min. Luiz Fux, Primeira Turma, j. 26-05-2015, DJe 03-08-2015.

CAPÍTULO 5
PODER GERAL DE CAUTELA: ANÁLISE CRÍTICA | 159

Isso evidencia que todo esforço retórico doutrinário e jurisprudencial para sustentar o poder geral de cautela se trata, em verdade, de uma cilada teórica, impulsionada por uma percepção arraigada de que quanto mais intenso, amplo e célere for o controle sobre a Administração Pública, mais atendidos serão o interesse público e a moralidade administrativa. Como vimos, no entanto, esta premissa não foi adotada em termos tão radicais pelo constituinte nem pelo legislador infraconstitucional.

Ademais, não podemos esquecer que a ideia de um poder geral de cautela da Corte de Contas configuraria, em termos práticos, um retorno ao modelo anterior de controle prévio generalizado, rejeitado na CF/1988,[429] conforme demonstramos nesta pesquisa.

Embora a construção doutrinária e jurisprudencial do poder geral de cautela do TCU possa servir à bem-intencionada busca por maior moralidade e eficiência na atividade administrativa, o fato é que, na quadra atual, ela não encontra respaldo no direito positivo brasileiro. É fundamental, portanto, retomar a interpretação do art. 276 do RITCU sob os limites definidos pela Constituição e pela legislação – movimento que parece ainda tímido no Supremo Tribunal Federal, por meio de decisões esparsas.[430]

---

[429] ROSILHO, André. *Tribunal de Contas da União*: competências, jurisdição e instrumentos de controle. São Paulo: Quartier Latin, 2019. p. 261-264; SUNDFELD, Carlos Ari; CÂMARA, Jacintho Arruda. Competências de controle dos Tribunais de Contas: possibilidades e limites. *In*: SUNDFELD, Carlos Ari. *Contratações públicas e o seu controle*. São Paulo: Malheiros, 2013. p. 196.

[430] Ver decisão do Min. Dias Toffoli que afastou decisão do TCU impondo restrição à negociação de acordo entre a Administração e a empresa concessionária de serviço público. BRASIL. *Supremo Tribunal Federal*, MS 35.192-MC, Rel. Min. Dias Toffoli, decisão monocrática, j. 20-09-2017, DJ 25-09-2017. De maneira semelhante, decidiu a Segunda Turma, delimitando a eventual renovação da cautelar de indisponibilidade de bens à hipótese de superveniência de fatos e fundamentos novos que a pudessem justificar. BRASIL. *Supremo Tribunal Federal*, AgR MS 34.233, Rel. Min. Gilmar Mendes, Segunda Turma, j. 25-05-2018, DJ 21-06-2018.

CONCLUSÃO

A partir da pesquisa realizada e exposta ao longo do presente trabalho, elencamos abaixo as conclusões alcançadas:

- O controle do poder político é inerente à existência do próprio poder político, mas ganhou força e notoriedade na Inglaterra e na França, sob o impulso da ideologia liberal, personificada nas obras de Locke e Montesquieu, voltada à garantia das chamadas liberdades negativas, estabelecendo-se, então, o tradicional modelo tripartite dos chamados poderes públicos;
- O maior legado desse modelo é a constatação de que a divisão do poder político é um mecanismo crucial para o controle;
- Mais recentemente, o controle passou também a ter sua justificação em direitos fundamentais ligados ao exercício das liberdades positivas, especialmente a participação dos cidadãos no processo político e os direitos destes a uma atuação estatal eficiente e efetiva quanto à chamada atividade prestacional;
- Com isso, pode-se afirmar que o controle é um modelo de aferição de conformidade da atuação dos agentes públicos frente a parâmetros preestabelecidos, indissociável do ideal republicano e da própria concepção de Estado Democrático de Direito;
- O crescimento dos Estados modernos e da complexidade de suas atividades administrativas demandou a criação de instituições autônomas dedicadas ao controle financeiro da Administração Pública – papel antes exercido integralmente pelos Parlamentos;

- Nesse contexto foi instituído, no Brasil, o Tribunal de Contas da União, que teve distintos tratamentos ao longo dos regimes constitucionais estabelecidos durante o período republicano;
- A Constituição de 1988 conferiu posição autônoma ao TCU, não estando a Corte vinculada a nenhum dos tradicionais Poderes. Do mesmo modo, a função pública exercida pelo TCU é autônoma, caracterizando a chamada função pública de controle financeiro externo;
- O TCU não exerce função jurisdicional porque suas decisões não formam coisa julgada nem gozam de definitividade, podendo ser amplamente revistas pelo Poder Judiciário sempre que verificada lesão ou ameaça a direito;
- A Constituição de 1988 adotou, como modelo geral, o controle *a posteriori*, tendo as medidas cautelares caráter excepcional nas expressas hipóteses estabelecidas na Constituição e na legislação infraconstitucional;
- A indisponibilidade de bens é medida cautelar não aplicável aos particulares;
- A sustação de atos pressupõe que o TCU assinale prazo para que a Administração eventualmente saneie as irregularidades apontadas;
- Tanto a Constituição de 1988 quanto a legislação infraconstitucional preveem hipóteses específicas de cabimento de medidas cautelares aplicáveis pelo TCU, sendo expressamente vedada à Corte a sustação de contratos administrativos sem a prévia submissão da matéria à apreciação do Parlamento;
- Somente havendo omissão do Congresso e do Poder Executivo, poderá o TCU decidir a respeito da sustação de contratos;
- Nem a Constituição de 1988 nem a legislação infraconstitucional conferiram ao TCU um poder geral de cautela para além das hipóteses explicitamente previstas nos textos normativos;
- Não se aplicam ao TCU o poder geral de cautela jurisdicional nem o poder geral de cautela administrativo, uma vez que a Corte exerce função própria, distinta das funções jurisdicional e administrativa;
- É ilegítima e contrária ao nosso ordenamento jurídico a presunção generalizada de que a prevalência de toda e qualquer decisão do TCU será sempre mais eficiente que a prevalência dos atos administrativos sujeitos ao controle da Corte, sendo

certo que o atual regime constitucional rejeitou, regra geral, o modelo de controle prévio;

- A teoria dos poderes implícitos é fruto de construção jurisprudencial da Suprema Corte dos EUA, decorrente da interpretação de dispositivo específico da Constituição daquele país, que delineou, em termos amplos, as competências legislativas do poder federal frente aos estados, sendo totalmente inadequada a importação de tal teoria para o ordenamento jurídico brasileiro pela via jurisprudencial, na tentativa de se justificar um suposto poder geral de cautela que jamais fora conferido pelo constituinte ao TCU.

REFERÊNCIAS

ABRAHAM, Marcos. Os Tribunais de Contas e o poder cautelar de indisponibilidade de bens. *JOTA*, 06/10/2016. Disponível em: https://www.jota.info/opiniao-e-analise/colunas/coluna-fiscal/coluna-fiscal-os-tribunais-de-contas-e-o-poder-cautelar-de-indisponibilidade-de-bens-06102016. Acesso em: 3 fev. 2021.

ACCIOLY, João Pedro. A competência subsidiária dos Tribunais de Contas para a sustação de contratos públicos antijurídicos. *Revista dos Tribunais*, v. 975, p. 101-132, jan. 2017.

ACKERMAN, Bruce. Adeus, Montesquieu. *Revista de Direito Administrativo*, Rio de Janeiro, v. 265, p. 13-23, jan.-abr. 2014. Disponível em: https://doi.org/10.12660/rda.v265.2014.18909. Acesso em: 23 ago. 2021.

AGUIAR, Ubiratan; ALBUQUERQUE, Marcio André Santos de; MEDEIROS, Paulo Henrique Ramos. *A Administração Pública sob a perspectiva do controle externo*. Belo Horizonte: Fórum, 2011.

ANASTASIA, Antonio. *Parecer n. 726/2016*. Disponível em: https://www12.senado.leg.br/noticias/arquivos/2016/05/04/veja-aqui-a-integra-do-parecer-do-senador-antonio-anastasia. Acesso em: 8 set. 2021.

ARAÚJO, Marcos Valério de. *Como controlar o Estado*: reflexões e propostas sobre o Controle Externo nas Américas, Portugal e Espanha. Brasília: UNITEC, 1992.

BANDEIRA DE MELLO, Celso Antônio. *Curso de direito administrativo*. 33. ed. São Paulo: Malheiros, 2015.

BANDEIRA DE MELLO, Celso Antônio. *Pareceres de direito administrativo*. São Paulo: Malheiros, 2011.

BANDEIRA DE MELLO, Celso Antônio. Competência dos Tribunais de Contas – impossibilidade de suspenderem a execução financeira de contratos administrativos e de fixarem valores máximos para pagamento de execução de obras públicas. *In:* BANDEIRA DE MELLO, Celso Antônio. *Pareceres de direito administrativo*. São Paulo: Malheiros, 2011.

BANDEIRA DE MELLO, Oswaldo Aranha. Tribunais de contas – natureza, alcance e efeitos de suas funções. Conferência pronunciada no Tribunal de Contas do Município de S. Paulo, abr. 1982. Originalmente publicado na *Revista de Direito Público*, São Paulo, ano 18, n. 73, p. 181-192, jan.-mar. 1985. Transcrição de João Paulo Ribeiro Cucatto e Leandro Moraes Leardini. Disponível em: https://rdai.com.br/index.php/rdai/article/view/278. Acesso em: 27 out. 2021.

BANDEIRA DE MELLO, Celso Antônio. O enquadramento constitucional do Tribunal de Contas. *In:* FREITAS, Ney José (Org.). *Tribunais de Contas*: aspectos polêmicos. Estudos em homenagem ao conselheiro João Feder. Belo Horizonte: Fórum, 2010.

BARBOSA, Rui. Exposição de motivos de Rui Barbosa sobre a criação do TCU. *Revista do Tribunal de Contas da União*, n. 82, 1999. Disponível em: https://revista.tcu.gov.br/ojs/index.php/RTCU/article/view/1113. Acesso em: 13 set. 2021.

BARRETTO, Pedro Humberto Teixeira. *O sistema Tribunais de Contas e instituições equivalentes*: um estudo comparativo entre o modelo brasileiro e o da União Europeia. Salvador: Renovar, 2004.

BARROSO, Luís Roberto. *Curso de direito constitucional contemporâneo*: os conceitos fundamentais e a construção do novo modelo. 9. ed. São Paulo: Saraiva Educação, 2020 (Kindle).

BARROSO, Luís Roberto. Tribunal de Contas: algumas incompetências. *Revista de Direito Administrativo*, n. 203. Rio de Janeiro: FGV, 1996, p. 131-140. Disponível em: http://bibliotecadigital.fgv.br/ojs/index.php/rda/article/view/46695. Acesso em: 27 out. 2021.

BARROSO, Luís Roberto. *Temas de direito constitucional*. 2. ed. t. I. Rio de Janeiro: Renovar, 2006.

BECKER, Rodrigo Frantz (Coord.). *Suprema Corte dos Estados Unidos*: casos históricos. São Paulo Almedina, 2022.

BELO, Alcindo Antonio Amorim B. *É irrazoável limitar a atuação dos Tribunais de Contas na nova Lei de Licitações*. *Consultor Jurídico*, 10/04/2021. Disponível em: https://www.conjur.com.br/2021-abr-10/alcindo-belo-tribunais-contas-lei-licitacoes. Acesso em: 12 abr. 2021.

BERLIN, Isaiah. *The proper study of mankind*. Random House. Farrar Straus Giroux; First edição (2 agosto 2000) (Kindle).

BIM, Eduardo Fortunato. O poder geral de cautela dos Tribunais de Contas nas licitações e nos contratos administrativos. *Interesse Público – IP*, Belo Horizonte, ano 98, n. 36, p. 363-386, mar.-abr. 2006.

BINENBOJM, Gustavo. *Uma teoria do direito administrativo*: direitos fundamentais, democracia e Constituição. 3. ed. Rio de Janeiro: Renovar, 2014.

BINENBOJM, Gustavo. *Poder de polícia, ordenação, regulação*: transformações político-jurídicas, econômicas e institucionais do direito administrativo ordenador. 2. ed. Belo Horizonte: Fórum, 2017 (Kindle).

BONAVIDES, Paulo. *Curso de direito constitucional*. 35. ed. São Paulo: Malheiros, 2020.

BORGES, José Souto Maior. O princípio da segurança jurídica na criação e aplicação do tributo. *Revista Diálogo Jurídico*, Salvador, Centro de Atualização Jurídica (CAJ), n. 11, fev. 2002. Disponível em: http://www.direitopublico.com.br. Acesso em: 27 out. 2021.

BRAGA, André de Castro Oliveira Pereira. *O Tribunal de Contas da União inibe inovações em concessões públicas?* Dissertação (Mestrado em Administração) – FGV Escola Brasileira de Administração Pública e de Empresas, Centro de Formação Acadêmica e Pesquisa (EBAPE). 2015. Disponível em: http://bibliotecadigital.fgv.br/dspace/handle/10438/13470. Acesso em: 27 out. 2021.

REFERÊNCIAS

BRANDÃO, Rodrigo. *Supremacia judicial versus diálogos constitucionais*: a quem cabe a *última* palavra sobre o sentido da constituição? Rio de Janeiro: Lumen Juris, 2012.

BRITTO, Carlos Ayres. O regime constitucional dos Tribunais de Contas. *Revista Diálogo Jurídico*, Salvador, Centro de Atualização Jurídica (CAJ), v. I, n. 9, dez. 2001. Disponível em: http://www.direitopublico.com.br. Acesso em: 13 set. 2021.

BUGARIN, Paulo Soares. *O princípio constitucional da economicidade na jurisprudência do Tribunal de Contas da União*. 2. ed. Belo Horizonte: Fórum, 2011.

CABRAL, Flávio Garcia. Os pilares do poder cautelar administrativo. *Revista de Direito Administrativo & Constitucional*, Belo Horizonte, ano 18, n. 73, p. 115-139, jul.-set. 2018.

CABRAL, Flávio Garcia *Medidas cautelares administrativas*: regime jurídico da cautelaridade administrativa. Belo Horizonte: Fórum, 2021.

CABRAL, Flávio Garcia. O ativismo de contas do Tribunal de Contas da União (TCU). *Revista de Direito Administrativo, Infraestrutura, Regulação e Compliance*. n. 16, ano 5, p. 215-257. São Paulo: RT, jan.-mar. 2021. Disponível em: http://revistadostribunais.com.br/maf/app/document?stid=st-rql&marg=DTR-2021-3142. Acesso em: 6 dez. 2021.

CABRAL, Flávio Garcia Qual a natureza da função exercida pelo Tribunal de Contas da União (TCU)? *Revista de Direito da Administração Pública* (REDAP), Rio de Janeiro, ano 4, v. 1, n. 1, p. 253-272, jan.-jun.2019.

CABRAL, Flávio Garcia. Como o Tribunal de Contas da União tem se comportado ao longo da Constituição de 1988? *Revista de Direito Administrativo & Constitucional*, Belo Horizonte, ano 21, n. 85, p. 161-183, jul.-set. 2021.

CÂMARA, Jacyntho; NOHARA, Irene. Tratado de direito administrativo: licitação, contratos administrativos. *In*: DI PIETRO, Maria Sylvia Zanella (Coord.). *Tratado de direito administrativo*, v. 6. São Paulo: Thomson Reuters Brasil, 2019 (Kindle).

CANOTILHO, J. J. Gomes *et al*. *Comentários à Constituição do Brasil*. 2. ed. São Paulo: Saraiva, 2018 (Kindle).

CANOTILHO, J. J. Gomes *et al*. Tribunal de Contas como instância dinamizadora do princípio republicano. *Revista do TCE de Santa Catarina*, Florianópolis, n. 6, set. 2008. Disponível em: https://www.tcesc.tc.br/content/revista-do-tce-de-santa-catarina-n%C2%B0-6-ano-5. Acesso em: 18 abr. 2021.

CARVALHO, Gustavo Marinho de. *Precedentes administrativos no direito brasileiro*. São Paulo: Contracorrente, 2016 (Kindle).

CARVALHO, Rachel Campos Pereira de; KLEINSORGE, Henrique de Paula. A cautelaridade nos Tribunais de Contas. *Revista do Tribunal de Contas do Estado de Minas Gerais*, abr.-maio-jun., v. 83, n. 2, ano XXX, p. 53-68. Belo Horizonte, Tribunal de Contas do Estado de Minas Gerais, 2012. Disponível em: https://revista1.tce.mg.gov.br/Content/Upload/Materia/1531.pdf. Acesso em: 03 fev. 2021.

CARVALHO FILHO, José dos Santos. *Manual de direito administrativo*. 34. ed. São Paulo: Atlas, 2020 (Kindle).

CASAGRANDE, Cássio Luís; BARREIRA, Jônatas Henriques. O caso McCulloch *v.* Maryland e sua utilização na jurisprudência do STF. *Revista de Informação Legislativa.* Brasília, DF, v. 56, n. 221, p. 247-270, jan.-mar. 2019. Disponível em: https://www12.senado.leg.br/ril/edicoes/56/221/ril_v56_n221_p247. Acesso em: 4 jun. 2021.

CAVALCANTI, Augusto Sherman. Aspectos da competência julgadora dos Tribunais de Contas. *Revista de Direito Administrativo,* Rio de Janeiro, v. 237, set. 2004. Disponível em: https://doi.org/10.12660/rda.v237.2004.44378. Acesso em: 18 abr. 2021.

CHEVALLIER, Jacques. *El Estado pos moderno.* Tradução de Oswaldo Pérez. Bogotá: Universidad Externado de Colombia, 2011 (Kindle).

CITADINI, Antonio Roque *apud* DAL POZZO, Gabriela Tomaselli Bresser Pereira. *As funções do Tribunal de Contas e o Estado de Direito.* Belo Horizonte: Fórum, 2010.

CNI; FGV Direito SP. Relatório de Pesquisa 2021. *Aplicação dos Novos Dispositivos da Lei de Introdução* às *Normas do Direito Brasileiro (LINDB) pelo Tribunal de Contas da União.* Disponível em: https://sbdp.org.br/wp/wp-content/uploads/2021/09/Relatorio-LINDB-pelo-TCU.pdf. Acesso em: 27 out. 2021.

COLAPINTO, Filippo. La tutela cautelare nel processo amministrativo. *Revista de Direito Administrativo & Constitucional,* Belo Horizonte, ano 9, n. 37, p. 2, jul.-set. 2009. Disponível em: http://www.revistaaec.com/index.php/revistaaec/article/view/298/133. Acesso em: 4 fev. 2021.

COSTA, Antonio França da. *Controle de legitimidade do gasto público pelos Tribunais de Contas do Brasil.* Belo Horizonte: Dialética, 2020 (Kindle).

COSTA, Luiz Bernardo Dias. *Tribunal de Contas:* evolução e principais atribuições no Estado Democrático de Direito. Belo Horizonte: Fórum, 2006.

COSTA, Luiz Bernardo Dias. Tribunal de Contas: evolução e principais características no ordenamento jurídico brasileiro. *In:* FREITAS, Ney José (Org.). *Tribunais de Contas:* aspectos polêmicos. Estudos em homenagem ao conselheiro João Feder. Belo Horizonte: Fórum, 2010.

CRETELLA JÚNIOR, José. Natureza das decisões do Tribunal de Contas. *Revista de Informação Legislativa,* v. 24, n. 94, p. 183-198, abr.-jun. 1987; *Revista de Direito Administrativo,* n. 166, p. 1-16, out.-dez. 1986. Disponível em: https://www2.senado.leg.br/bdsf/item/id/181721. Acesso em: 15 abr. 2021.

DAL POZZO, Gabriela Tomaselli Bresser Pereira. *As funções do Tribunal de Contas e o Estado de Direito.* Belo Horizonte: Fórum, 2010.

DALLARI, Adilson Abreu; NASCIMENTO, Carlos Valder do; MARTINS, Ives Gandra da Silva (Coord.). *Tratado de direito administrativo.* São Paulo: Saraiva, 2013.

DANTAS, Ivo. *Novo direito constitucional comparado.* 3. ed. Curitiba: Juruá, 2010.

DECOMAIN, Pedro Roberto. *Tribunais de Contas no Brasil.* São Paulo: Dialética, 2006.

DI PIETRO, Maria Sylvia Zanella. O papel dos Tribunais de Contas no controle dos contratos administrativos. *Revista Interesse Público.* Belo Horizonte, ano 15, n. 82, nov.-dez.

REFERÊNCIAS | 169

2013. Disponível em: https://www.editoraforum.com.br/noticias/o-papel-dos-tribunais-de-contas-no-controle-dos-contratos-administrativos/. Acesso em: 27 out. 2021.

DIDIER JR., Fredie. *Curso de direito processual civil*: teoria da prova, direito probatório, ações probatórias, decisão, precedente, coisa julgada e antecipação dos efeitos da tutela. 19. ed. Salvador: JusPodivm, 2017.

DIDIER JR., Fredie; BRAGA, Paula Sarno; OLIVEIRA, Rafael Alexandria de. *Curso de direito processual civil*: introdução ao direito processual civil, parte geral e processo de conhecimento. 12. ed. Salvador: JusPodivm, 2016.

DINAMARCO, Cândido Rangel. *Instituições de direito processual civil*. v. 1. 8. ed. São Paulo: Malheiros, 2017.

DODD, W. F. Implied powers and implied limitations in constitutional law. *The Yale Law Journal*, v. 29, n. 2, p. 137, dec. 1919.

DUTRA, Pedro; REIS, Thiago. *O soberano da regulação*: o TCU e a infraestrutura. São Paulo: Singular, 2020 (Kindle).

FALCÃO, Raimundo Bezerra. *Hermenêutica*. 2. ed. São Paulo: Malheiros, 2010.

FERRAZ, Sergio; DALLARI, Adilson Abreu. *Processo administrativo*. São Paulo: Malheiros, 2020.

FERRAZ, Sergio. Tribunais de Contas: meditando e remeditando. *In:* FREITAS, Ney José (Org.). *Tribunais de Contas*: aspectos polêmicos. Estudos em homenagem ao conselheiro João Feder. Belo Horizonte: Fórum, 2010.

FERRAZ, Luciano. Controle externo das licitações e contratos administrativos. *In:* FREITAS, Ney José (Org.). *Tribunais de Contas*: aspectos polêmicos. Estudos em homenagem ao conselheiro João Feder. Belo Horizonte: Fórum, 2010.

FOLHA DE S. PAULO. *Dilma Rousseff tem contas de 2014 reprovadas pelo TCU*. Por: Dimmi Amora e Márcio Falcão. Publicado em: 07 out. 2015. Disponível em: https://m.folha. uol.com.br/poder/2015/10/1691438-dilma-e-a-primeira-presidente-a-ter-sua-contas-reprovadas-no-tcu.shtml. Acesso em: 8 set. 2021.

FOLHA DE S. PAULO. *TCU rejeita, pelo segundo ano seguido, contas do governo de Dilma Rousseff*. Por Dimmi Amora. Publicado em 05 out. 2016. Disponível em: https://www1. folha.uol.com.br/poder/2016/10/1820091-tcu-rejeita-pelo-segundo-ano-seguido-contas-do-governo-de-dilma-rousseff.shtml?origin=folha. Acesso em: 8 set. 2021.

FONSECA, Isabel Celeste M. *Introdução ao estudo sistemático da tutela cautelar no processo administrativo*. Coimbra: Almedina, 2002.

FREIRE, Lucas Alves. Os contornos jurídicos das medidas cautelares previstas no artigo 9º da Lei n. 9.447, de 14 de março de 1997. *Revista da Procuradoria-Geral do Banco Central*, v. 1, n. 1, p. 98, dez. 2007.

FREITAS, Ney José (Org.). *Tribunais de Contas*: aspectos polêmicos. Estudos em homenagem ao conselheiro João Feder. Belo Horizonte: Fórum, 2010.

FURTADO, José de Ribamar Caldas. Controle de legalidade e medidas cautelares dos Tribunais de Contas. *Revista do Tribunal de Contas da União*, Brasília, v. 39, n. 110, p. 67-70, set.-dez. 2007.

FURTADO, Lucas Rocha. *Curso de direito administrativo*. 4. ed. Belo Horizonte: Fórum, 2013 (Kindle).

GIAMUNDO NETO, Giuseppe. *As garantias no processo no Tribunal de Contas da União*. São Paulo: Thomson Reuters Brasil, 2019.

GIAMUNDO NETO, Giuseppe. O Tribunal de Contas e a ausência de competência para determinar retenção de pagamentos em contratos administrativos. *Revista de Direito Administrativo e Infraestrutura*, v. 14, p. 341-358, jul.-set. 2020.

GUEDES, Demian. *Autoritarismo e Estado no Brasil*: tradição, transição e processo administrativo. Belo Horizonte: Letramento, 2016.

HELLER, Gabriel; SOUSA, Guilherme Carvalho e. Função de controle externo e função administrativa: separação e colaboração na Constituição de 1988. *Revista de Direito Administrativo*, Rio de Janeiro, v. 278, n. 2, p. 71-96, maio-ago. 2019. Disponível em: https://doi.org/10.12660/rda.v278.2019.80049. Acesso em: 23 ago. 2021.

HERNÁNDEZ-MENDIBLE, Víctor Rafael. La ejecución de los actos administrativos. *Revista de La Facultad de Derecho PUCP*, n. 67, 2011.

HODUN, Milozs. *Doctrine of implied powers as a judicial tool to build federal polities*: Comparative study on the doctrine of implied powers in the European Union and the United States of America. Tese (Doutorado em Direito). School of Law, Reykjavík University. Reykjavík: Islândia, 2015. Disponível em: https://skemman.is/bitstream/1946/20824/1/Doctrine%20of%20implied%20powers%20as%20a%20judicial....pdf. Acesso em: 20 abr. 2019.

INTOSAI-P1. *The Lima Declaration*: Guidelines on Auditing Precepts. Disponível em: https://www.intosai.org/fileadmin/downloads/documents/open_access/INT_P_1_u_P_10/INTOSAI_P_1_en_2019.pdf. Acesso em: 8 set. 2021.

INTOSAI na ISSAI 300. *Performance Audit Principles*. Disponível em: https://www.intosai.org/fileadmin/downloads/documents/open_access/ISSAI_100_to_400/issai_300/ISSAI_300_en_2019.pdf. Acesso em: 17 set. 2021.

INTOSAI. *Members*. Disponível em: https://www.intosai.org/about-us/members. Acesso em: 8 set. 2021.

JACOBY FERNANDES, Jorge Ulisses. *Coleção Jorge Ulisses Jacoby Fernandes de Direito Público*, v. 3 – Tribunais de Contas no Brasil. 4. ed. Belo Horizonte: Fórum, 2016.

JORDÃO, Eduardo. A intervenção do TCU sobre editais de licitação não publicados: controlador ou administrador? *Revista Brasileira de Direito Público*, Belo Horizonte, ano 12, n. 47, p. 209-230, out.-dez. 2014.

JORDÃO, Eduardo. A intervenção do Tribunal de Contas da União sobre editais de licitação não publicados: controlador ou administrador? *In:* SUNDFELD, Carlos Ari; ROSILHO, André (Org.). *Tribunal de Contas da União no direito e na realidade*. São Paulo: Almedina, 2020.

REFERÊNCIAS | 171

JUSTEN FILHO, Marçal. *Comentários à Lei de Licitações e Contratos Administrativos*. 18. ed. São Paulo: Thomson Reuters Brasil, 2019.

JUSTEN FILHO, Marçal. *Comentários à Lei de Licitações e Contratos Administrativos*. São Paulo: RT, 2021.

JUSTEN FILHO, Marçal. *Curso de direito administrativo*. 8. ed. Belo Horizonte: Fórum, 2012 (Kindle).

KANIA, Cláudio Augusto. *Relevo constitucional dos Tribunais de Contas no Brasil*. Rio de Janeiro: Lumen Juris, 2020.

LIMA, Diogo Uehbe. Delegação do poder de polícia aos particulares: limites e possibilidades no direito positivo brasileiro. *Fórum Administrativo*, Belo Horizonte, ano 21, n. 240, p. 53-78, fev. 2021.

LIMA, Diogo Uehbe. Consensualidade e processo sancionador no mercado de valores mobiliários: uma análise comparada entre Brasil e EUA. *In*: NOBRE JÚNIOR, Edilson Pereira; VIANA, Ana Cristina Aguilar; XAVIER, Marília Barros (Coord.). *Coleção de Direito Administrativo Sancionador*: direito administrativo sancionador comparado. v. 1. Rio de Janeiro: CEEJ, 2021.

LIMA, Luiz Henrique. *Controle externo*: teoria e jurisprudência para os Tribunais de Contas. 8. ed. Rio de Janeiro: Forense; São Paulo: Método, 2019 (Kindle).

LIMA, Luiz Henrique; SARQUIS, Alexandre Manir Figueiredo (Coord.). *Processos de controle externo*. Belo Horizonte: Fórum, 2019.

LOEWENSTEIN, Karl. *Teoría de la Constitución*. Tradução de Alfredo Gallego Anabitarte. 2. ed. Barcelona: Ariel, 1979.

LÓPEZ OLVERA, Miguel Alejandro. La tutela cautelar en el proceso administrativo en México. *Revista de Direito Administrativo & Constitucional*, Belo Horizonte, ano 7, n. 30, p. 29-62, out.-dez. 2007. Disponível em: http://www.bidforum.com.br/bid/PDI0006. aspx?pdiCntd=49822. Acesso em: 26 ago. 2017.

LUVIZOTTO, Juliana Cristina; GARCIA, Gilson Piqueras. O diálogo entre o Poder Judiciário e o Tribunal de Contas do Município de São Paulo no Controle das Concessões Municipais. *In*: TAFUR, Diego Jacome Valois; JURKSAITIS, Guilherme Jardim; ISSA, Rafael Hamze (coord.). *Experiências práticas em concessões e PPP*: estudos em homenagem aos 25 anos da Lei de Concessões. v. II – Execução, controle e exercício de funções públicas por concessionário. São Paulo: Quartier Latin, 2021.

MARQUES NETO, Floriano de Azevedo. Os grandes desafios do controle da Administração Pública. *In*: MODESTO, Paulo (Coord.). *Nova organização administrativa brasileira*. 2. ed. Belo Horizonte: Fórum, 2010.

MARTINS, Carlos Estevam. Governabilidade e controles. *Revista de Administração Pública*, Rio de Janeiro, FGV, v. 23, n. 1, 1989, p. 5-20. Disponível em: http://bibliotecadigital.fgv. br/ojs/index.php/rap/article/view/9174. Acesso em: 15 jul. 2021.

MASHAW, Jerry L. Creating the administrative constitution: the lost one hundred years of american administrative law. *Yale Law Library Series in Legal History and Reference*. Yale University Press, 2012 (Kindle).

MAURER, Harmut. *Introducción al derecho administrativo alemán.* Tradução de Rafael Sänger y Fabián Martínez. Bogotá: Universidad Santo Tomás, 2008 (Kindle).

MAXIMILIANO, Carlos. *Hermenêutica e aplicação do direito.* 20. ed. Rio de Janeiro: Forense, 2011.

MEDAUAR, Odete. *Controle da administração pública.* 3. ed. São Paulo: RT, 2014.

MEIRELLES, Hely Lopes. *Direito administrativo brasileiro.* 44. ed. São Paulo: Malheiros, 2020.

MENDES, Gilmar Ferreira; BRANCO, Paulo Gustavo Gonet. *Curso de direito constitucional.* 15. ed. São Paulo: Saraiva Educação, 2020 (Kindle).

MERKL, Adolf; GONZÁLES, Carlos Antonio Agurto; MAMANI, Sonia Lidia Quequejana. *Teoria general del derecho administrativo.* Tradução de Benigno Choque Cuenca. Santiago: Ediciones Olejnik, 2018.

MILESKI, Helio Saul. Tribunal de Contas: evolução, natureza, funções e perspectivas futuras. *In:* FREITAS, Ney José (Org.). *Tribunais de Contas:* aspectos polêmicos. Estudos em homenagem ao conselheiro João Feder. Belo Horizonte: Fórum, 2010.

MODESTO, Paulo. A função administrativa. *Revista Eletrônica de Direito do Estado.* Salvador, n. 5, 2006. Disponível em: http://www.direitodoestado.com.br/codrevista.asp?cod=81. Acesso em: 18 abr. 2021.

MODESTO, Paulo (Coord.). *Nova organização administrativa brasileira.* 2. ed. Belo Horizonte: Fórum, 2010.

MORAES, Alexandre de. *Direito constitucional.* 36. ed. São Paulo: Atlas, 2020 (Kindle).

MORAES, Antonio Carlos Flores de Moraes. *Legalidade, eficiência e controle da Administração pública.* Belo Horizonte: Fórum, 2007.

MOREIRA NETO, Diogo de Figueiredo. *Curso de direito administrativo:* parte introdutória, parte geral e parte especial. 16. ed. Rio de Janeiro: Forense, 2014 (Kindle).

MOREIRA NETO, Diogo de Figueiredo Algumas notas sobre *órgãos* constitucionalmente autônomos (um estudo sobre os Tribunais de Contas no Brasil). *Revista de Direito Administrativo*, Rio de Janeiro, v. 223, n. 24, jan-mar. 2001. Disponível em: https://doi.org/10.12660/rda.v223.2001.48309. Acesso em: 18 abr. 2021

OLIVEIRA, Rafael Carvalho Rezende. *Precedentes no direito administrativo.* Rio de Janeiro: Forense, 2018 (Kindle).

OSÓRIO, Fábio Medina. *Direito administrativo sancionador.* 6. ed. São Paulo: RT, 2019.

PASCOAL, Valdecir Fernandes. O poder cautelar dos Tribunais de Contas. *Revista do TCU*, n. 115, maio-ago. 2009, p. 103-118. Brasília: TCU, 2009. Disponível em: https://revista.tcu.gov.br/ojs/index.php/RTCU/article/view/320/365. Acesso em: 3 fev. 2021.

PASCOAL, Valdecir Fernandes *Direito financeiro e controle externo.* 10. ed. Rio de Janeiro: Forense; São Paulo: Método, 2019 (Kindle).

REFERÊNCIAS | 173

PELEGRINI, Márcia. *A competência sancionatória do Tribunal de Contas no exercício da função controladora*: contornos constitucionais. 331 f. Tese (Doutorado em Direito) – Pontifícia Universidade Católica de São Paulo (PUC-SP), São Paulo, 2008. Disponível em: https://tede2.pucsp.br/handle/handle/8365. Acesso em: 28 out. 2021.

PEREIRA, Gustavo Leonardo Maia. O uso de cautelares e a rota de autocontenção do TCU. *JOTA*, 24/03/2021. Disponível em: https://www.jota.info/opiniao-e-analise/colunas/controle-publico/o-uso-de-cautelares-e-a-rota-de-autocontencao-do-tcu-24032021?amp=1. Acesso em: 28 out. 2021.

PONDÉ, Lafayette. Controle dos atos da administração pública. *Revista de Informação Legislativa*, v. 35, n. 139, p. 131-136, jul.-set. 1998. Disponível em: https://www2.senado.leg.br/bdsf/handle/id/393. Acesso em: 17 abr. 2021.

ROCHA, Diones Gomes da. *Os Tribunais de Contas brasileiros na era democrática*: transparentes, participativos ou insulados? Curitiba: Appris, 2019 (Kindle).

ROCHA, Sílvio Luís Ferreira da. *Manual de direito administrativo*. São Paulo: Malheiros, 2013.

ROSILHO, André. *Tribunal de Contas da União*: competências, jurisdição e instrumentos de controle. São Paulo: Quartier Latin, 2019.

ROSILHO, André. Limites dos poderes cautelares do Tribunal de Contas da União e indisponibilidade de bens de particulares. *In*: SUNDFELD, Carlos Ari; ROSILHO, André (Org.). *Tribunal de Contas da União no direito e na realidade*. São Paulo: Almedina, 2020.

SAADI, Mário; LIMA, Higor Borges. Controle prévio ou controle externo? Análises sobre o controle exercido pelo Tribunal de Contas da União relativamente à elaboração de editais de concessão. *Revista de Direito Público da Economia*, Belo Horizonte, ano 15, n. 58, p. 145-171, abr.-jun. 2017.

SALLES, Alexandre Aroeira. *O processo nos Tribunais de Contas*. Belo Horizonte: Fórum, 2018.

SALLES, Alexandre Aroeira; FUNGHI, Luís Henrique Baeta. Substituição do regulador pelo controlador? A fiscalização do Tribunal de Contas da União nos contratos de concessão rodoviária. *In*: SUNDFELD, Carlos Ari; ROSILHO, André (Org.). *Tribunal de Contas da União no direito e na realidade*. São Paulo: Almedina, 2020. p. 296.

SANTOS, Arides Leite. *Tomada de contas especial*: exercício do contraditório perante o Tribunal de Contas da União. São Paulo: Scortecci, 2014 (Kindle).

SARMENTO, Daniel (Coord.). *Jurisdição constitucional e política*. Rio de Janeiro: Forense, 2015.

SCAFF, Fernando Facury. SCAFF, Luma Cavaleiro de Macedo *In*: CANOTILHO, J. J. Gomes *et al*. *Comentários à Constituição do Brasil*. 2. ed. São Paulo: Saraiva, 2018 (Kindle).

SCAPIN, Romano. *A expedição de provimentos provisórios pelos Tribunais de Contas*: das "medidas cautelares" à técnica antecipatória no controle externo brasileiro. Belo Horizonte: Fórum, 2019.

SILVA, Almiro do Couto e. *Conceitos fundamentais do direito no estado constitucional.* São Paulo: Malheiros, 2015.

SILVA, Artur Adolfo Cotias e. O Tribunal de Contas da União na história do Brasil: evolução histórica, política e administrativa (1890-1998). *In: Tribunal de Contas da União.* Prêmio Serzedello Corrêa 1998, monografias vencedoras. Brasília: TCU, Instituto Serzedello Corrêa, 1999. Disponível em: http://ead2.fgv.br/ls5/centro_rec/pag/textos/o_tribunal_contas_uniao_historia_brasil.htm. Acesso em: 28 out. 2021.

SILVA, José Afonso da. *Curso de direito constitucional positivo.* 43. ed. São Paulo: Malheiros, 2020.

SILVA, José Afonso da. *Um pouco de direito constitucional comparado.* São Paulo: Malheiros, 2009.

SILVA JÚNIOR, Bernardo Alves da. O exercício do poder cautelar pelos Tribunais de Contas. *Revista do Tribunal de Contas da União,* Brasília, v. 40, n. 113, p. 33-40, set.-dez. 2008.

SPECK, Bruno Wilhelm. *Inovação e rotina no Tribunal de Contas da União:* o papel da instituição superior de controle financeiro no sistema político-administrativo do Brasil. São Paulo: Fundação Konrad Adenauer, 2000.

STRECK, Lenio Luiz. *Verdade e consenso.* 6. ed. São Paulo: Saraiva, 2017 (Kindle).

STORY, Joseph. *Commentaries on the Constitution of the United States.* Lonang Institute, 2010 (Kindle).

STROPPA, Christianne de Carvalho; MELISSOPOULOS, Artur Giolito. Concessão da Zona Azul: um exemplo prático da importância do controle pelo Tribunal de Contas do Município de São Paulo. *In:* JARDIM, Guilherme Jardim; ISSA, Rafael Hamze (Coord.). *Experiências práticas em concessões e PPP:* estudos em homenagem aos 25 anos da Lei de Concessões. v. II – Execução, controle e exercício de funções públicas por concessionário. São Paulo: Quartier Latin, 2021.

SUNDFELD, Carlos Ari. *Direito administrativo ordenador.* São Paulo: Malheiros, 2003.

SUNDFELD, Carlos Ari; MUÑOZ, Guillermo Andrés (Coord.). *As Leis de Processo Administrativo.* São Paulo: Malheiros, 2000.

SUNDFELD, Carlos Ari; CÂMARA, Jacintho Arruda. Competências de controle dos Tribunais de Contas – possibilidades e limites. *In:* SUNDFELD, Carlos Ari. *Contratações públicas e o seu controle.* São Paulo: Malheiros, 2013.

SUNDFELD, Carlos Ari; CÂMARA, Jacintho Arruda. Limites da jurisdição dos Tribunais de Contas sobre particulares. *In:* SUNDFELD, Carlos Ari; ROSILHO, André (Org.). *Tribunal de Contas da União no Direito e na Realidade.* São Paulo: Almedina, 2020.

SUNDFELD, Carlos Ari. *Direito administrativo para céticos.* 2. ed. São Paulo: Malheiros: 2017.

SUNDFELD, Carlos Ari *et al.* O valor das decisões do Tribunal de Contas da União sobre irregularidades em contratos. *Revista Direito GV,* v. 13, n. 3, 2017.

REFERÊNCIAS | 175

SUNDFELD, Carlos Ari; ROSILHO, André (Org.). *Tribunal de Contas da União no direito e na realidade.* São Paulo: Almedina, 2020.

TAFUR, Diego Jacome Valois. Motivos de Rui Barbosa sobre a criação do TCU. *In:* JARDIM, Guilherme Jardim; ISSA, Rafael Hamze (Coord.). *Experiências práticas em concessões e PPP*: estudos em homenagem aos 25 anos da Lei de Concessões. v. II – Execução, controle e exercício de funções públicas por concessionário. São Paulo: Quartier Latin, 2021.

TARDÍO PATO, José Antônio. Las medidas provisionales en el procedimiento administrativo. *Revista Jurídica de Navarra*, n. 38, jul.-dic. 2004.

TEIXEIRA, Mateus Oliveira. A insuficiência da teoria dos poderes implícitos como fundamento para o poder geral de cautela dos Tribunais de Contas: considerações à luz da Constituição Federal. *Conteúdo Jurídico*, 02/12/2020. Disponível em: https://www.conteudojuridico.com.br/consulta/artigos/55770/a-insuficincia-da-teoria-dos-poderes-implcitos-como-fundamento-para-o-poder-geral-de-cautela-dos-tribunais-de-contas-consideraes-luz-da-constituio-federal. Acesso em: 21 jul. 2021.

TEMER, Michel. *Elementos de direito constitucional.* 24. ed. São Paulo: Malheiros, 2017.

TORRES, Ricardo Lobo. A legitimidade democrática e o Tribunal de Contas. *Revista de Direito Administrativo*, v. 194, p. 31-45, Rio de Janeiro, 1993. Disponível em: http://bibliotecadigital.fgv.br/ojs/index.php/rda/article/view/45894/46788. Acesso em: 13 abr. 2021.

TRISTÃO, Conrado Valentini. Controle do Tribunal de Contas da União pelo Supremo Tribunal Federal: uma análise a partir dos julgamentos de mandados de segurança. Dissertação (Mestrado em Direito). *Fundação Getulio Vargas*, São Paulo, 2020. Disponível em: https://bibliotecadigital.fgv.br/dspace/bitstream/handle/10438/29280/Conrado%20Trist%C3%A3o.%20Controle%20do%20Tribunal%20de%20Contas%20da%20Uni%C3%A3o%20pelo%20Supremo%20Tribunal%20Federal.pdf. Acesso em: 28 out. 2021.

UNITED STATES. U. S. Supreme Court. *McCulloch v. Maryland.* 17 U.S. 4 Wheat. 316 316, 1819.

UNITED STATES SENATE. Disponível em: https://www.senate.gov/civics/constitution_item/constitution.htm#a1_sec8. Acesso em: 9 out. 2021.

VALIM, Rafael. *O princípio da segurança jurídica no direito administrativo brasileiro.* São Paulo: Malheiros, 2010.

VEJA. Blog do jornalista Reinaldo Azevedo. *Lula critica TCU e diz que no Brasil não existe obra parada por falta de dinheiro.* Publicado em 15 out. 2009. Disponível em: https://veja.abril.com.br/blog/reinaldo/lula-critica-tcu-e-diz-que-no-brasil-nao-existe-obra-parada-por-falta-de-dinheiro/. Acesso em: 8 set. 2021.

VITTA, Heraldo Garcia. Apontamentos da "coação administrativa". As medidas acautelatórias do poder público. *Revista TRF 3ª Região*, n. 108, p. 4-18, jul.-ago. 2011.

VIVES, Francesc Vallès. *El control externo del gasto público.* Madrid: Centro de Estudos Políticos y Constitucionales, 2003.

VORONOFF, Alice. *Direito administrativo sancionador no Brasil*: justificação, interpretação e aplicação. Belo Horizonte: Fórum, 2019.

WILLEMAN, Marianna Montebello. *Accountability democrática e o desenho institucional dos Tribunais de Contas no Brasil*. Belo Horizonte: Fórum, 2020 (Kindle).

ZOCKUN, Maurício; ZOCKUN, Carolina Zancaner. Natureza e limites da atuação dos tribunais administrativos. *In: Revista Interesse Público*, ano 9, n. 44, jul.-ago. 2007, Belo Horizonte: Fórum, 2007.

ZYMLER, Benjamin. *O controle externo das concessões e das parcerias público-privadas*. 2. ed. Belo Horizonte: Fórum, 2008.

ZYMLER, Benjamin *Direito administrativo e controle*. 3. ed. Belo Horizonte: Fórum, 2012 (Kindle).

ZYMLER, Benjamin; ALVES, Francisco Sérgio Maia. A nova Lei de Licitações como sedimentação da jurisprudência do TCU. *Consultor Jurídico*. 05/04/2021. Disponível em: https://www.conjur.com.br/2021-abr-05/opiniao-lei-licitacoes-jurisprudencia-tcu. Acesso em: 6 abr. 2021.

Julgados

BRASIL. *Supremo Tribunal Federal*, MS 7280, Rel. Min. Henrique D§Avilla, Tribunal Pleno, j. 20-06-1960, DJ 17-08-1960.

BRASIL. *Supremo Tribunal Federal*, RE 55821, Rel. Min. Victor Nunes Leal, Primeira Turma, j. 13-09-1967.

BRASIL. *Supremo Tribunal Federal*, MS 22.752, Rel. Min. Néri da Silveira, Tribunal Pleno, j. 22-04-2002, DJ 21-06-2002.

BRASIL. *Supremo Tribunal Federal*, MS 23.739, Rel. Min. Moreira Alves, Tribunal Pleno, j. 27-03-2003, DJ 112 13-06-2003.

BRASIL. *Supremo Tribunal Federal*. ARE 662.458 Agr, Rel. Min. Luiz Fux, Primeira Turma, j. 29-05-2012, DJe 120 20-06-2012.

BRASIL. *Supremo Tribunal Federal*, MS 29.137, Rel. Min. Cármen Lucia, Segunda Turma, j. 18-12-2012, DJe 39 28-02-2013.

BRASIL. *Supremo Tribunal Federal*, MS 24.328, Rel. Min. Ilmar Galvão, j. 24-10-2002, DJ 06-12-2002.

BRASIL. *Supremo Tribunal Federal*, MS 24.379, Rel. Min. Dias Toffoli, Primeira Turma, j. 07-04-2015, DJe 08-06-2015.

BRASIL. *Supremo Tribunal Federal*. MS 30.788, Rel. Min. Marco Aurélio Mello, Tribunal Pleno, j. 21-05-2015, DJ 04-08-2015.

BRASIL. *Supremo Tribunal Federal*, RE 629.711, Rel. Min. Marco Aurélio Mello, Decisão monocrática, j. 13-02-2017. DJe 02-03-2017.

REFERÊNCIAS | 177

BRASIL. *Supremo Tribunal Federal*, ADI 3715, Rel. Min. Gilmar Mendes, Tribunal Pleno, j. 21-08-2014, DJe 30-10-2014.

BRASIL. *Supremo Tribunal Federal*, RE 729.744 – Repercussão Geral – Tema 157, Rel. Min. Gilmar Mendes, Tribunal Pleno, j. 10-08-2016, DJE 23-08-2017.

BRASIL. *Supremo Tribunal Federal*, MS 26.000, Rel. Min. Dias Toffoli, Tribunal Pleno, j. 16-10-2012, DJ 14-11-2012.

BRASIL. *Supremo Tribunal Federal*, MS 24.785, Rel. Min. Joaquim Barbosa, Tribunal Pleno, j. 08-09-2004, DJ 03-02-2006.

BRASIL. *Supremo Tribunal Federal*, RE 547.063, Rel. Min. Menezes Direito, Primeira Turma, j. 07-10-2008, DJ 12-12-2008.

BRASIL. *Supremo Tribunal Federal*, ADI 916, Rel. Min. Joaquim Barbosa, Tribunal Pleno, j. 02-02-2009, DJ 06-03-2009.

BRASIL. *Supremo Tribunal Federal*, MS 24.510, Rel. Min. Ellen Gracie, Tribunal Pleno, j. 19-11-2003, DJ 19-03-2004.

BRASIL. *Supremo Tribunal Federal*, MS 26.547 MC-AgR, Rel. Min. Celso de Mello, Tribunal Pleno, j. 06-06-2007, DJ 25-09-2009.

BRASIL. *Supremo Tribunal Federal*, MS 27.992, Rel. Min. Ricardo Lewandowski, decisão monocrática, j. 17-12-2009, DJ 01-02-2010.

BRASIL. *Supremo Tribunal Federal*, MS 33.092, Rel. Min. Gilmar Mendes, Segunda Turma, j. 24-03-2015, DJ 17-08-2015.

BRASIL. *Supremo Tribunal Federal*, MS 5.182, Rel. Min. Cármen Lúcia, decisão monocrática, j. 27-06-2017, DJ 02-08-2017.

BRASIL. *Supremo Tribunal Federal*, MS 25.641, Rel. Min. Eros Grau, Tribunal Pleno, j. 22-11-2007, DJ 22-02-2008;

BRASIL. *Supremo Tribunal Federal*, MS 33.414 AgR, Rel. Min. Luiz Fux, Primeira Turma, j. 02-08-2016, DJ 16-09-2016.

BRASIL. *Supremo Tribunal Federal*, MS 26.297 AgR, Rel. Min. Edson Fachin, Segunda Turma, j. 17-03-2017, DJ 03-05-2017.

BRASIL. *Supremo Tribunal Federal*, MS 35.038 AgR, Rel. Min. Rosa Weber, Primeira Turma, j. 12-11-2019, DJ 05-03-2020.

BRASIL. *Supremo Tribunal Federal*, MS 23.550, Rel. Min. Sepúlveda Pertence, Tribunal Pleno, j. 04-04-2001, DJ 31-10-2001.

BRASIL. *Supremo Tribunal Federal*, MS 22.801, Rel. Min. Menezes Direito, Tribunal Pleno, j. 17-12-2007, DJe 4-03-2008.

BRASIL. *Supremo Tribunal Federal*, MS 22.934, Rel. Min. Joaquim Barbosa, Segunda Turma, j. 17-04-2012, DJ 09-05-2012.

BRASIL. *Supremo Tribunal Federal*, MS 33.340, Rel. Min. Luiz Fux, Primeira Turma, j. 26-05-2015, DJe 03-08-2015.

BRASIL. *Supremo Tribunal Federal*, MS 35.192-MC, Rel. Min. Dias Toffoli, decisão monocrática, j. 20-09-2017, DJ 25-09-2017.

BRASIL. *Supremo Tribunal Federal*, AgR MS 34.233, Rel. Min. Gilmar Mendes, Segunda Turma, j. 25-05-2018, DJ 21-06-2018.

BRASIL. *Supremo Tribunal Federal*, MS 35.715, Rel. Min. Marco Aurélio Mello, Primeira Turma, j. 03-08-2021, DJ 25-11-2021.

BRASIL. *Superior Tribunal de Justiça*, REsp 1032732/CE, Rel. Min. Luiz Fux, Primeira Turma, j. 19-11-2009, DJe 03-12-2009.

BRASIL. *Superior Tribunal de Justiça*, REsp 1.571.078/PB, Rel. Min. Napoleão Nunes Maia Filho, rel. para acórdão Min. Benedito Gonçalves, j. 03-05-2016, DJe 03-06-2016.

BRASIL. *Superior Tribunal de Justiça*, REsp 472.399/AL, Rel. Min. José Delgado, Primeira Turma, j. 26-11-2002, DJ 19-12-2002.

BRASIL. *Tribunal Regional Federal da 3ª Região*, AC 00139772420104036100, Juiz Convocado Rubens Calixto, Terceira Turma, e-DJF3 12-04-2013.

BRASIL. *Tribunal Regional Federal da 1ª Região*, AC 00110345320004013800, Des. Fed. Cândido Ribeiro, Terceira Turma, DJ 26-11-2004.

BRASIL. *Tribunal Regional Federal da 2ª Região*, AC 200051010163205, Des. Fed. Poul Erik Dyrlund, Oitava Turma Especializada, DJU 15-06-2007.

Referências normativas
(Associação Brasileira de Normas Técnicas – ABNT)

ABNT NBR 6023: 2018 – Informação e documentação – Referências – elaboração

ABNT NBR 6022:2018 – Informação e documentação – Artigo em publicação periódica técnica e/ou científica – Apresentação

ABNT NBR 6027: 2012 – Informação e documentação – Informação e documentação – Sumário – Apresentação

ABNT NBR 14724: 2011 – Informação e documentação – Trabalhos acadêmicos – Apresentação

ABNT NBR 15287: 2011 – Informação e documentação – Projetos de pesquisa – Apresentação

ABNT NBR 6034: 2005 – Informação e documentação – Índice – Apresentação

ABNT NBR 12225: 2004 – Informação e documentação – Lombada – Apresentação

ABNT NBR 6024: 2003 – Informação e documentação – Numeração progressiva das seções de um documento escrito – Apresentação

Esta obra foi composta em fonte Palatino Linotype, corpo 10
e impressa em papel Boivory Bulk 65g (miolo) e Supremo 250g (capa)
pela Gráfica Formato.

ABNT NBR 6028: 2003 – Informação e documentação – Resumo – Apresent

ABNT NBR 10520: 2002 – Informação e documentação – Citações em d
Apresentação